高等院校“十三五”规划教材
“互联网+”融媒体系列教材

U0958313

经济法基础学习指导书

王婷婷 孙桂娟／主编
王　丽／副主编

立信会计出版社
LIXIN ACCOUNTING PUBLISHING HOUSE

图书在版编目(CIP)数据

经济法基础学习指导书 / 王婷婷，孙桂娟主编. —上海：立信会计出版社，2021.7
ISBN 978-7-5429-6869-2

Ⅰ. ①经… Ⅱ. ①王… ②孙… Ⅲ. ①经济法—中国—资格考试—自学参考资料 Ⅳ. ①D922.29

中国版本图书馆 CIP 数据核字(2021)第 129531 号

策划编辑 郭 光
责任编辑 郭 光
封面设计 南房间

经济法基础学习指导书
Jingjifa Jichu Xuexi Zhidaoshu

出版发行 立信会计出版社
地 址 上海市中山西路 2230 号 邮政编码 200235
电 话 (021)64411389 传 真 (021)64411325
网 址 www.lixinaph.com 电子邮箱 lixinaph2019@126.com
网上书店 http://lixin.jd.com http://lxkjcbs.tmall.com
经 销 各地新华书店

印 刷 上海天地海设计印刷有限公司
开 本 787 毫米×1092 毫米 1/16
印 张 13.25
字 数 281 千字
版 次 2021 年 7 月第 1 版
印 次 2021 年 7 月第 1 次
印 数 1—2100
书 号 ISBN 978-7-5429-6869-2/D
定 价 42.00 元

前　言

本书是王婷婷、孙桂娟主编的《经济法基础》的配套辅导书。本书按照《经济法基础》各章节的内容顺序编写，每章设置内容概要、练习题及参考答案三部分。学生可以在学习教材各章节内容的同时，参考学习指导书回顾各章的重要知识点，并通过练习加深对教材内容的理解，从而达到学以致用的目的。

本书连同教材，从基础课程的教学目标出发，参照初级会计职称参考教材的体系、吸收国内同类教材的优点、结合教师的教学实践经验，最终确定结构体系与内容。另外本书选用初级会计职称考试部分题目，与会计职称考试内容融合，可以帮助学生掌握职称考试的重难点。

本书由王婷婷、孙桂娟担任主编，王丽任副主编，王鹏、朱淑梅、李满林、刘燕参与编写。本书在编写过程中，参考和借鉴了大量教材及学习指导书的相关成果，得到了立信会计出版社郭光编辑的大力支持，在此一并表示诚挚的谢意。由于经济法本身内容较为庞杂，而本书又是在教材的基础上加以浓缩和提炼，因此内容方面不可能面面俱到。此外编者水平有限，难免在编写中存在一些不足，恳请使用者的批评指正，以不断提高本书的质量。

编　者

2021 年 6 月

目 录

第一章　总　　论

第一部分　内容概要

一、法律基础

（一）法和法律

（1）法的本质。法是统治阶级的国家意志的体现。

（2）法的特征。①国家意志性。②国家强制性。③规范性。④明确公开性和普遍约束性。

（二）法律关系

1. 法律关系的概念

法律关系是法律规范在调整人们的行为过程所形成的一种特殊的社会关系，即法律上的权利与义务关系。

2. 法律关系的要素

1）法律关系的主体

（1）法律关系主体的概念。法律关系主体又称法律主体，是指参加法律关系，依法享有权利和承担义务的当事人。

（2）法律关系主体的种类。法律关系的主体包括：①自然人。②组织（法人和非法人组织）。③国家。

（3）法律关系的主体资格。法律关系的主体资格包括：①权利能力。②行为能力。

2）法律关系的内容

法律关系的内容是指法律关系主体所享有的权利和承担的义务。

（1）法律权利是指法律关系主体依法享有的权益，表现为权利享有者依照法律规定有权自主决定作出或者不作出某种行为、要求他人作出或者不作出某种行为和一旦被侵犯，有权请求国家予以法律保护。

（2）法律义务是指法律关系主体依照法律规定所担负的必须作出某种行为或者不得作出某种行为的负担或约束。

3）法律关系的客体

（1）法律关系客体的概念。法律关系客体指法律关系主体的权利和义务所指向的对象。

(2) 法律关系客体的内容和范围。法律关系客体的内容和范围是由法律规定的，主要包括物、人身人格、精神产品、行为等。

(三) 法律事实

法律事实是法律关系发生、变更和消灭的直接原因。按照是否以当事人的意志为转移作为标准，可以将法律事实划分为两大类：法律事件和法律行为。

(四) 法的形式和分类

1. 法的形式

法的形式是指法的具体的表现形态，即法是由何种国家机关，依照什么方式或程序创制出来的，并表现为何种形式、具有何种效力等级的规范性法律文件。

2. 法的分类

根据不同的标准，可以对法做不同的分类，如表 1-1 所示。

表 1-1　法的分类

分类依据	内容
按照法的内容、效力和制定程序划分	根本法和普通法
按照法的内容划分	实体法和程序法
按照法的空间效力、时间效力或对人的效力划分	一般法和特别法
按照法的主体、调整对象和渊源划分	国际法和国内法
按照法律运用的目的划分	公法和私法
按照法的创制方式和发布形式划分	成文法和不成文法

二、经济纠纷的解决途径

(一) 经济纠纷的概念与解决途径

(1) 经济纠纷的概念。经济纠纷是指市场经济主体之间因经济权利和经济义务的矛盾而引起的权益争议，包括平等主体之间涉及经济内容的纠纷和公民、法人或者其他组织作为行政管理相对人与行政机关之间因行政管理所发生的涉及经济内容的纠纷。

(2) 经济纠纷的解决途径。解决经济纠纷的途径主要有：仲裁、民事诉讼、行政复议和行政诉讼。

(二) 仲裁

1. 仲裁的概念和特征

(1) 仲裁的概念。仲裁是指由经济纠纷的各方当事人共同选定仲裁机构，对纠纷依法定程序作出具有约束力的裁决的活动。

(2) 仲裁的特征。①以双方当事人自愿协商为基础。②由双方当事人自愿选择的中立第三者(仲裁机构)进行裁判。③仲裁裁决对双方当事人都具有约束力。

2. 仲裁的适用范围

平等主体的公民、法人和其他组织之间发生的合同纠纷和其他财产权益纠纷,可以仲裁。

3. 仲裁的基本原则

仲裁的基本原则包括:①自愿原则。②依据事实和法律,公平合理地解决纠纷的原则。③独立仲裁原则。④一裁终局原则。

4. 仲裁机构

仲裁机构主要是指仲裁委员会。仲裁委员会是有权对当事人提交的经济纠纷进行审理和裁决的机构。

5. 仲裁协议

(1) 仲裁协议的概念。仲裁协议是指双方当事人自愿把他们之间可能发生或者已经发生的经济纠纷提交仲裁机构裁决的书面约定。

(2) 仲裁协议的形式。仲裁协议应当以书面形式订立,口头达成仲裁的意思表示无效。

(3) 仲裁协议的内容。①请求仲裁的意思表示。②仲裁事项。③选定的仲裁委员会。

(4) 仲裁协议的效力。仲裁协议一经依法成立,即具有法律约束力。

6. 仲裁裁决

(1) 和解。当事人申请仲裁后,可以自行和解。达成和解协议的,可以请求仲裁庭根据和解协议作出裁决书,也可以撤回仲裁申请。

(2) 调解。仲裁庭在作出裁决前,可以先行调解。当事人自愿调解的,仲裁庭应当调解。调解不成的,应当及时作出裁决。调解书与裁决书具有同等法律效力。

(3) 裁决。裁决应当按照多数仲裁员的意见作出,少数仲裁员的不同意见可以记入笔录。仲裁庭不能形成多数意见时,裁决应当按照首席仲裁员的意见作出。

(三) 民事诉讼

1. 民事诉讼的适用范围

公民之间、法人之间、其他组织之间以及他们相互之间因财产关系和人身关系发生纠纷,可以提起民事诉讼。这些纠纷具体包括:①民事案件。②商事案件。③劳动争议案件。④法律规定人民法院适用《民事诉讼法》审理的非讼案件。

2. 审判制度

(1) 合议制度。合议制度是指由 3 名以上审判人员组成审判组织,代表人民法院行使审判权,对案件进行审理并作出裁判的制度。

(2) 回避制度。回避制度是指审判人员和其他有关人员,遇有法律规定的情形时,退出对某一案件的审理活动的制度。

(3) 公开审判制度。公开审判制度是指人民法院的审判活动依法向社会公开的制度。

(4) 两审终审制度。两审终审制度是指一个诉讼案件经过两级人民法院审判后即终结的制度。

3. 民事诉讼管辖

诉讼管辖是指各级人民法院之间以及不同地区的同级人民法院之间，受理第一审民事案件、经济纠纷案件的职权范围和具体分工，其中最重要、最常用的是级别管辖和地域管辖。

(1) 级别管辖。级别管辖是根据案件性质、案情繁简、影响范围，来确定上、下级人民法院受理第一审案件的分工和权限。大多数民事案件归基层人民法院管辖。

(2) 地域管辖。按照人民法院的辖区和民事案件的隶属关系，确定同级法院之间受理第一审民事的分工和权限，称为地域管辖。地域管辖又分为一般地域管辖、特殊地域管辖和专属管辖等。

4. 诉讼时效

诉讼时效是指权利人在法定期间内不行使权利而失去诉讼保护的制度。诉讼时效期间是指权利人请求人民法院或仲裁机关保护其民事权利的法定期间。

5. 判决和执行

(1) 调解。人民法院审理民事案件，根据当事人自愿的原则，在事实清楚的基础上，分清是非，进行调解。

(2) 判决。当事人不服地方人民法院第一审判决的，有权在判决书送达之日起 15 日内向上一级人民法院提起上诉。

(3) 执行。发生法律效力的民事判决、裁定，当事人必须履行。一方拒绝履行的，对方当事人可以向人民法院申请执行，也可以由审判员移送执行员执行。

(四) 行政复议

1. 行政复议概念

行政复议是指国家行政机关在依照法律、法规的规定履行对社会的行政管理职责过程中，作为行政管理主体的行政机关一方与作为行政管理相对人的公民、法人或者其他组织一方，对于法律规定范围内的具体行政行为发生争议，由行政管理相对人向作出具体行政行为的行政机关的上一级行政机关或者法律规定的其他行政机关提出申请，由该行政机关对引起争议的具体行政行为进行审查并作出相应决定的一种行政监督活动。

2. 行政复议范围

公民、法人或者其他组织认为行政机关的具体行政行为侵犯其合法权益，符合《行政复议法》规定范围的，可以申请行政复议。

3. 行政复议申请和受理

公民、法人或者其他组织认为具体行政行为侵犯其合法权益的，可以自知道该具体行政行为之日起 60 日内提出行政复议申请；但是法律规定的申请期限超过 60 日的除外。因不可抗力或者其他正当理由耽误法定申请期限的，申请期限自障碍消除之日起继续计算。

4. 行政复议参加人和行政复议机关

(1) 行政复议参加人。行政复议参加人包括申请人、被申请人和第三人。

(2) 行政复议机关。履行行政复议职责的行政机关是行政复议机关。

5. 行政复议决定

行政复议原则上采取书面审查的方法，但是申请人提出要求或者行政复议机关负责法制工作的机构认为有必要时，可以向有关组织和人员调查情况，听取申请人、被申请人和第三人的意见。

(五) 行政诉讼

行政诉讼是指公民、法人或者其他组织认为行政机关或法律、法规授权的组织的行政行为侵犯其合法权益，依法向人民法院请求司法保护，人民法院通过对被诉行政行为的合法性进行审查，在双方当事人和其他诉讼参与人的参与下，对该行政争议进行审理和裁判的司法活动。

1. 行政诉讼的适用范围

公民、法人或者其他组织认为行政机关和行政机关工作人员的行政行为侵犯其合法权益，有权向法院提起行政诉讼。

2. 行政诉讼管辖

1) 级别管辖

(1) 基层人民法院管辖第一审行政案件。

(2) 中级人民法院管辖下列第一审行政案件：①对国务院部门或者县级以上地方人民政府所作的行政行为提起诉讼的案件。②海关处理的案件。③本辖区内重大、复杂的案件。④其他法律规定由中级人民法院管辖的案件。

2) 地域管辖

行政案件由最初作出行政行为的行政机关所在地人民法院管辖。经复议的案件，也可以由复议机关所在地人民法院管辖。

经最高人民法院批准，高级人民法院可以根据审判工作的实际情况，确定若干人民法院跨行政区域管辖行政案件。

对限制人身自由的行政强制措施不服提起的诉讼，由被告所在地或者原告所在地人民法院管辖。因不动产提起的行政诉讼，由不动产所在地人民法院管辖。

3. 起诉和受理

1) 先复议后诉讼

法律、法规规定应当先向行政复议机关申请行政复议、对行政复议决定不服再向人民法院提起行政诉讼的，行政复议机关决定不予受理或者受理后超过行政复议期限不作答复的，公民、法人或者其他组织可以自收到不予受理决定书或者行政复议期满之日起 15 日内，依法向人民法院提起行政诉讼。

2）直接诉讼

(1) 公民、法人或者其他组织直接向人民法院提起诉讼的，应当自知道或者应当知道作出行政行为之日起 6 个月内提出。因不动产提起诉讼的案件超过 20 年，其他案件自行政行为作出之日起超过 5 年提起诉讼的，人民法院不予受理。

(2) 公民、法人或者其他组织申请行政机关履行保护其人身权、财产权等合法权益的法定职责，行政机关在接到申请之日起 2 个月内不履行的，公民、法人或者其他组织可以向人民法院提起诉讼。法律、法规对行政机关履行职责的期限另有规定的，从其规定。

3）起诉形式

起诉应当向人民法院递交起诉状，并按照被告人数提出副本。人民法院接到起诉状，对符合条件的，应当登记立案。当场不能判定是否符合条件的应当接收起诉状，出具注明收到日期的书面凭证，并在 7 日内决定是否立案。

4. 审理和判决

1）审理

(1) 公开审判。人民法院公开审理行政案件，但涉及国家秘密、个人隐私和法律另有规定的除外。涉及商业秘密的案件，当事人申请不公开审理的，可以不公开审理。

(2) 回避。当事人认为审判人员、书记员、翻译人员、鉴定人、勘验人与本案有利害关系或者有其他关系可能影响公正审判，有权申请上述人员回避。

(3) 调解的规定。人民法院审理案件，不适用调解。但行政赔偿、补偿以及行政机关行使法律、法规规定的自由裁量权的案件可以调解。

(4) 审理依据。人民法院审理行政案件，以法律和行政法规、地方性法规为依据。

2）上诉

当事人不服法院第一审判决的，有权在判决书送达之日起 15 日内向上一级法院提起上诉。当事人不服法院第一审裁定的，有权在裁定书送达之日起 10 日内向上一级法院提起上诉。逾期不提起上诉的，人民法院的第一审判决或者裁定发生法律效力。

第二部分　练　习　题

一、单项选择题

1. 赵某，15 周岁，是甲省体操队专业运动员，月收入 3 000 元，完全能够满足自己生活所需。下列关于赵某民事行为能力的表述中，正确的是(　　)。

A. 赵某视为完全行为能力人　　B. 赵某属于完全行为能力人

C. 赵某属于限制行为能力人　　D. 赵某属于无行为能力人

2. 下列主体中，属于非法人组织的是(　　)。

A. 基金会　　B. 有限责任公司　　C. 事业单位　　D. 合伙企业

3. 下列关于自然人行为能力的表述中，正确的是(　　)。

A. 14 周岁的李某，以自己的劳动收入为主要生活来源，视为完全民事行为能力人

B. 7 周岁的王某，不能完全辨认自己的行为，是限制民事行为能力人

C. 18 周岁的周某，能够完全辨认自己的行为，是完全民事行为能力人

D. 20 周岁的赵某，完全不能辨认自己的行为，是限制民事行为能力人

4. 甲公司与乙公司签订买卖合同，向乙公司购买了一台设备，价款 8 万元。该买卖合同法律关系的主体是(　　)。

A. 甲公司和乙公司　　B. 设备

C. 8 万元价款　　D. 买卖合同

5. 法的主要内容是由规定权利、义务的条文构成的，法律通过规定人们的权利和义务来分配利益，从而影响人们的动机和行为，进而影响社会关系，实现统治阶级的意志和要求，维持社会秩序，这体现了法的(　　)。

A. 国家意志性　　B. 强制性　　C. 规范性　　D. 普遍约束性

6. 根据民事法律制度的规定，达到一定年龄阶段，以自己的劳动收入为主要生活来源的公民，应视为完全民事行为能力人，该年龄阶段为(　　)。

A. 16 周岁以上不满 18 周岁　　B. 18 周岁以上

C. 10 周岁以上不满 18 周岁　　D. 不满 10 周岁

7. 下列各项中，属于法律事实中的相对事件的是(　　)。

A. 地震　　B. 爆发战争　　C. 纵火　　D. 行政命令

8. 下列各项中，属于法律行为的是(　　)。

A. 流星陨落　　B. 签发支票　　C. 火山爆发　　D. 台风登陆

9. 下列关于民事诉讼合议制度的说法中正确的是(　　)

A. 合议制度是指由 5 名以上审判人员组成审判组织，代表法院行使审判权

B. 法院审理第一审民事案件由审判员一人独任审理

C. 法院审理第二审民事案件可以由审判员和陪审员组成合议庭

D. 选民资格案或者重大、疑难案件由审判员组成合议庭

10. 甲公司与乙公司签订租赁合同，约定甲公司承租乙公司一台挖掘机，租期 1 个月，租金 1 万元。引起该租赁法律关系发生的法律事实是(　　)。

A. 租赁的挖掘机　　B. 甲公司和乙公司

C. 1 万元租金　　D. 签订租赁合同的行为

11. 下列规范行为中，属于行政法规的是(　　)。

A. 全国人民代表大会常务委员会通过的《中华人民共和国会计法》

B. 全国人民代表大会通过的《中华人民共和国民事诉讼法》

C. 中国人民银行发布的《支付结算办法》

D. 国务院发布的《企业财务会计报告条例》

12. 下列法的形式中，效力等级最低的是（　　）。

A. 宪法　　B. 行政法规　　C. 法律　　D. 地方性法规

13. 下列对法所作的分类中，以法的创制方式和发布形式为依据进行分类的是（　　）。

A. 成文法和不成文法　　B. 根本法和普通法

C. 实体法和普通法　　D. 一般法和特别法

14. 根据民事法律制度的规定，下列请求权中，适用诉讼时效的是（　　）。

A. 精神损害赔偿请求权　　B. 赡养费支付请求权

C. 抚养费支付请求权　　D. 停止侵害请求权

15. 下列各项中，不属于诉讼时效中断的是（　　）。

A. 法定代理人死亡　　B. 当事人一方提起诉讼

C. 当事人一方提出要求　　D. 当事人一方同意履行

16. 根据民事法律制度的规定，在诉讼时效期间的一定期间内，因不可抗力或者其他障碍致使权利人不能行使请求权的，诉讼时效期间暂停计算，该期间为诉讼时效的（　　）。

A. 最初 1 个月　　B. 最初 3 个月　　C. 最后 6 个月　　D. 最后 9 个月

17. 下列情形中，当事人不能申请行政复议的是（　　）。

A. 甲公司不服市环保局对其作出的罚款决定

B. 王某不服所任职的市教育局对其作出的降级决定

C. 赵某不服市公安局对其作出的行政拘留决定

D. 乙公司不服市工商局对其作出的责令停产停业决定

18. 当事人对行政机关作出的下列决定不服提起行政诉讼，人民法院不予受理的是（　　）。

A. 公安机关交通管理部对李某作出罚款 2 000 元的决定

B. 税务机关对甲公司作出税收强制执行的决定

C. 公安机关对张某作出行政拘留 3 日的决定

D. 财政部对其工作人员孙某作出记过的决定

19. 根据行政诉讼法律制度的规定，下列纠纷中，不属于人民法院行政诉讼受理范围的是（　　）。

A. 对环境保护管理部门作出的罚款决定不服引发的纠纷

B. 对公安机关作出的行政拘留决定不服引发的纠纷

C. 对税务机关采取的阻止纳税人出境措施不服引发的纠纷

D. 对工商行政管理机关作出的任免决定不服引发的纠纷

20. 下列法律责任形式中，属于行政处罚的是（　　）。

A. 记过　　B. 罚款　　C. 开除　　D. 降级

21. 下列法律责任形式中，属于民事责任的是（　　）。

A. 暂扣许可证　　B. 拘役　　C. 继续履行　　D. 没收非法财物

22. 下列法律责任形式中，属于行政责任的是（　　）。

A. 吊销许可证　　B. 管制、拘役　　C. 剥夺政治权利　　D. 驱逐出境

23. 甲、乙签订买卖合同时签订仲裁协议，之后双方发生合同纠纷，在仲裁庭首次开庭时，甲对双方事先签订的仲裁协议效力提出异议，对该案件的下列处理方式中，符合法律规定的是（　　）。

A. 应由仲裁委员会首先对仲裁协议的效力作出决定

B. 甲可以请求法院对仲裁协议的效力作出裁定

C. 该仲裁协议有效，仲裁庭继续仲裁

D. 该仲裁协议自然失效

24. A 的户籍地在甲市，经常居住地是乙市，2020 年 2 月，A 与 B 在丙市签订了买卖合同，合同中未约定纠纷管辖法院，后因 B 未将货物如约在乙市交付给 A 而发生纠纷，A 欲起诉 B，此时 B 已因诈骗被监禁于丁市监狱。下列对合同纠纷有管辖权的法院是（　　）。

A. 甲市法院　　B. 乙市法院　　C. 丙市法院　　D. 丁市法院

25. 甲、乙公司因买卖合同发生纠纷，经市场监督管理局调解，双方对合同的履行达成一致。后甲公司感觉调解结果对自己不利，遂向省市场监督管理局申请行政复议，则下列说法中，正确的是（　　）。

A. 省市场监督管理局应予受理　　B. 省市场监督管理局应不予受理

C. 甲公司可向市人民法院提起行政诉讼　　D. 甲公司只能履行调解书

26. 下列责任形式中，不属于行政处分的是（　　）。

A. 罚款　　B. 撤职　　C. 记过　　D. 降级

27. 下列法律责任形式中，属于行政责任形式的是（　　）。

A. 责令停产停业　　B. 支付违约金　　C. 继续履行　　D. 赔偿损失

28. 下列对法所作的分类中，以法的空间效力、时间效力或对人的效力进行分类的是（　　）。

A. 成文法和不成文法　　B. 根本法和普通法

C. 一般法和特别法　　D. 实体法和程序法

29. 下列法律责任形式中，属于民事责任的是（　　）。

A. 拘役　　B. 记过　　C. 支付违约金　　D. 暂扣许可证

30. 下列关于法的本质与特征的表述中，不正确的是（　　）。

A. 法是由国家制定或认可的规范

B. 法是社会成员共同意志的体现

C. 法由统治阶级的物质生活条件决定

D. 法凭借国家强制力的保障获得普遍遵行的效力

二、多项选择题

1. 下列选项中，可以作为法律关系主体的有（　　）。

A. 个人独资企业　　B. 股份有限公司

C. 自然人　　D. 个体工商户

2. 下列自然人中，属于限制民事行为能力人的有（　　）。

A. 范某，20 周岁，有精神障碍，不能辨认自己的行为

B. 孙某，7 周岁，不能辨认自己的行为

C. 周某，15 周岁，体操队专业运动员

D. 杨某，13 周岁，大学少年班在校大学生

3. 下列各项中，属于法律关系的客体的有（　　）。

A. 有价证券　　B. 库存商品　　C. 提供行为　　D. 智力成果

4. 精神产品可以成为法律关系的客体。下列各项中，属于精神产品的有（　　）。

A. 设计　　B. 著作　　C. 发明　　D. 商标

5. 下列各项中，属于法律行为的有（　　）。

A. 税务登记　　B. 签发发票　　C. 爆发战争　　D. 收养孤儿

6. 下列各项中，能够引起法律关系发生、变更和消灭的事实有（　　）。

A. 自然灾害　　B. 公民死亡　　C. 签订合同　　D. 提起诉讼

7. 下列关于规范性法律文件适用原则的表述中，正确的有（　　）。

A. 部门规章与地方政府规章之间对同一事项的规定不一致时，由国务院裁决

B. 行政法规之间对同一事项的新的一般规定与旧的特别规定不一致，不能确定如何适用时，由国务院裁决

C. 根据授权制定的法规与法律不一致，不能确定如何适用时，由全国人民代表大会常务委员会裁决

D. 法律之间对同一事项的新的一般规定与旧的特别规定不一致，不能确定如何适用时，由全国人民代表大会常务委员会裁决

8. 下列法律、法规中，属于国务院颁布的有（　　）。

A.《会计法》　　B.《总会计师条例》

C.《会计档案管理办法》　　D.《企业财务会计报告条例》

9. 根据《仲裁法》的规定，下列关于仲裁制度的表述中，正确的有（　　）。

A. 仲裁裁决对双方当事人都具有约束力

B. 仲裁实行一裁终局

C. 仲裁实行级别管辖和地域管辖

D. 平等主体之间发生的合同纠纷和其他财产权益纠纷，可以仲裁

10. 下列纠纷中，当事人可以提请仲裁的有（　　）。

A. 王某和赵某的继承纠纷

B. 张某与甲公司的商品房买卖纠纷

C. 乙公司与丙公司的货物保管纠纷

D. 孙某和李某的离婚纠纷

11. 根据《仲裁法》的规定，下列关于仲裁协议效力的表述中，正确的有（　　）。

A. 仲裁协议对仲裁事项或者仲裁委员会没有约定或者约定不明确的，当事人又达不成补充协议的，仲裁协议无效

B. 合同的变更、解除、终止或者无效，不影响仲裁的效力

C. 当事人对仲裁效力有异议的，可以请求人民法院作出裁定

D. 当事人口头达成的仲裁协议有效

12. 根据《仲裁法》的规定，下列纠纷中，当事人不能提请仲裁的有（　　）。

A. 货物运输合同纠纷　　B. 收养纠纷

C. 房屋买卖合同纠纷　　D. 继承纠纷

13. 下列关于仲裁审理的表述中，符合仲裁法律制度规定的有（　　）。

A. 除当事人协议外，仲裁开庭进行　　B. 仲裁员不实行回避制度

C. 当事人可以自行和解　　D. 仲裁庭可以进行调解

14. 下列关于民事诉讼与仲裁法律制度相关内容的表述中，正确的有（　　）。

A. 民事经济纠纷实行或裁或审制度

B. 民事诉讼与仲裁均实行回避制度

C. 民事诉讼实行两审终审制度，仲裁实行一裁终局制度

D. 民事诉讼实行公开审判制度，仲裁不公开进行

15. 根据民事诉讼法律制度的规定，下列法院中，对因产品质量不合格引起的人身损害侵权纠纷提起的诉讼享有管辖权的有（　　）。

A. 产品销售地人民法院　　B. 被告住所地人民法院

C. 侵权行为地人民法院　　D. 原告住所地人民法院

16. 根据民事诉讼法律制度的规定，下列关于公开审判制度的表述中，正确的有（　　）。

A. 涉及商业秘密的民事案件，当事人申请不公开审理的，可以不公开审理

B. 不论民事案件是否公开审理，一律公开宣告判决

C. 涉及国家秘密的民事案件应当不公开审理

D. 涉及个人隐私的民事案件应当不公开审理

17. 根据民事法律制度的规定，在诉讼时效期间最后6个月内，造成权利人不能行使请求权的下列情形中，可以导致诉讼时效中止的有（　　）。

A. 继承开始后未确定继承人或者遗产管理人

B. 不可抗力

C. 限制民事行为能力人的法定代理人丧失民事行为能力

D. 无民事行为能力人没有法定代理人

18. 下列各项中，能引起诉讼时效中断的有（　　）。

A. 当事人提起诉讼　　B. 当事人一方提出要求

C. 当事人一方同意履行义务　　D. 因不可抗力使权利人不能行使请求权

19. 行政复议期间具体行政行为不停止执行，但是有（　　）的情形可以停止执行。

A. 复议机关认为需要停止执行的　　B. 申请人要求停止执行的

C. 被申请人认为需要停止执行的　　D. 法律规定停止执行的

20. 根据行政诉讼法律制度的规定，下列关于行政诉讼地域管辖的表述中，正确的有（　　）。

A. 经过行政复议的行政诉讼案件，可由行政复议机关所在地人民法院管辖

B. 因不动产提起的行政诉讼案件，由不动产所在地人民法院管辖

C. 对限制人身自由的行政强制措施不服提起的行政诉讼案件，由被告所在地或者原告所在地人民法院管辖

D. 对责令停产停业的行政处罚不服直接提起行政诉讼的案件，由作出该行政行为的行政机关所在地人民法院管辖

21. 下列刑事责任形式中，不属于主刑的有（　　）。

A. 无期徒刑　　B. 拘役　　C. 驱逐出境　　D. 罚金

22. 下列法律责任形式中，属于民事责任形式的有（　　）。

A. 罚金　　B. 罚款　　C. 恢复原状　　D. 支付违约金

23. 下列行政责任形式中，属于行政处罚的有（　　）。

A. 没收非法财物　　B. 撤职　　C. 行政拘留　　D. 开除

24. 下列各项中，属于行政处分的有（　　）。

A. 罚款　　B. 撤职　　C. 记过　　D. 开除

25. 甲行政机关财务负责人刘某因犯罪被人民法院判处有期徒刑，并处罚金和没收财产，后被甲行政机关开除。刘某承担的法律责任中，属于刑事责任的有（　　）。

A. 没收财产　　B. 罚金　　C. 有期徒刑　　D. 开除

26. 甲企业得知竞争对手乙企业在M地的营销策略将会进行重大调整，于是到乙企业设在N地的分部窃取乙企业内部机密文件，随之采取相应对策，给乙企业在M地的营销造成重大损失，乙企业经过调查掌握了甲企业的侵权证据，于是分别到甲住所地人民法院、M

地人民法院、N 地人民法院起诉，则下列说法中，正确的有（ ）。

A. N 地属于侵权行为实施地，M 地属于侵权结果发生地

B. 三地法院对该案件均有管辖权

C. 只有乙住所地人民法院、M 地人民法院拥有管辖权

D. 若乙最先向甲住所地人民法院起诉，则该案件的管辖法院即为甲住所地人民法院

27. 下列各项中，属于法的特征的有（ ）。

A. 国家强制性　　B. 明确公开性和普遍约束性

C. 规范性　　D. 国家意志性

28. 张三向李四借款 100 万元，在此法律关系中，主体应为（ ）。

A. 张三　　B. 100 万元　　C. 李四　　D. 没有主体

29. 下列规范性文件中，属于规章的有（ ）。

A. 国务院发布的《企业财务会计报告条例》

B. 北京市人民政府发布的《北京市旅馆业管理办法》

C. 财务部发布的《金融企业国有资产转让管理办法》

D. 北京市人大常委会发布的《北京市城乡规划条例》

30. 在民事诉讼活动中，适用回避制度的人员有（ ）。

A. 审判员侯某　　B. 翻译孙某

C. 鉴定人张某　　D. 证人赵某

三、判断题

1. 甲公司向乙公司签发银行承兑汇票的行为属于法律事件。（ ）

2. 部门规章之间、部门规章与地方政府规章之间对同一事项的规定不一致时，由国务院裁决。（ ）

3. 行政法规的地位次于宪法和法律，高于地方性法规、规章。（ ）

4. 仲裁委员会按区域层层设立。（ ）

5. 合同无效，合同中的仲裁条款也随之无效。（ ）

6. 经济纠纷案件当事人只能向纠纷发生地仲裁机构提请仲裁。（ ）

7. 当事人对仲裁协议的效力有异议的，可以请求仲裁委员会作出决定或者请求人民法院作出裁定。（ ）

8. 对终审民事判决，当事人不得上诉。（ ）

9. 法院审理民事案件，除涉及商业秘密的以外，应当公开进行。（ ）

10. 因不动产纠纷提起的民事诉讼，由不动产所有权人住所地人民法院管辖。（ ）

11. 因确认股东资格纠纷提起的民事诉讼，由公司住所地人民法院管辖。（ ）

12. 行政复议决定书一经送达即发生法律效力。（ ）

13. 行政复议期间具体行政行为一律停止执行。 （ ）

14. 对县级以上地方各级人民政府工作部门的具体行政行为不服的，可以向该部门的本级人民政府申请行政复议，也可以向上一级主管部门申请行政复议。 （ ）

15. 对行政机关工作人员作出的行政处分不服的，向人民法院提起诉讼，人民法院不予受理。 （ ）

16. 行政赔偿、补偿以及行政机关行使法律、法规规定的自由裁量权的行政诉讼案件可以调解。 （ ）

17. 附加刑可以同主刑一起使用，也可以单独使用。 （ ）

18. 国家不能成为法律关系的主体。 （ ）

19. 因票据纠纷提起的民事诉讼，由票据支付地或者被告住所地的人民法院管辖。 （ ）

20. 停止侵害、排除妨碍、赔偿损失、修理、重作、更换、恢复名誉都属于行政责任的范围。 （ ）

21. 根据《民法典》规定，向人民法院请求保护民事权利的诉讼时效期间为 2 年。 （ ）

22. 公民、法人或者其他组织因不可抗力或者其他不属于自身的原因耽误起诉期间的，在障碍消除 25 日内，可以申请延长期限，是否准许由人民法院决定。 （ ）

23. 如果两个以上的法院对某一民事诉讼案件均有管辖权，原告可以向其中一个法院起诉；原告向两个以上有管辖权的法院起诉的，由最先立案的法院管辖。 （ ）

24. 法的本质是一种特殊的行为规则和社会规范。 （ ）

25. 经济纠纷案件当事人只能向纠纷发生地仲裁机构提请仲裁。 （ ）

26. 附加刑是附加于主刑之后作为主刑的补充，只能同主刑一起适用，不能独立适用。 （ ）

27. 位于 A 市的甲公司与位于 B 市的乙公司，在 C 市签订一份劳务合同，合同履行地在 D 市，双方在合同的仲裁条款中约定因履行本合同发生的一切争议，由当事人协商解决，协商不成，提交 E 市仲裁委员会仲裁，该仲裁协议合法有效。 （ ）

28. 仲裁裁决作出后，当事人应当履行裁决，一方当事人不履行的，另一方当事人可以按照《仲裁法》的有关规定向仲裁机构申请执行。 （ ）

29. 一人犯数罪的，如果数罪中有判处附加刑的，附加刑仍须执行；其中附加刑种类相同的，按最重刑执行；附加刑种类不同的，分别执行。 （ ）

30. 小张借用小王价值 10 万元的花瓶，结果在返还时损坏了瓶口，两人就该事件提请仲裁，那么仲裁委员会作出的仲裁裁决只对损坏花瓶的小张有约束力，对小王没有约束力。 （ ）

第三部分 参考答案

一、单项选择题

1. C	2. D	3. C	4. A	5. C	6. A	7. B	8. B	9. D	10. D
11. D	12. D	13. A	14. A	15. A	16. C	17. B	18. D	19. D	20. B
21. C	22. A	23. C	24. B	25. B	26. A	27. A	28. C	29. C	30. B

重难点解析：

1. 16周岁以上(≥16周岁)的未成年人(<18周岁)，以自己的劳动收入为主要生活来源的，视为完全民事行为能力人；8周岁以上(≥8周岁)的未成年人属于限制民事行为能力人。赵某15周岁，属于限制民事行为能力人。

2. 选项AC，属于非营利法人。选项B，属于营利法人。选项D，非法人组织包括个人独资企业、合伙企业、不具有法人资格的专业服务机构等。

3. 选项A，16周岁以上(≥16周岁)的未成年人(<18周岁)，以自己的劳动收入为主要生活来源的，视为完全民事行为能力人。选项B，8周岁以上(≥8周岁)的未成年人(<18周岁)或者不能完全辨认自己行为的成年人属于限制民事行为能力人。选项C，18周岁以上(≥18周岁)属于完全民事行为能力人。选项D，完全不能辨认自己行为的成年人属于无民事行为能力人。

4. 法律关系的主体是指参加法律关系，依法享有权利和承担义务的当事人，法律关系的主体包括自然人、组织(法人和非法人组织)、国家。本题中法人指的是甲公司和乙公司。

6. 选项A，16周岁以上不满18周岁的公民，以自己的劳动收入为主要生活来源的，视为完全民事行为能力人。

7. 选项A属于法律事件中的绝对事件(自然灾害)。选项B属于相对事件(社会革命)。选项CD属于法律行为。

8. 选项ACD属于法律事件。

9. 选项A，合议制度是指由3名以上审判人员组成审判组织，代表法院行使审判权。选项B，并不是一审的所有案件均实行一人独任审理。选项C，法院审理第二审民事案件由审判员组成合议庭。

10. 法律事实根据是否以人的意志为转移分为法律行为和法律事件，签订租赁合同的行为是以人的意志为转移，属于法律行为。

11. 行政法规是由国家最高行政机关即国务院在法定职权范围内为实施宪法和法律而制定、发布的规范性文件，通常冠以条例、办法、规定等名称，如国务院令第287号发布的《企业财务会计报告条例》。

12. 法律效力等级:宪法>法律>行政法规>地方性法规>同级地方政府规章。

13. 成文法和不成文法是根据法的创制方式和发布形式所作的分类。

14. 不适用诉讼时效的请求权包括:请求停止侵害、排除妨碍、消除危险;不动产物权和登记的动产物权的权利人请求返回财产;请求支付抚养费、赡养费、扶养费。

15. 选项 A 属于诉讼时效中止事由。

16. 诉讼时效期间的中止,是指在诉讼时效期间的最后 6 个月内,因不可抗力或者其他障碍致使权利人不能行使请求权的,诉讼时效期间暂时停止计算。

17. 选项 B,不服行政机关作出的行政处分或者其他人事处理决定,可依照有关法律、行政法规的规定提出申诉,不能申请行政复议。

18. 法院不受理公民、法人或其他组织对下列事项提起的行政诉讼:①国防、外交等国家行为。②行政法规、规章或者行政机关制定,发布的具有普遍约束力的决定、命令。③行政机关对行政机关工作人员的奖惩、任免等决定。④法律规定由行政机关最终裁决的具体行政行为。

19. 选项 D,行政机关对行政机关工作人员的奖惩、任免等决定,不属于行政诉讼的受案范围。

20. 选项 ACD 属于行政处分。

21. 选项 AD 属于行政责任。选项 B 属于刑事责任中的主刑。

22. 选项 BCD 属于刑事责任。

23. 当事人对仲裁协议的效力有异议,应当在仲裁庭首次开庭前提出;首次开庭前未提出的,仲裁协议有效,仲裁庭应当继续仲裁。

24. 对被采取强制性教育或者被监禁的人提起的诉讼,由原告住所地人民法院管辖;原告住所地与经常居住地不一致的,由原告经常居住地即乙市人民法院管辖。

25. 不能申请行政复议的事项包括:①不服行政机关作出的行政处分或者其他人事处理决定。②不服行政机关对民事纠纷作出的调解或其他处理。选项 C 应该是提起民事诉讼。

26. 行政处分包括警告、记过、记大过、降级、撤职、开除。选项 A 属于行政处罚。

27. 选项 BCD 属于民事责任。

28. 根据法的空间效力、时间效力或对人的效力不同,可以把法分为一般法和特别法。故正确答案为选项 C。

29. 选项 A 属于刑事责任中的主刑。选项 B 属于行政责任中的行政处分。选项 D 属于行政责任中的行政处罚。

30. 选项 B,法是统治阶级意志的体现,是统治阶级为了维护统治秩序而制定的,不是所有社会成员意志的简单相加。选项 ACD 符合法的本质与特征。故正确答案为选项 B。

二、多项选择题

1. ABCD	2. CD	3. ABCD	4. ABCD	5. ABD
6. ABCD	7. ABCD	8. BD	9. ABD	10. BC
11. ABC	12. BD	13. ACD	14. ABCD	15. ABC
16. ABCD	17. ABCD	18. ABC	19. ACD	20. ABCD
21. CD	22. CD	23. AC	24. BCD	25. ABC
26. AB	27. ABCD	28. AC	29. BC	30. ABC

重难点解析：

1. 法律关系主体，是指参加法律关系，依法享有权利和承担义务的当事人，包括自然人、组织、国家。

2. 8周岁以上的未成年人(8周岁≤X<18周岁)和不能完全辨认自己行为的成年人属于限制行为能力人。

3. 法律关系的客体主要包括物、人身人格、精神产品、行为，选项AB属于物，选项C属于行为，选项D为精神产品。

4. 精神产品包括：作品、著作、发明、商标、设计。

5. 法律行为以人的意志为转移(人可为)。选项C属于法律事件(人不可为)。

6. 法律事实，是指由法律规范所确定的，能够产生法律后果，即能够直接引起法律关系发生、变更或者消灭的情况。依据是否以人的意志为转移，法律事实可以划分为两大类：法律事件和法律行为。选项AB属于法律事件，选项CD属于法律行为。

7. 本题考查法的效力适用原则。选项ABCD表述均正确。

8. 全国人大常委会颁布《会计法》，国务院颁布《总会计师条例》《企业财务会计报告条例》，财政部和国家档案局颁布《会计档案管理办法》，财政部颁布《代理记账管理办法》等。

9. 选项C，仲裁不实行级别管辖和地域管辖，仲裁委员会由当事人协议选定。

10. 选项AD，根据法律规定，婚姻、收养、监护、抚养、继承纠纷不能提请仲裁。

11. 选项D，仲裁协议应当以书面形式订立，口头达成仲裁的意思表示无效。

12. 根据法律规定，婚姻、收养、监护、抚养、继承纠纷不能提请仲裁。

13. 选项B，仲裁员有下列情形之一的，必须回避，当事人也有权提出回避申请：①是本案当事人或者是当事人、代理人的近亲属。②与本案有利害关系。③与本案当事人、代理人有其他关系，可能影响公正仲裁的。④私自会见当事人、代理人，或者接受当事人、代理人请客送礼的。

14. 仲裁与民事诉讼都是适用于解决横向关系经济纠纷，这在法律上称为或裁或审原则。民事诉讼的审判制度包括：①合议制度。②回避制度。③公开审判制度。④两审终审制度。仲裁实行一裁终局的制度，并实行回避制度。

15. 因产品、服务质量不合格造成他人财产、人身损害提起的诉讼，产品制造地、产品销售地、服务提供地、侵权行为地和被告住所地人民法院均有管辖权。

16. 选项A，离婚案件，涉及商业秘密的案件，当事人申请不公开审理的，可以不公开审理。选项CD，法律规定，法院审理民事或行政案件，除涉及国家秘密、个人隐私或者法律另有规定的以外，应当公开进行。

17. 诉讼时效期间的中止事由包括：选项B不可抗力。无民事行为能力人或者限制民事行为能力人没有法定代理人，或者法定代理人死亡、丧失民事行为能力、选项CD丧失代理权。选项A继承开始后未确定继承人或者遗产管理人；权利人被义务人或者其他人控制；其他导致权利人不能行使请求权的障碍。

18. 在诉讼时效最后6个月内，因不可抗力或者其他障碍致使权利人不能行使请求权的，导致诉讼时效的中止。选项D，属于诉讼时效的中止。

19. 选项B，申请人申请停止执行，行政复议机关认为其要求合理决定停止执行的，可以停止。

20. 选项AD，行政案件由最初作出行政行为的行政机关所在地人民法院管辖。经复议的案件，也可以由复议机关所在地人民法院管辖。选项B，因不动产提起的行政诉讼案件，由不动产所在地人民法院管辖。选项C，对限制人身自由的行政强制措施不服提起的诉讼，由被告所在地或者原告所在地人民法院管辖。

21. 选项CD属于附加刑。

22. 选项A属于刑事责任。选项B属于行政责任。

23. 选项AC属于行政处罚。选项BD属于行政处分。

24. 选项A属于行政处罚，不属于行政处分。

25. 选项D属于行政处分。

26. 三地对该案件均有管辖权，因此选项C错误。两个以上人民法院都有管辖权的诉讼，原告可以向其中一个人民法院起诉；原告向两个以上有管辖权的人民法院起诉的，由“最先立案”的人民法院管辖，立案在先非起诉在先，因此选项D错误。

27. 法的特征：国家意志性、国家强制性、规范性、明确公开性和普遍约束性。

28. 法律关系主体是指参加法律关系，依法享有权利和承担义务的当事人。题干中张三和李四都是法律关系主体，而选项B的100万元是这组法律关系的客体。

29. 规章包括部门规章和地方政府规章，选项B属于北京市制定的地方政府规章；选项C属于部门规章。选项A为“条例”，属于国务院发布的行政法规。选项D包含“北京市”这个地名，属于地方性法规。

30. 回避制度是指参与某案件民事诉讼活动的审判人员、书记员、翻译人员、鉴定人、勘验人是案件的当事人或者当事人、诉讼代理人的近亲属，或者与案件有利害关系，或者与案件当事人、诉讼代理人有其他关系，可能影响对案件公正审理的，应当自行回避，当事人有权用口头或者书面方式申请他们回避。

三、判断题

1. ×	2. √	3. √	4. ×	5. ×	6. ×	7. √	8. √	9. ×	10. ×
11. √	12. √	13. ×	14. √	15. √	16. √	17. √	18. ×	19. √	20. ×
21. ×	22. ×	23. √	24. ×	25. ×	26. ×	27. √	28. ×	29. ×	30. ×

重难点解析：

1. 甲公司向乙公司签发银行承兑汇票的行为属于法律行为。

3. 法律效力等级：宪法＞法律＞行政法规＞地方性法规＞同级地方政府规章。

4. 仲裁委员会不按行政区划层层设立。仲裁委员会独立于行政机关，与行政机关没有隶属关系。仲裁委员会之间同样也没有隶属关系。

5. 仲裁协议独立存在，合同变更、解除、终止或者无效，不影响仲裁协议效力。

6. 仲裁不实行级别管辖和地域管辖，仲裁委员会由当事人协议选定。

8. 对终审判决，当事人不得上诉；如果发现确有错误，可以通过审判监督程序予以纠正。

9. 法律规定，法院审理民事或行政案件，除涉及国家秘密、个人隐私或者法律另有规定的以外，应当公开进行。离婚案件，涉及商业秘密的案件，当事人申请不公开审理的，可以不公开审理。

10. 因不动产纠纷提起的民事诉讼，由“不动产所在地”人民法院管辖。

11. 因公司设立、确认股东资格、分配利润、解散等纠纷提起的民事诉讼，由公司住所地人民法院管辖。

12. 仲裁裁决书“作出”生效，调解书“签收”生效。一审民事诉讼判决书送达 15 日内不上诉生效，二审民事诉讼判决书“作出”生效。

13. 行政复议期间具体行政行为不停止执行。

15. 行政机关对行政机关工作人员的奖惩、任免等决定，不属于行政诉讼的受案范围，可以依法进行申诉。

18. 国家可以作为一个整体成为法律关系的主体。在国内，国家是国家财产所有权唯一和统一的主体；在国际上，国家作为主权者是国际公法关系的主体，也可以成为对外贸易关系中的债权人或债务人。

20. 停止侵害、排除妨碍、赔偿损失、修理、重作、更换、恢复名誉都属于民事责任的范围。行政责任主要包括行政处罚和行政处分。行政处罚有警告、罚款、没收违法所得、责令停产停业、暂扣或者吊销许可证、暂扣或者吊销执照、行政拘留等；行政处分包括警告、记过、记大过、降级、撤职、开除六类。

21. 根据《民法典》规定，向人民法院请求保护民事权利的诉讼时效期间为3年。

22. 公民、法人或者其他组织因不可抗力或者其他不属于自身的原因耽误起诉期间的，在障碍消除10日内，可以申请延长期限，是否准许由人民法院决定。

24. 法的本质是统治阶级的国家意志的体现。作为一种特殊的行为规范和社会规范是法的特征。

25. 仲裁不实行级别管辖和地域管辖，仲裁委员会由当事人协议选定。

26. 附加刑可以附加于主刑之后作为主刑的补充，同主刑一起适用；也可以独立适用。

27. 双方协商一致，约定明确，内容合法，仲裁没有地域管辖，所以仲裁协议合法有效。

28. 仲裁裁决作出后，当事人应当履行裁决，一方当事人不履行的，另一方当事人可以按照《民事诉讼法》的有关规定人民法院申请执行。

29. 一人犯数罪的，如果数罪中有判处附加刑的，附加刑仍须执行；其中附加刑种类相同的，合并执行；附加刑种类不同的，分别执行。

30. 仲裁裁决对当事人双方都有约束力。

第二章　会计法律制度

第一部分　内容概要

一、会计核算

会计核算，是指以货币为主要计量单位，运用专门的会计方法，对生产经营活动或预算执行过程及其结果进行连续、系统、全面的记录、计算、分析，定期编制并提供财务会计报告和其他会计资料，为经营决策和宏观经济管理提供依据的一项会计活动。

（一）会计核算基本要求

（1）依法建账。

（2）根据实际发生的经济业务进行会计核算。

（3）保证会计资料的真实和完整。

（4）正确采用会计处理方法。

（5）正确使用会计记录文字。

（6）使用电子计算机进行会计核算必须符合法律规定。

（二）会计核算的主要内容

（1）款项和有价证券的收付。

（2）财物的收发、增减和使用。

（3）债权债务的发生和结算。

（4）资本、基金的增减。

（5）收入、支出、费用、成本的计算。

（6）财务成果的计算和处理。

（三）会计年度

会计年度，是指以年度为单位进行会计核算的时间区间，是反映单位财务状况、核算经营成果的时间界限。根据《会计法》的规定，我国是以公历年度为会计年度，即以每年公历的1月1日起至12月31日止为一个会计年度。

（四）会计凭证

会计凭证，是指具有一定格式、用以记录经济业务事项发生和完成情况，明确经济责任，并作为记账凭证的书面证明，是会计核算的重要会计资料。会计凭证按其来源和用途，分为原始凭证和记账凭证两种。

(1) 原始凭证的定义。原始凭证，又称单据，是指在经济业务发生时，由业务经办人员直接取得或者填制，用以表明某项经济业务已经发生或完成情况并明确有关经济责任的一种原始凭据，如发票。

(2) 记账凭证的定义。记账凭证，又称传票，是指对经济业务事项按其性质加以归类，确定会计分录，并据以登记会计账簿的凭证。

(五) 会计账簿

会计账簿，是指全面记录和反映一个单位经济业务事项，把大量分散的数据或者资料进行归类整理，逐步加工成有用会计信息的簿籍，它是编制财务会计报告的重要依据。

(六) 财务会计报告

财务会计报告，又称财务报告，是指单位对外提供的、反映单位某一特定日期财务状况和某一会计期间经营成果、现金流量等会计信息的文件。

二、会计档案管理

(一) 会计档案的概念

会计档案是指单位在进行会计核算等过程中接收或形成的，记录和反映单位经济业务事项的，具有保存价值的文字、图表等各种形式的会计资料，包括通过计算机等电子设备形成、传输和存储的电子会计档案。

(二) 会计档案的归档范围

(1) 会计凭证。

(2) 会计账簿。

(3) 财务会计报告。

(4) 其他会计资料。

(三) 会计档案的保管期限

会计档案保管期限分为永久、定期两类。会计档案的保管期限是从会计年度终了后的第一天算起。永久，是指会计档案须永久保存；定期，是指会计档案保存应达到法定的时间，定期保管期限一般分为10年和30年。《会计档案管理办法》规定的会计档案保管期限为最低保管期限，会计档案保管期限如表2-1所示。

表2-1　　会计档案保管期限

定期		永久	特殊
10年	30年		
月度、季度、半年度财务报告	会计凭证： 原始凭证、记账凭证	年度财务报告	固定资产卡片（报废清理后保管5年）

（续表）

定期		永久	特殊
10 年	30 年		
银行存款余额调节表、银行对账单	会计账簿： 总账、明细账、日记账、其他辅助性账簿	会计档案保管清册、会计档案销毁清册、会计档案鉴定意见书	固定资产卡片（报废清理后保管 5 年）
纳税申报表	会计档案移交清册		

三、会计监督

会计监督是会计的基本职能之一，是对单位的经济活动进行检查监督，借以控制经济活动，使经济活动能够根据一定的方向、目标、计划，遵循一定的原则正常进行。会计监督可分为单位内部监督、政府监督和社会监督。

（一）会计工作的单位内部监督

会计工作的单位内部监督是指各单位的会计机构、会计人员依据法律、法规、国家统一的会计制度及单位内部会计管理制度等的规定，通过会计手段对本单位经济活动的合法性、合理性和有效性进行监督。内部会计监督的主体是各单位的会计机构、会计人员，内部会计监督的对象是单位的经济活动。

（二）会计工作的政府监督

会计工作的政府监督，主要是指财政部门代表国家对各单位和单位中相关人员的会计行为实施的监督检查，以及对发现的违法会计行为实施行政处罚。

（三）会计工作的社会监督

会计工作的社会监督，主要是指由注册会计师及其所在的会计师事务所等中介机构接受委托，依法对单位的经济活动进行审计，出具审计报告，发表审计意见的一种监督制度。

四、会计机构

会计机构，是指各单位办理会计事务的职能部门。根据《会计法》的规定，各单位应当根据会计业务的需要，设置会计机构，或者在有关机构中设置会计人员并指定会计主管人员；不具备设置条件的，应当委托经批准从事会计代理记账业务的中介机构代理记账。

五、会计岗位设置

（一）会计工作岗位设置要求

（1）会计工作岗位一般可分为：会计机构负责人或者会计主管人员、出纳、财产物资核算、工资核算、成本费用核算、财务成果核算、资金核算、往来结算、总账报表、稽核、档案管理等。

（2）会计工作岗位，可以一人一岗、一人多岗或者一岗多人。

(3) 出纳人员不得兼任(兼管)稽核、会计档案保管和收入、支出、费用、债权债务账目的登记工作。

(4) 档案管理部门的人员管理会计档案,不属于会计岗位。

(二) 会计人员回避制度

国家机关、国有企业、事业单位任用会计人员应当实行回避制度。

(1) 单位领导人的直系亲属不得担任本单位的会计机构负责人、会计主管人员。

(2) 会计机构负责人、会计主管人员的直系亲属不得在本单位会计机构中担任出纳工作。

需要回避的直系亲属为:夫妻关系、直系血亲关系、三代以内旁系血亲以及配偶亲关系。

六、会计人员

(一) 会计人员的概念

会计人员,是指根据《会计法》的规定,在国家机关、社会团体、企业、事业单位和其他组织(以下统称单位)中从事会计核算、实行会计监督等会计工作的人员。

(二) 对会计人员的一般要求

(1) 遵守《会计法》和国家统一的会计制度等法律法规。

(2) 具备良好的职业道德。

(3) 按照国家有关规定参加继续教育。

(4) 具备从事会计工作所需要的专业能力。

(三) 会计工作的禁入规定

(1) 因有提供虚假财务会计报告,做假账,隐匿或者故意销毁会计凭证、会计账簿、财务会计报告,贪污,挪用公款,职务侵占等与会计职务有关的违法行为被依法追究刑事责任的人员,不得再从事会计工作。

(2) 因伪造、变造会计凭证、会计账簿,编制虚假财务会计报告,隐匿或者故意销毁依法应当保存的会计凭证、会计账簿、财务会计报告,尚不构成犯罪的,5 年内不得从事会计工作。

(3) 会计人员具有违反国家统一的会计制度的一般违法行为,情节严重的,5 年内不得从事会计工作。

(四) 会计专业职务与会计专业技术资格

1. 会计专业职务(会计职称)

(1) 会计人员职称层级分为初级、中级、副高级和正高级。初级职称只设助理级,高级职称分设副高级和正高级。

(2) 初级、中级、副高级和正高级职称名称依次为助理会计师、会计师、高级会计师和正高级会计师。

2. 会计专业技术资格

会计专业技术资格分为初级资格、中级资格和高级资格三个级别，分别对应初级、中级、副高级会计职称（会计专业职务）的任职资格。

（五）会计人员继续教育

（1）参加继续教育的人员范围。具有会计专业技术资格的人员应当自取得会计专业技术资格的次年开始参加继续教育，并在规定时间内取得规定学分。

（2）继续教育内容包括公需科目和专业科目。公需科目包括专业技术人员应当普遍掌握的法律法规、政策理论、职业道德、技术信息等基本知识。专业科目包括会计专业技术人员从事会计工作应当掌握的财务会计、管理会计、财务管理、内部控制与风险管理、会计信息化、会计职业道德、财税金融、会计法律法规等相关专业知识。

（3）会计专业技术人员参加继续教育实行学分制管理。每年参加继续教育取得的学分不少于 90 学分，其中，专业科目一般不少于总学分的三分之二。

（4）应当建立本单位会计专业技术人员继续教育与使用、晋升相衔接的激励机制，将参加继续教育情况作为会计专业技术人员考核评价、岗位聘用的重要依据。

（六）总会计师

（1）总会计师是主管本单位会计工作的行政领导，是单位行政领导成员，协助单位主要行政领导人工作，直接对单位主要行政领导人负责。

（2）总会计师组织领导本单位的财务管理、成本管理、预算管理、会计核算和会计监督等方面的工作，参与本单位重要经济问题的分析和决策。

（3）国有的和国有资产占控股地位或者主导地位的大、中型企业必须设置总会计师。

七、会计职业道德

会计职业道德，是指会计人员在会计工作中应当遵循的、体现会计职业特征、调整会计职业关系的职业行为准则和规范。会计职业道德主要包括爱岗敬业、诚实守信、廉洁自律、客观公正、坚持准则、提高技能、参与管理、强化服务等八个方面内容。

第二部分 练 习 题

一、单项选择题

1. 我国会计工作行政管理的主管部门是（　　）。

A. 财政部　　B. 国家统计局　　C. 审计署　　D. 国家税务总局

2. 根据会计法律制度的规定，下列各项中，不属于会计核算内容的是（　　）。

A. 固定资产盘盈　　B. 合同的审核和签订

C. 无形资产的购入　　D. 货币资金的收入

3. 根据会计法律制度的规定，下列关于账务核对的表述中，不正确的是（　　）。

A. 保证会计账簿记录与实物及款项的实有数额相符

B. 保证会计账簿记录与年度财务预算相符

C. 保证会计账簿之间相对应的记录相符

D. 保证会计账簿记录与会计凭证的有关内容相符

4. 根据会计法律制度的规定，原始凭证的金额有错误时，应当采取的正确做法是（　　）。

A. 由出具单位重开　　B. 由出具单位更正并加盖出具单位印章

C. 由接受单位更正并加盖接受单位印章　　D. 由经办人员更正并加盖经办人员印章

5. 会计档案的鉴定工作应由（　　）牵头组织进行。

A. 单位档案管理机构　　B. 单位会计管理机构

C. 单位审计机构　　D. 单位纪检监察机构

6. 根据会计法律制度的规定，下列企业会计档案中，最低保管期限为 30 年的是（　　）。

A. 半年度财务报告　　B. 银行对账单

C. 纳税申报表　　D. 记账凭证

7. 根据会计法律制度的规定，记账凭证的保管时间应达到法定最低期限，该期限为（　　）年。

A. 5　　B. 30　　C. 10　　D. 20

8. 根据会计法律制度的规定，注册会计师已经获取被审计单位充分、适当的审计证据作为形成审计意见的基础，但认为未发现的错报对财务报表可能产生的影响重大且具有广泛性时，应发表的审计意见是（　　）。

A. 保留意见　　B. 无法表示意见

C. 否定意见　　D. 无保留意见

9. 根据会计法律制度的规定，下列行为中，属于会计工作政府监督的是（　　）。

A. 个人检举会计违法行为

B. 会计师事务所对单位经济活动进行审计

C. 单位内部审计机构审核本单位会计账簿

D. 财政部门对各单位的会计工作进行监督检查

10. 某国有独资公司准备更换单位财务部门的出纳人员，为了节省招聘的成本而准备在企业内部寻找合适的人员，该企业会计机构负责人为张某、企业管理部门的负责人为王某、市场部经理为田某、上级主管部门的负责人为董某，下列候选人员中，不可以担任该出纳的是（　　）。

A. 张某的丈夫　　B. 王某的妻子

C. 田某的亲妹妹　　D. 董某的儿子

11. 根据会计法律制度的规定，下列企业中，必须设置总会计师的是（　　）。

A. 个人独资企业　　B. 国有大中型企业

C. 普通合伙企业　　D. 外商独资企业

12. 下列各项中，不属于会计职称的是（　　）。

A. 高级会计师　　B. 助理会计师

C. 会计师　　D. 总会计师

13. 根据会计法律制度的规定，下列人员中，负责对一般会计人员办理会计工作交接手续进行监交的是（　　）。

A. 档案管理机构负责人　　B. 人事部门负责人

C. 会计机构负责人　　D. 纪检部门负责人

14. 对于变造、伪造会计凭证，下列说法中，正确的是（　　）。

A. 对单位罚款三千元以上五万元以下　　B. 对个人罚款三千元以上五万元以下

C. 对单位罚款五千元以上五万元以下　　D. 对个人罚款五千元以上十万元以下

15. 各单位必须根据（　　）进行会计核算，填制会计凭证，登记会计账簿，编制财务会计报告。

A. 实际发生的经济业务事项　　B. 连续发生的经济业务事项

C. 累计发生的经济业务事项　　D. 主要经济业务事项

16.《会计法》规定，我国会计年度自（　　）。

A. 公历1月1日起至12月31日止　　B. 农历1月1日起至次年1月1日止

C. 公历4月1日起至次年3月31日止　　D. 公历10月1日起至次年9月30日止

17. 下列关于会计账簿的表述中，不正确的是（　　）。

A. 会计账簿分为总账、明细账、日记账以及备查账

B. 会计账簿出现跳行现象的，更正后应由会计人员在更正处盖章

C. 会计账簿必须依据经过审核的会计凭证进行登记

D. 任何单位不得在法定账簿之外私设会计账簿

18. 兴茂公司准备聘请会计主管人员，下列应聘人员中符合《会计法》所规定的条件的是（　　）。

A. 张某，取得注册会计师、资产评估师和税务师执业资格，但未从事过会计相关工作

B. 李某，担任出纳工作一年，并刚刚取得初级会计专业资格，为人聪慧，善于与人沟通

C. 贾某，管理学博士学位，一直全日制在读，当年刚考完初级职称资格考试正在等待成绩，据说100%能通过考试

D. 马某，会计专科学历，刚刚获得会计师专业技术职务资格

19. 会计法律责任是指（　　）。

A. 违反民法规定应当承担的法律责任

B. 违反民法规定可以选择承担的法律后果

C. 违反刑法规定应当选择承担的法律责任

D. 违反会计法律制度应当承担的法律责任

20. 根据《会计法》的规定，单位内部监督的主体是（　　）。

A. 政府财政部　　B. 注册会计师及所在会计师事务所

C. 政府经济主管部门　　D. 本单位的会计机构和会计人员

二、多项选择题

1. 根据会计法律制度的规定，下列各项中，属于会计报表的有（　　）。

A. 利润表　　B. 资产负债表　　C. 审计报告　　D. 现金流量表

2. 应在财务报告签名或盖章的人员包括（　　）。

A. 单位负责人　　B. 企业会计机构负责人

C. 会计主管人员　　D. 总会计师

3. 根据会计法律制度的规定，下列各项中，属于会计核算内容的有（　　）。

A. 财物的减值　　B. 有价证券的购入

C. 债务的偿还　　D. 资本公积的形成

4. 根据会计法律制定的规定，下列各项中，属于会计核算内容的有（　　）。

A. 资本、基金的增减　　B. 债权债务的发生和结算

C. 财务成果的计算和处理　　D. 款项和有价证券的收付

5. 根据会计法律制度的规定，下列各项中，属于会计账簿类型的有（　　）。

A. 备查账簿　　B. 日记账　　C. 明细账　　D. 总账

6. 甲公司向乙公司提供财务会计报告时，下列表述中，正确的有（　　）。

A. 审计报告不需要向提乙公司提供

B. 会计主管人员应在财务会计报告上签名或盖章

C. 会计机构负责人应在财务会计报告上签名或盖章

D. 单位负责人应在财务会计报告上签名或盖章

7. 单位档案管理机构在接受电子会计档案时，应当对电子档案进行检测。下列各项中，属于应检测的内容有（　　）。

A. 可用性　　B. 安全性　　C. 准确性　　D. 完整性

8. 根据会计法律制度的规定，企业和其他组织的下列会计档案中，应永久保管的有（　　）。

A. 年度财务报告　　B. 半年度财务报告

C. 会计档案销毁清册　　D. 纳税申报表

9. 根据会计法律制度的规定，下列各项中，属于会计档案的有(　　)。

A. 原始凭证　　B. 记账凭证　　C. 会计账簿　　D. 年度预算

10. 下列各项中，属于甲公司内部会计监督主体的有(　　)。

A. 甲公司纪检部门　　B. 甲公司债权人

C. 甲公司会计机构　　D. 甲公司会计人员

11. 下列各项中，属于企业内部控制措施的有(　　)。

A. 运营分析控制　　B. 财产保护控制　　C. 授权审批控制　　D. 绩效考评控制

12. 下列各项中，属于行政事业单位内部控制方法的有(　　)。

A. 会计控制　　B. 归口管理　　C. 单据控制　　D. 预算控制

13. 根据会计法律制度的规定，下列各项中，代理记账机构可以接受委托，代表委托人办理的业务事项的有(　　)。

A. 填制和审核原始凭证　　B. 登记会计账簿

C. 编制财务会计报告　　D. 出具审计报告

14. 下列各项工作中，出纳不得兼任的有(　　)。

A. 会计档案保管　　B. 稽核

C. 收入费用账目的登记工作　　D. 债权债务账目的登记工作

15. 根据《会计基础工作规范》的要求，实行回避制度的单位，单位领导人的直系亲属不得担任本单位的(　　)。

A. 会计机构负责人　　B. 会计主管人员

C. 总账会计　　D. 稽核

16. 根据会计法律制度的规定，下列各项中，属于会计专业技术资格的有(　　)。

A. 初级职称　　B. 中级职称　　C. 高级职称　　D. 注册会计师

17. 根据会计法律制度的规定，下列关于总会计师地位的表述中，正确的有(　　)。

A. 是单位内部审计机构负责人　　B. 是单位会计机构负责人

C. 直接对单位行政领导人负责　　D. 是单位行政领导成员

18. 根据会计法律制度的规定，下列各项中，属于会计职业道德内容的有(　　)。

A. 坚持准则　　B. 客观公正　　C. 参与管理　　D. 廉洁自律

19. 根据会计法律制度的规定，下列情形中，属于违法行为的有(　　)。

A. 指使会计人员编制虚假财务会计报告　　B. 变造会计账簿

C. 隐匿依法应当保存的会计凭证　　D. 拒绝接收金额记载错误的原始凭证

20. 下列关于会计机构负责人采取虚增营业收入等方法调整财务会计报告行为性质及法律后果的表述中，正确的有(　　)。

A. 可对该负责人处以罚款　　B. 该行为属于编制虚假财务会计报告

C. 该负责人5年之内不得从事会计工作　　D. 可对该负责人处以行政拘留

三、判断题

1. 单位负责人对本单位的会计工作和会计资料的真实性、完整性负责。（　）
2. 县级以上地方各级人民政府财政部门管理本行政区域内的会计工作。（　）
3. 我国会计年度为每年公历1月1日～12月31日。（　）
4. 原始凭证记载的各项内容均不得涂改。（　）
5. 原始凭证金额错误的，可以直接更正。（　）
6. 会计档案销毁之后，监销人应在销毁清册上签名和盖章。（　）
7. 单位合并后一方存续其他方解散的，各单位的会计档案应由存续方统一保管。（　）
8. 代理记账机构可以接收委托人的委托对外提供财务会计报告。（　）
9. 因故意销毁会计凭证被依法追究刑事责任的会计人员，不得再从事会计工作。（　）
10. 有限责任公司应当设置总会计师。（　）
11. 根据《会计法》的规定，单位内部会计监督对象是会计机构和会计人员。（　）
12. 会计人员具有违反国家统一的会计制度的一般违法行为，情节严重的，3年内不得从事会计工作。（　）
13. 会计工作交接完毕后，接管人员可以另立账簿。（　）
14. 会计法律制度和会计职业道德都具有很强的他律性。（　）
15. 采用电子计算机进行会计核算的单位，只需保存电子数据和会计软件资料，不用保存打印出的纸质会计档案。（　）

四、不定项选择题

（一）2019年2月甲公司会计机构负责人组织会计人员对纸质及电子会计资料进行整理，移交给甲公司档案管理机构。2020年2月甲公司档案管理机构负责人组织相关机构对已到保管期限的会计档案进行鉴定。对确无保存价值可以销毁的会计档案，由档案管理员编制会计档案销毁清册，经相关人员签署意见后销毁。

要求：根据上述资料，不考虑其他因素，分析回答下列小题。

1. 甲公司的下列会计资料中，应当按照会计档案归档的是（　）。

A. 纳税申报表　B. 财务会计报告　C. 银行对账单　D. 年度财务预算

2. 下列关于甲公司移交会计档案的表述中，正确的是（　）。

A. 电子会计档案移交时应当将电子会计档案及其元数据一并移交

B. 纸质会计档案移交时应当拆封整理重新封装

C. 接收电子会计档案时，应当对其准确性、完整性、可用性、安全性进行检验

D. 应当编制会计档案移交清册

3. 下列关于甲公司对会计档案鉴定的表述中，正确的是（ ）。

A. 应当定期对已到保管期限的会计档案进行鉴定

B. 会计档案鉴定工作由会计、审计、纪检监察、档案等机构或人员共同进行

C. 鉴定后认为仍需继续保存的会计档案，应当重新划定保管期限

D. 会计档案鉴定工作应当由单位会计机构牵头

4. 除档案管理机构经办人外，还应当在会计档案销毁清册上签署意见的是（ ）。

A. 档案管理机构负责人　　B. 会计机构负责人

C. 单位负责人　　D. 会计管理机构经办人

（二）2020 年 1 月甲公司一批会计档案保管期满，其中有尚未结清的债权债务原始凭证。甲公司档案管理机构请会计机构负责人张某及相关人员在会计档案销毁清册上签署意见，将该批会计档案全部销毁。2020 年 9 月出纳郑某调离，与接替其工作的王某办理了会计工作交接。2020 年 12 月为完成利润指标，会计机构负责人张某采取虚增营业收入等方法，调整了财务会计报告，并经法定代表人周某同意，向乙公司提供了未经审计的财务会计报告。

要求：根据上述资料，不考虑其他因素，分析回答下列各题。

5. 下列关于甲公司销毁会计档案的表述中，正确的是（ ）。

A. 档案管理机构负责人应在会计档案销毁清册上签署意见

B. 法定代表人周某应在会计档案销毁清册上签署意见

C. 会计机构负责人张某不应在会计档案销毁清册上签署意见

D. 保管期满但未结清的债权债务原始凭证不得销毁

6. 下列关于会计人员郑某与王某交接会计工作的表述中，正确的是（ ）。

A. 郑某与王某应按移交清册逐项移交，核对点收

B. 应由会计机构负责人张某监交

C. 移交完毕，郑某与王某以及监交人应在移交清册上签名或盖章

D. 移交完毕，王某可自行另立新账进行会计记录

7. 下列关于甲公司向乙公司提供财务会计报告的表述中，正确的是（ ）。

A. 财务会计报告经注册会计师审计后才能对乙公司提供

B. 会计主管人员应在财务会计报告上签名或盖章

C. 会计机构负责人张某应在财务会计报告上签名或盖章

D. 单位领导人周某应在财务会计报告上签名或盖章

8. 下列关于会计机构负责人张某采取虚增营业收入等方法调整财务会计报告行为性质及法律后果的表述中，正确的是（ ）。

A. 可对张某处以罚款　　B. 该行为属于编制虚假财务会计报告

C. 张某 5 年之内不得从事会计工作　　D. 可对张某处以行政拘留

第三部分　参考答案

一、单项选择题

1. A	2. B	3. B	4. A	5. A	6. D	7. B	8. C	9. D	10. A
11. B	12. D	13. C	14. B	15. A	16. A	17. B	18. D	19. D	20. D

重难点解析：

1. 国务院财政部门主管全国的会计工作，县级以上地方各级人民政府财政部门管理本行政区域内的会计工作。

2. 会计核算的内容包括：款项和有价证券的收付。财物的收发、增减和使用；债权债务的发生和结算；资本、基金的增减；收入、支出、费用、成本的计算；财务成果的计算和处理；需要办理会计手续、进行会计核算的其他事项。

3.《会计法》规定，各单位应当定期将会计账簿记录与实物、款项及有关资料相互核对，保证会计账簿记录与实物及款项的实有数额相符、会计账簿记录与会计凭证的有关内容相符、会计账簿之间相对应的记录相符、会计账簿记录与会计报表的有关内容相符。

4. 原始凭证金额错误只能重新开具；其他记载事项错误可以重开或者由出具单位更正且加盖出具单位印章。

5. 单位应当定期对已到保管期限的会计档案进行鉴定，并形成会计档案鉴定意见书。由档案管理机构牵头，组织会计、审计、纪检监察等机构共同进行。

6. 凭证、账簿、会计档案移交清册应保管 30 年；月季半年财务报告、调节表、对账单、纳税申报表应保管 10 年。

7.《会计档案管理办法》规定的会计档案保管期限为最低保管期限，记账凭证的最低保管期限为 30 年。

8. 在获取充分、适当的审计证据以作为形成审计意见的基础、但认为未发现的错报（如存在）对财务报表产生的影响重大且具有广泛性时，注册会计师应当发表否定意见。

9. 会计工作的政府监督，主要是指财政部门代表国家对各单位和单位中相关人员的会计行为实施的监督检查，以及对发现的违法会计行为实施行政处罚。

10. 根据规定、单位领导人的直系亲属不得担任本单位的会计机构负责人、会计主管人员；会计机构负责人、会计主管人员的直系亲属不得在本单位会计机构中担任出纳工作。

11. 国有的和国有资产占控股地位或者主导地位的大、中型企业必须设置总会计师。

12. 总会计师不属于会计职称。

13. 一般会计人员由会计机构负责人监交，会计机构负责人由单位负责人监交。

14. 伪造、变造会计凭证、会计账簿、编制虚假财务会计报告，尚不构成犯罪的，由县级以上人民政府财政部门予以通报，可以对单位并处五千元以上十万元以下的罚款；对其直接负责的主管人员和其他直接责任人员，可以处三千元以上五万元以下的罚款。

15. 各单位必须根据实际发生的经济业务事项进行会计核算，填制会计凭证，登记会计账簿，编制财务会计报告。

16. 我国以公历年度为会计年度，即每年公历 1 月 1 日起至 12 月 31 日止。

17. 会计账簿记录发生错误或者隔页、缺号、跳行的，应当按照国家统一的会计制度规定的方法更正，并由会计人员和会计机构负责人（会计主管人员）在更正处盖章，选项 B 错误。

18. 根据规定，担任单位会计机构负责人（会计主管人员）的，应当具备会计师以上专业技术职务资格或者从事会计工作 3 年以上经历。选项 AC 中的应聘者均没有从事过会计工作，也未获得会计师专业技术资格；选项 B 中虽然从事过会计工作，但未符合三年以上的时间要求，也未获得会计师专业技术资格，因此不具备会计主管人员的任职资格。

19. 会计法律责任是指违反会计法律制度应当承担的法律责任。故正确答案为选项 D。

20. 根据《会计法》的规定，单位内部监督的主体是本单位的会计机构和会计人员。

二、多项选择题

1. ABD	2. ABCD	3. ABCD	4. ABCD	5. ABCD
6. BCD	7. ABCD	8. AC	9. ABC	10. CD
11. ABCD	12. ABCD	13. BC	14. ABCD	15. AB
16. ABC	17. CD	18. ABCD	19. ABC	20. ABC

重难点解析：

1. 会计报表包括资产负债表、利润表、现金流量表及所有者权益变动表。

2. 在财务报告签名或盖章的人员包括单位负责人、总会计师、会计机构负责人、会计主管人员。

3. 会计核算的内容包括：款项和有价证券的收付；财物的收发、增减和使用；债权债务的发生和结算；资本、基金的增减；收入、支出、费用、成本的计算；财务成果的计算和处理；需要办理会计手续、进行会计核算的其他事项。

5. 会计账簿的种类主要包括总账、明细账、日记账、其他辅助类账簿，其他辅助类账簿又称备查账簿。

6. 财务会计报告须经注册会计师审计的，注册会计师及其所在的会计师事务所出具的审计报告应当随同财务会计报告一并对外提供，因此选项 A 错误。选项 BCD，企业对外提供的财务会计报告应当由单位负责人、总会计师、会计机构负责人、会计主管人员签名或盖章。

7. 本题考核对电子档案检测的内容，选项 ABCD 均正确。

8. 永久保管的包括年度财务报告、会计档案保管清册、会计档案销毁清册、会计档案鉴定意见书。

9. 各单位的预算、计划、制度等文件材料属于文书档案，不属于会计档案。

10. 选项A属于政府监督。选项B属于社会监督。

11. 企业内部控制措施包括：不相容职务分离，授权审批控制，会计系统控制，财产保护控制，预算控制，运行分析控制，绩效考评控制。

12. 行政事业单位内部控制方法包括：不相容岗位相分离、内部授权审批控制、会计控制、财产保护控制、预算控制、归口管理、单据控制、信息内部公开。

13. 选项A，代理记账机构办理的业务事项不包括填制原始凭证。选项D属于注册会计师及其所在的事务所的业务事项。

14. 出纳人员不得兼任稽核，会计档案保管和收入、支出、费用、债权债务账目的登记工作。

15. 根据规定，国家机关、国有企业、事业单位任用会计人员应当实行回避制度，单位负责人的直系亲属不得担任本单位的会计机构负责人、会计主管人员。

16. 注册会计师不属于会计职称。

17. 总会计师是主管本单位会计工作的行政领导，是单位行政领导成员，协助单位行政领导人工作、直接对单位行政领导人负责。

18. 会计职业道德主要包括爱岗敬业、诚实守信、廉洁自律、客观公正、坚持准则、提高技能、参与管理、强化服务等内容。

19. 违反会计法律制度的行为包括：违反国家统一的会计制度行为；选项B伪造、变造会计凭证、会计账簿，编制虚假财务会计报告；选项C隐匿或者故意销毁依法应当保存的会计凭证、会计账簿、财务会计报告；选项A授意、指使、强令会计机构、会计人员及其他人员伪造、变造会计凭证、会计账簿，编制虚假财务会计报告或者隐匿、故意销毁依法应当保存的会计凭证、会计账簿、财务会计报告；单位负责人对依法履行职责、抵制违反《会计法》规定行为的会计人员实行打击、报复行为。

20. 编制虚假财务会计报告构成犯罪的，依法追究刑事责任；尚不构成犯罪的，①由县级以上人民政府财政部门予以通报，可以对单位并处五千元以上十万元以下的罚款。②对其直接负责的主管人员和其他直接责任人员，可以处三千元以上五万元以下的罚款。③属于国家工作人员的，还应当由其所在单位或者有关单位依法给予撤职直至开除的行政处分。④其中的会计人员，5年内不得从事会计工作。

三、判断题

1. √	2. √	3. √	4. √	5. ×	6. ×	7. √	8. √	9. √	10. ×
11. ×	12. ×	13. ×	14. ×	15. ×					

重难点解析：

4. 原始凭证记载的各项内容均不得涂改。原始凭证有错误的，应当由出具单位重开或者更正。

5. 原始凭证有错误的，应当由出具单位重开或者更正。更正处应当加盖出具单位印章。原始凭证金额有错误的，应当由出具单位重开，不得在原始凭证上更正。

6. 监销人在会计档案销毁后，应当在会计档案销毁清册上签名“或”盖章。

7. 单位合并后原各单位解散或者一方存续其他方解散的，原各单位的会计档案应当由合并后的单位统一保管。

10. 国有的和国有资产占控股地位或者主导地位的大、中型企业必须设置总会计师，其他单位可以根据业务需要自行决定。

11. 单位内部监督的对象是单位的经济活动，而会计机构、会计人员是单位内部监督的主体。

12. 会计人员具有违反国家统一的会计制度的一般违法行为，情节严重的，5 年内不得从事会计工作。

13. 会计工作交接完毕后，接管人员应继续使用移交前的账簿，不得擅自另立账簿，以保证会计记录前后衔接，内容完整。

14. 会计法律制度通过国家机关强制执行，具有很强的他律性。会计职业道德主要依靠会计从业人员的自觉性，具有很强的自律性。

15. 采用电子计算机进行会计核算的单位应当保存打印出的纸质会计档案。

四、不定项选择题

1. ABC	2. ACD	3. ABC	4. ABCD	5. ABD
6. ABC	7. BCD	8. ABC		

重难点解析：

1. 会计档案的归档范围包括会计凭证、会计账簿、财务会计报告、其他会计资料，包括银行存款余额调节表、银行对账单、纳税申报表、会计档案移交清册、会计档案保管清册、会计档案销毁清册、会计档案鉴定意见书及其他具有保存价值的会计资料。

2. 纸质会计档案移交时应保持原卷的封装，因此选项 B 错误。

3. 会计档案鉴定工作应当由单位档案管理机构牵头，选项 D 错误。

4. 单位负责人、档案管理机构负责人、会计管理机构负责人、档案管理机构经办人、会计管理机构经办人在会计档案销毁清册上签署意见。

5. 选项 ABC，单位负责人、档案管理机构负责人、会计管理机构负责人、档案管理机构经办人、会计管理机构经办人在会计档案销毁清册上签署意见。选项 D，保管期满但未结清的债权债务原始凭证和涉及其他未了事项的会计凭证不得销毁。

6. 选项AB，交接会计档案时，交接双方应当按照会计档案移交清册所列内容逐项交接，并由交接双方的单位有关负责人负责监督。选项C，交接完毕后，交接双方经办人和监督人应当在会计档案移交清册上签名或盖章。选项D，接替人员应当继续使用移交的会计账簿，不得自行另立新账，以保持会计记录的连续性。

7. 选项A，并非所有公司的财务会计报告都必须经过审计。选项BCD，企业对外提供的财务会计报告应当由单位领导人、总会计师、会计机构负责人、会计主管人员签名或盖章。

8. 编制虚假财务会计报告构成犯罪的，依法追究刑事责任；尚不构成犯罪的，①由县级以上人民政府财政部门予以通报，可以对单位并处五千元以上十万元以下的罚款。②对其直接负责的主管人员和其他直接责任人员，可以处三千元以上五万元以下的罚款。③属于国家工作人员的，还应当由其所在单位或者有关单位依法给予撤职直至开除的行政处分。④其中的会计人员，5年内不得从事会计工作。

第三章　劳动合同与社会保险法律制度

第一部分　内容概要

一、劳动合同的主要内容

（一）劳动合同必备条款

劳动合同必备条款是指劳动合同必须具备的内容。劳动合同应当具备以下条款：

（1）用人单位的名称、住所和法定代表人或者主要负责人。

（2）劳动者的姓名、住址和居民身份证或者其他有效身份证件号码。

（3）劳动合同期限。劳动合同分为固定期限劳动合同、无固定期限劳动合同和以完成一定工作任务为期限的劳动合同。

（4）工作内容和工作地点。

（5）工作时间和休息、休假。工作时间是劳动者每天应工作的时数或每周应工作的天数。目前我国实行的工时制度主要有标准工时制、不定时工作制和综合计算工时制三种类型。休息是指工作日内的间歇时间、工作日之间的休息时间和公休假日。

（6）劳动报酬与支付及最低工资制度。

（7）社会保险。社会保险包括基本养老保险、基本医疗保险、失业保险、工伤保险等。参加社会保险、缴纳社会保险费是用人单位与劳动者的法定义务，双方都必须履行。

（8）劳动保护、劳动条件和职业危害防护。

（9）法律、法规规定应当纳入劳动合同的其他事项。

（二）劳动合同可备条款

除劳动合同必备条款外，用人单位与劳动者还可以在劳动合同中约定试用期、培训、保守秘密、补充保险和福利待遇等其他事项，称为可备条款。但约定事项不能违反法律、行政法规的强制性规定，否则该约定无效。

1. 试用期

（1）试用期期限。根据《劳动合同法》的规定，劳动合同期限 3 个月以上不满 1 年的，试用期不得超过 1 个月；劳动合同期限 1 年以上不满 3 年的，试用期不得超过 2 个月；3 年以上固定期限和无固定期限的劳动合同，试用期不得超过 6 个月。

（2）法律责任。用人单位违反规定与劳动者约定试用期的，由劳动行政部门责令改正；

违法约定的试用期已经履行的，由用人单位以劳动者试用期满月工资为标准，按已经履行的超过法定试用期的期间向劳动者支付赔偿金。

(3) 试用期工资。劳动者在试用期的工资不得低于本单位相同岗位最低档工资或者劳动合同约定工资的 80%，并不得低于用人单位所在地的最低工资标准。

2. 服务期

(1) 服务期的适用范围。服务期是指劳动者因享受用人单位给予的特殊待遇而作出的关于劳动履行期限的承诺。《劳动合同法》规定，用人单位为劳动者提供专项培训费用，对其进行专业技术培训的，可以与该劳动者订立协议，约定服务期。

(2) 劳动者违反服务期约定的违约责任。劳动者违反服务期约定的，应当按照约定向用人单位支付违约金。违约金的数额不得超过用人单位提供的培训费用。用人单位要求劳动者支付的违约金不得超过服务期尚未履行部分所应分摊的培训费用。

3. 保守商业秘密和竞业限制

(1) 用人单位与劳动者可以在劳动合同中约定保守用人单位的商业秘密和与知识产权相关的保密事项。

(2) 对负有保密义务的劳动者，用人单位可以在劳动合同或者保密协议中与劳动者约定竞业限制条款，并约定在解除或者终止劳动合同后，在竞业限制期限内按月给予劳动者经济补偿。

(3) 在解除或者终止劳动合同后，竞业限制人员到与本单位生产或者经营同类产品、从事同类业务的有竞争关系的其他用人单位工作，或者自己开业生产或者经营同类产品、从事同类业务的竞业限制期限，不得超过 2 年。

二、劳动合同的订立

(一) 劳动合同订立的概念和原则

订立劳动合同，应当遵循合法、公平、平等自愿、协商一致、诚实信用的原则。

(二) 劳动合同订立的主体

1. 劳动合同订立主体的资格要求

(1) 劳动者有劳动权利能力和行为能力。

(2) 用人单位有用人权利能力和行为能力。

2. 劳动合同订立主体的义务

(1) 用人单位的义务和责任。用人单位招用劳动者，不得扣押劳动者的居民身份证和其他证件，不得要求劳动者提供担保或者以其他名义向劳动者收取财物。

(2) 劳动者的义务。用人单位有权了解劳动者与劳动合同直接相关的基本情况，劳动者应当如实说明。

（三）劳动关系建立的时间

用人单位自用工之日起即与劳动者建立劳动关系。

（四）劳动合同订立的形式

1. 书面形式

建立劳动关系，应当订立书面劳动合同。已建立劳动关系，未同时订立书面劳动合同的，应当自用工之日起1个月内订立书面劳动合同。

2. 口头形式

（1）非全日制用工双方当事人可以订立口头协议。

（2）从事非全日制用工的劳动者可以与一个或者一个以上用人单位订立劳动合同；但是，后订立的劳动合同不得影响先订立的劳动合同的履行。

（3）非全日制用工双方当事人不得约定试用期。

（4）非全日制用工双方当事人任何一方都可以随时通知对方终止用工。终止用工，用人单位不向劳动者支付经济补偿。

（五）劳动合同的效力

1. 劳动合同的生效

劳动合同由用人单位与劳动者协商一致，并经用人单位与劳动者在劳动合同文本上签字或者盖章生效。劳动合同文本由用人单位和劳动者各执一份。

2. 无效劳动合同

无效劳动合同是指由用人单位和劳动者签订成立，而国家不予承认其法律效力的劳动合同。劳动合同虽然已经成立，但因违反了平等自愿、协商一致、诚实信用、公平等原则和法律、行政法规的强制性规定，可使其全部或者部分条款归于无效。下列劳动合同无效或者部分无效：

（1）以欺诈、胁迫的手段或者乘人之危，使对方在违背真实意思的情况下订立或者变更劳动合同的。

（2）用人单位免除自己的法定责任、排除劳动者权利的。

（3）违反法律、行政法规强制性规定的。

对劳动合同的无效或者部分无效有争议的，由劳动争议仲裁机构或者人民法院确认。

3. 无效劳动合同的法律后果

（1）无效劳动合同，从订立时起就没有法律约束力。

（2）劳动合同部分无效，不影响其他部分效力的，其他部分仍然有效。

（3）劳动合同被确认无效，劳动者已付出劳动的，用人单位应当向劳动者支付劳动报酬。劳动报酬的数额，参照本单位相同或者相近岗位劳动者的劳动报酬确定。

（4）劳动合同被确认无效，给对方造成损害的，有过错的一方应当承担赔偿责任。

三、劳动合同的解除和终止

(一) 劳动合同的解除

劳动合同解除分为协商解除和法定解除两种情况。

(1) 协商解除。《劳动合同法》规定,用人单位与劳动者协商一致,可以解除劳动合同。由用人单位提出解除劳动合同而与劳动者协商一致的,必须依法向劳动者支付经济补偿;由劳动者主动辞职而与用人单位协商一致解除劳动合同的,用人单位不需向劳动者支付经济补偿。

(2) 法定解除。法定解除可以分为劳动者的单方解除和用人单位的单方解除。

(二) 劳动合同的终止

劳动合同终止有如下情形:①劳动合同期满的。②劳动者开始依法享受基本养老保险待遇的。③劳动者达到法定退休年龄的。④劳动者死亡,或者被人民法院宣告死亡或者宣告失踪的。⑤用人单位被依法宣告破产的。⑥用人单位被吊销营业执照、责令关闭、撤销或者用人单位决定提前解散的。⑦法律、行政法规规定的其他情形。用人单位与劳动者不得约定上述情形之外的其他劳动合同终止条件。

(三) 对劳动合同解除和终止的限制性规定

一般劳动合同期满,劳动合同即终止,但也有例外。根据《劳动合同法》的规定,劳动者有下列情形之一的,用人单位既不得适用无过失性辞退或经济性裁员解除劳动合同的情形解除劳动合同,也不得终止劳动合同,劳动合同应当续延至相应的情形消失时终止:①从事接触职业病危害作业的劳动者未进行离岗前职业健康检查,或者疑似职业病病人在诊断或者医学观察期间的。②在本单位患职业病或者因工负伤并被确认丧失或者部分丧失劳动能力的。③患病或者非因工负伤,在规定的医疗期内的。④女职工在孕期、产期、哺乳期的。⑤在本单位连续工作满 15 年,且距法定退休年龄不足 5 年的。⑥法律、行政法规规定的其他情形。

(四) 劳动合同解除和终止的经济补偿

1. 用人单位应当向劳动者支付经济补偿的情形

(1) 劳动者符合随时通知解除和不需事先通知即可解除劳动合同规定情形而解除劳动合同。

(2) 由用人单位提出解除劳动合同并与劳动者协商一致而解除劳动合同。

(3) 用人单位符合提前 30 日以书面形式通知劳动者本人或者额外支付劳动者 1 个月工资后,可以解除劳动合同的规定情形而解除劳动合同。

(4) 用人单位符合可裁减人员规定而解除劳动合同。

(5) 除用人单位维持或者提高劳动合同约定条件续订劳动合同,劳动者不同意续订的情形外,劳动合同期满终止固定期限劳动合同。

（6）用人单位被依法宣告破产或者被吊销营业执照、责令关闭、撤销或者用人单位决定提前解散而终止劳动合同。

（7）以完成一定工作任务为期限的劳动合同因任务完成而终止。

（8）法律、行政法规规定的其他情形。

2. 经济补偿的支付

经济补偿金的计算公式为：

经济补偿金 = 劳动合同解除或者终止前劳动者在本单位的工作年限 × 每工作 1 年应得的经济补偿

或者简写为：　　经济补偿金 = 工作年限 × 月工资

（五）劳动合同解除和终止的法律后果及双方义务

（1）劳动合同解除和终止后，用人单位和劳动者双方不再履行劳动合同，劳动关系消灭。

（2）劳动合同解除或终止的，用人单位应当在解除或者终止劳动合同时出具解除或者终止劳动合同的证明，并在 15 日内为劳动者办理档案和社会保险关系转移手续。用人单位对已经解除或者终止的劳动合同的文本，至少保存 2 年备查。

用人单位未向劳动者出具解除或者终止劳动合同的书面证明，由劳动行政部门责令改正；给劳动者造成损害的，应当承担赔偿责任。

劳动者依法解除或者终止劳动合同，用人单位扣押劳动者档案或者其他物品的，由劳动行政部门责令限期退还劳动者本人，并以每人 500 元以上 2 000 元以下的标准处以罚款；给劳动者造成损害的，应当承担赔偿责任。

（3）用人单位应当在解除或者终止劳动合同时向劳动者支付经济补偿的，在办结工作交接时支付。解除或者终止劳动合同，用人单位未依照《劳动合同法》的规定向劳动者支付经济补偿的，由劳动行政部门责令限期支付经济补偿；逾期不支付的，责令用人单位按应付金额 50％以上 100％以下的标准向劳动者加付赔偿金。

（4）用人单位违反规定解除或者终止劳动合同，劳动者要求继续履行劳动合同的，用人单位应当继续履行；劳动者不要求继续履行劳动合同或者劳动合同已经不能继续履行的，用人单位应当依照《劳动合同法》规定的经济补偿标准的 2 倍向劳动者支付赔偿金。用人单位支付了赔偿金的，不再支付经济补偿。赔偿金的计算年限自用工之日起计算。

（5）劳动者违反《劳动合同法》规定解除劳动合同，给用人单位造成损失的，应当承担赔偿责任。

四、基本养老保险

（一）基本养老保险的覆盖范围

1. 基本养老保险制度组成

根据《社会保险法》的规定，基本养老保险制度由三个部分组成：职工基本养老保险制度、新型农村社会养老保险制度、城镇居民社会养老保险制度。

2. 职工基本养老保险

职工基本养老保险费的征缴范围是：国有企业、城镇集体企业、外商投资企业、城镇私营企业和其他城镇企业及其职工，实行企业化管理的事业单位及其职工。

无雇工的个体工商户、未在用人单位参加基本养老保险的非全日制从业人员以及其他灵活就业人员可以参加基本养老保险，由个人缴纳基本养老保险费。

（二）职工基本养老保险基金的组成和来源

基本养老保险基金由用人单位和个人缴费以及政府补贴等组成。基本养老保险实行社会统筹与个人账户相结合。基本养老金由统筹养老金和个人账户养老金组成。

养老保险社会统筹，是指统收养老保险缴费和统支养老金，确保收支平衡的公共财务系统。用人单位应当按照国家规定的本单位职工工资总额的比例缴纳基本养老保险费，记入基本养老保险统筹基金。职工按照国家规定的本人工资的比例缴纳基本养老保险费，记入个人账户。基本养老保险基金出现支付不足时，政府给予补贴。

无雇工的个体工商户、未在用人单位参加基本养老保险的非全日制从业人员以及其他灵活就业人员参加基本养老保险的，应当按照国家规定缴纳基本养老保险费，分别记入基本养老保险统筹基金和个人账户。

个人账户不得提前支取，记账利率不得低于银行定期存款利率，免征利息税。参加职工基本养老保险的个人死亡后，其个人账户中的余额可以全部依法继承。

个人跨统筹地区就业的，其基本养老保险关系随本人转移，缴费年限累计计算。个人达到法定退休年龄时，基本养老金分段计算、统一支付。

（三）职工基本养老保险费的缴纳

1. 单位缴费

按照现行政策，自2019年5月1日起，降低城镇职工基本养老保险（包括企业和机关事业单位基本养老保险）单位缴费比例。各省、自治区、直辖市及新疆生产建设兵团养老保险单位缴费比例高于16%的，可降至16%；目前低于16%的，要研究提出过渡办法。

2. 个人缴费

按照现行政策，职工个人按照本人缴费工资的8%缴费，记入个人账户。缴费工资，也称缴费工资基数，一般为职工本人上一年度月平均工资。新招职工以起薪当月工资收入作为缴费工资基数；从第二年起，按上一年实发工资的月平均工资作为缴费工资基数。

个人养老账户月存储额＝本人月缴费工资×8%

本人月平均工资低于当地职工月平均工资60%的，按当地职工月平均工资的60%作为缴费基数。本人月平均工资高于当地职工月平均工资300%的，按当地职工月平均工资的300%作为缴费基数，超过部分不计入缴费工资基数，也不计入计发养老金的基数。各省应以本省城镇非私营单位就业人员平均工资和城镇私营单位就业人员平均工资加权计算的全口径城镇单位就业人员平均工资，核定社保个人缴费基数上下限。

个人缴费不计征个人所得税，在计算个人所得税的应税收入时，应当扣除个人缴纳的养老保险费。

城镇个体工商户和灵活就业人员按照上述口径计算的本地全口径城镇单位就业人员平均工资核定社保个人缴费基数上下限，允许缴费人在60%至300%之间选择适当的缴费基数。缴费比例为20%，其中8%记入个人账户。

(四) 职工基本养老保险享受条件与待遇

1. 职工基本养老保险享受条件

(1) 年龄条件：达到法定退休年龄。目前国家实行的法定的企业职工退休年龄是，男年满60周岁，女工人年满50周岁，女干部年满55周岁；从事井下、高温、高空、特别繁重体力劳动或其他有害身体健康工作的，退休年龄为男年满55周岁，女年满45周岁；因病或非因工致残，由医院证明并经劳动鉴定委员会确认完全丧失劳动能力的，退休年龄为男年满50周岁，女年满45周岁。

(2) 缴费条件：累计缴费满15年。参加职工基本养老保险的个人，达到法定退休年龄时累计缴费满15年的，按月领取基本养老金。

2. 职工基本养老保险待遇

(1) 职工基本养老金。对符合基本养老保险享受条件的人员，国家按月支付基本养老金。

(2) 丧葬补助金和遗属抚恤金。参加基本养老保险的个人，因病或者非因工死亡的，其遗属可以领取丧葬补助金和抚恤金，所需资金从基本养老保险基金中支付。

如果个人死亡同时符合领取基本养老保险丧葬补助金、工伤保险丧葬补助金和失业保险丧葬补助金条件的，其遗属只能选择领取其中的一项。

(3) 病残津贴。参加基本养老保险的个人，在未达到法定退休年龄时因病或者非因工致残完全丧失劳动能力的，可以领取病残津贴，所需资金从基本养老保险基金中支付。

五、基本医疗保险

(一) 基本医疗保险的覆盖范围

1. 职工基本医疗保险

职工应当参加职工基本医疗保险，由用人单位和职工按照国家规定共同缴纳基本医疗保险费。

职工基本医疗保险费的征缴范围是：国有企业、城镇集体企业、外商投资企业、城镇私营企业和其他城镇企业及其职工，国家机关及其工作人员，事业单位及其职工，民办非企业单位及其职工，社会团体及其专职人员。

无雇工的个体工商户、未在用人单位参加基本医疗保险的非全日制从业人员以及其他灵活就业人员可以参加职工基本医疗保险，由个人按照国家规定缴纳基本医疗保险费。

2. 城乡居民基本医疗保险

城乡居民基本医疗保险制度覆盖范围包括现有城镇居民基本医疗保险制度和新型农村合作医疗所有应参保（合）人员，即覆盖除职工基本医疗保险应参保人员以外的其他所有城乡居民，统一保障待遇。

（二）职工基本医疗保险费的缴纳

基本医疗保险与基本养老保险一样采用“统账结合”模式，即分别设立社会统筹基金和个人账户基金，基本医疗保险基金由统筹基金和个人账户构成。

1. 单位缴费

由统筹地区统一确定适合当地经济发展水平的基本医疗保险单位缴费率，一般为职工工资总额的6%左右。用人单位缴纳的基本医疗保险费分为两部分，一部分用于建立统筹基金，另一部分划入个人账户。

2. 基本医疗保险个人账户的资金来源

（1）个人缴费部分。个人缴费部分由统筹地区统一确定适合当地职工负担水平的基本医疗保险个人缴费率，一般为本人工资收入的2%。

（2）用人单位缴费的划入部分。用人单位缴费的划入部分由统筹地区根据个人医疗账户的支付范围和职工年龄等因素确定用人单位所缴医疗保险费划入个人医疗账户的具体比例，一般为30%左右。

3. 基本医疗保险关系转移接续制度

个人跨统筹地区就业的，其基本医疗保险关系随本人转移，缴费年限累计计算。

4. 退休人员基本医疗保险费的缴纳

参加职工基本医疗保险的个人，达到法定退休年龄时累计缴费达到国家规定年限的，退休后不再缴纳基本医疗保险费，按照国家规定享受基本医疗保险待遇；未达到国家规定缴费年限的，可以缴费至国家规定年限。目前对最低缴费年限没有全国统一的规定，由各统筹地区根据本地情况确定。

（三）职工基本医疗费用的结算

目前各地对职工基本医疗保险费用结算的方式并不一致。要享受基本医疗保险待遇一般要符合以下条件：

（1）参保人员必须到基本医疗保险的定点医疗机构就医、购药或到定点零售药店购买药品。

（2）参保人员在看病就医过程中所发生的医疗费用必须符合基本医疗保险药品目录、诊疗项目、医疗服务设施标准的范围和给付标准。

参保人员符合基本医疗保险支付范围的医疗费用中，在社会医疗统筹基金起付标准以上与最高支付限额以下的费用部分，由社会医疗统筹基金按一定比例支付。

起付标准，又称起付线，一般为当地职工年平均工资的10%左右。最高支付限额，又称封顶线，一般为当地职工年平均工资的6倍左右。支付比例一般为90%。

（四）基本医疗保险基金不支付的医疗费用

下列医疗费用不纳入基本医疗保险基金支付范围：①应当从工伤保险基金中支付的。②应当由第三人负担的。③应当由公共卫生负担的。④在境外就医的。

医疗费用应当由第三人负担，第三人不支付或者无法确定第三人的，由基本医疗保险基金先行支付。基本医疗保险基金先行支付后，有权向第三人追偿。

（五）医疗期

1. 医疗期的计算方法

主要医疗期期间及其对应计算方法如表3-1所示。

表3-1　主要医疗期期间及其计算方法

实际工作年限	本单位工作年限	主要的医疗期期间	累计病休期间
<10年	Y<5年	3个月	6个月
	5年≤Y<10年	6个月	12个月
>10年	Y<5年	6个月	12个月
	5年≤Y<10年	9个月	15个月
	10年≤Y<15年	12个月	18个月
	15年≤Y<20年	18个月	24个月
	≥20年	24个月	30个月

2. 医疗期内的待遇

企业职工在医疗期内，其病假工资、疾病救济费和医疗待遇按照有关规定执行。病假工资或疾病救济费可以低于当地最低工资标准支付，但最低不能低于最低工资标准的80%。医疗期内，除劳动者有以下情形外，用人单位不得解除或终止劳动合同：①在试用期间被证明不符合录用条件的。②严重违反用人单位的规章制度的。③严重失职，营私舞弊，给用人单位造成重大损害的。④劳动者同时与其他用人单位建立劳动关系，对完成本单位的工作任务造成严重影响，或者经用人单位提出，拒不改正的。⑤以欺诈、胁迫的手段或者乘人之危，使用人单位在违背真实意思的情况下订立或者变更劳动合同致使劳动合同无效的。⑥被依法追究刑事责任的。

如医疗期内遇合同期满，则合同必须续延至医疗期满，职工在此期间仍然享受医疗期内待遇。对医疗期满尚未痊愈者，或者医疗期满后，不能从事原工作，也不能从事用人单位另行安排的工作，被解除劳动合同的，用人单位需按经济补偿规定给予其经济补偿。

第二部分 练 习 题

一、单项选择题

1. 甲公司与小王签订了劳动合同，乙公司认为小王是该公司急需用的人才，于是高薪聘请小王到公司上班，小王也与乙公司签订了劳动合同，最后造成了甲公司直接遭受经济损失，下列说法正确的是（　　）。

A. 甲公司承担责任　　B. 小王与乙公司承担连带责任

C. 甲公司直接找小王承担责任　　D. 小王与乙公司均不承担责任

2. 2020 年 7 月 1 日，李某到甲公司工作，按月领取工资 3 000 元。同年 9 月 1 日，甲公司与李某签订书面劳动合同。已知，当地月最低工资标准为 1 800 元，当地上年度职工月平均工资为 3 500 元。因未及时与李某签订书面劳动合同，甲公司应向其补偿的工资数额为（　　）元。

A. 7 000　　B. 1 800　　C. 3 000　　D. 3 500

3. 根据劳动合同法律制度的规定，下列关于非全日制用工的表述中，不正确的是（　　）。

A. 双方当事人任何一方可以随时通知对方终止用工

B. 双方当事人不得约定试用期

C. 双方当事人可以订立口头协议

D. 用人单位可以按月结算劳动报酬

4. 下列用人单位招用劳动者的情形中，符合法律规定的是（　　）。

A. 甲超市与刚满 15 周岁的初中毕业生赵某签订劳动合同

B. 乙公司以只招男性为由拒绝录用应聘者李女士从事会计工作

C. 丙公司设立的分公司已领取营业执照，该分公司与张某订立劳动合同

D. 丁公司要求王某提供 2 000 元保证金后才与其订立劳动合同

5. 用人单位与劳动者签订了 4 年劳动合同，试用期不得超过（　　）个月。

A. 1　　B. 3　　C. 6　　D. 2

6. 根据劳动合同法律制度的规定，下列各项中，属于劳动合同可备条款的是（　　）。

A. 休息、休假　　B. 服务期　　C. 工作时间　　D. 合同期限

7. 甲公司依法安排职工魏某于 2020 年 9 月 23 日（周日）加班 1 天，事后未安排补休，9 月 24 日（中秋节）加班 1 天。已知甲公司实行标准工时制，魏某日工资 300 元。下列关于甲公司依法应支付魏某 9 月最低加班工资的算式中，正确的是（　　）。

A. $300 \times 150\% \times 1 + 300 \times 200\% \times 1 = 1\,050$(元)

B. $300 \times 200\% \times 2 = 1\,200$(元)

C. $300 \times 200\% \times 1 + 300 \times 300\% \times 1 = 1\,500$(元)

D. $300 \times 150\% \times 1 + 300 \times 300\% \times 1 = 1\,350$(元)

8. 甲公司职工齐某因违规操作给公司造成经济损失 8 000 元,甲公司按照劳动合同约定要求齐某赔偿该损失,并按月从其工资中扣除。已知齐某月工资 2 600 元。当地月最低工资标准为 2 200 元,甲公司每月可以从齐某工资中扣除的最高限额为(　　)元。

A. 520　　B. 440　　C. 400　　D. 2 600

9. 张某于 2015 年 1 月首次就业后一直在甲公司工作,2020 年张某可以享受的当年年休假天数为(　　)天。

A. 0　　B. 10　　C. 15　　D. 5

10. 刘某在甲公司工作 3 年。已知刘某累计工作 18 年且符合享受年休假条件。刘某可享受的当年年休假天数为(　　)天。

A. 10　　B. 5　　C. 15　　D. 20

11. 甲公司职工罗某已享受带薪休假 3 天,同年 10 月罗某又向公司提出补休当年剩余年休假的申请。已知罗某首次就业即到甲公司工作,工作已满 12 年,且不存在不能享受当年年休假的情形。罗某可享受剩余年休假的天数为(　　)天。

A. 2　　B. 5　　C. 7　　D. 12

12. 根据劳动合同法律制度的规定,对负有保密义务的劳动者,用人单位可以在劳动合同或者保密协议中与劳动者约定竞业限制条款,但竞业限制不得超过一定期限。该期限为(　　)年。

A. 3　　B. 2　　C. 5　　D. 1

13. 2020 年 5 月甲公司安排职工刘某在日标准工作时间以外延长工作时间累计 12 小时,已知甲公司实行标准工时制度,刘某日工资为 160 元。分析甲公司应支付刘某 5 月最低加班工资的下列算式中,正确的是(　　)。

A. $160 \div 8 \times 12 \times 300\% = 720$(元)　　B. $160 \div 8 \times 12 \times 150\% = 360$(元)

C. $160 \div 8 \times 12 \times 100\% = 240$(元)　　D. $160 \div 8 \times 12 \times 200\% = 480$(元)

14. 2020 年 10 月甲公司安排职工李某于 10 月 1 日(国庆节)、10 月 15 日(周六)分别加班 1 天,事后未安排其补休。已知甲公司实行标准工时制,李某的日工资为 300 元。计算甲公司应支付李某 10 月最低加班工资的下列算式中,正确的是(　　)。

A. $300 \times 200\% + 300 \times 150\% = 1\,050$(元)

B. $300 \times 300\% + 300 \times 300\% = 1\,800$(元)

C. $300 \times 100\% + 300 \times 200\% = 900$(元)

D. $300 \times 300\% + 300 \times 200\% = 1\,500$(元)

15. 2018 年 7 月 2 日，贾某初次就业即到甲公司工作。2020 年 9 月 28 日，贾某向公司提出当年年休假申请。贾某依法可享受的年休假天数为（　　）天。

A. 0　　B. 5　　C. 10　　D. 15

16. 根据劳动合同法律制度的规定，用人单位与劳动者约定了试用期的，劳动者在试用期的工资不得低于用人单位所在地的最低工资标准，也不得低于相同岗位最低档工资或者劳动合同约定工资的一定比例，该比例为（　　）。

A. 50%　　B. 60%　　C. 80%　　D. 70%

17. 吴某受甲公司委派去德国参加技术培训，公司为此支付培训费用 10 万元。培训前双方签订协议，约定吴某自培训结束后 5 年内不得辞职，否则应支付违约金 10 万元。吴某培训完毕后在甲公司连续工作满 2 年时辞职。甲公司依法要求吴某支付的违约金数额最高为（　　）万元。

A. 0　　B. 10　　C. 6　　D. 4

18. 2019 年 10 月，张某到甲公司工作。2020 年 11 月，甲公司与张某口头商定将其月工资由原来的 4 500 元提高至 5 400 元。双方实际履行 3 个月后，甲公司法定代表人变更。新任法定代表人认为该劳动合同内容变更未采用书面形式，变更无效，决定仍按原每月 4 500 元的标准向张某支付工资。张某表示异议并最终提起诉讼。下列关于双方口头变更劳动合同效力的表述中，正确的是（　　）。

A. 双方口头变更劳动合同且实际履行已超过 1 个月，该劳动合同变更有效

B. 劳动合同变更在实际履行 3 个月期间有效，此后无效

C. 因双方未采取书面形式，该劳动合同变更无效

D. 双方口头变更劳动合同但实际履行未超过 6 个月，该劳动合同变更无效

19. 甲公司通过签订服务期协议，提供 10 万元专项培训费用将尚有 4 年劳动合同期限的职工刘某派出参加 6 个月的专业技术培训。双方约定，刘某培训结束后须在甲公司工作满 5 年，否则应向公司支付违约金。刘某培训结束工作 2 年时因个人原因向公司提出解除劳动合同。下列关于刘某服务期约定及劳动合同解除的表述中，正确的是（　　）。

A. 双方不得在服务期协议中约定违约金

B. 5 年服务期的约定因超过劳动合同剩余期限而无效

C. 刘某可以解除劳动合同，但甲公司有权要求其支付违约金

D. 服务期约定限制了刘某的自主择业权

20. 王某在甲公司工作 2 年 8 个月，甲公司提出并与王某协商解除了劳动合同。已知王某在合同解除前 12 个月的月平均工资为 13 000 元，当地上年度职工月平均工资为 4 000 元，当地月最低工资标准为 2 000 元，劳动合同解除时。甲公司依法应向王某支付的经济补偿数额为（　　）元。

A. 36 000　　B. 6 000　　C. 12 000　　D. 39 000

21. 2020年12月31日，甲公司与孙某的劳动合同期满，甲公司不再与其续订。已知孙某在甲公司工作年限为5年，劳动合同终止前12个月的平均工资为13 000元。甲公司所在地上年度职工月平均工资为4 000元，当地月最低工资标准为2 000元。劳动合同终止时，甲公司应向孙某支付的经济补偿数额为(　　)元。

A. 20 000　　B. 10 000　　C. 65 000　　D. 60 000

22. 根据劳动合同法律制度的规定，下列关于劳动合同解除的情形中，用人单位有权依照约定要求劳动者支付违约金的是(　　)。

A. 劳动者同时与其他用人单位建立劳动关系，经用人单位提出拒不改正而由用人单位解除劳动合同的

B. 劳动者因用人单位未及时足额支付劳动而解除劳动合同的

C. 劳动者严重违反用人单位规章制度而由用人单位解除劳动合同的

D. 劳动者违反服务期约定解除劳动合同的

23. 根据劳动合同法律制度的规定，下列情形中，劳动者不需事先告知用人单位即可解除劳动合同的是(　　)。

A. 用人单位未按照劳动合同约定提供劳动保护的

B. 用人单位管理人员违章指挥，强令冒险作业危及劳动者人身安全的

C. 用人单位以欺诈手段使劳动者在违背真实意思的情况下签订劳动合同的

D. 用人单位未及时足额支付劳动报酬的

24. 甲公司职工周某不能胜任工作。公司为其调整工作岗位后，仍不能胜任，甲公司拟解除与周某的劳动合同，下列关于甲公司解除劳动合同方式及后果的表述中，不正确的是(　　)。

A. 甲公司额外支付周某1个月工资后可解除劳动合同

B. 甲提前30日以书面形式通知周某而解除劳动合同

C. 甲公司无须通知周某即可解除劳动合同

D. 甲公司解除劳动合同应向周某支付经济补偿

25. 根据劳动合同法律制度的规定，下列情形中，不能导致劳动合同终止的是(　　)。

A. 劳动者开始依法享受基本养老保险待遇的

B. 劳动者医疗期内遇劳动合同期满的

C. 劳动者达到法定退休年龄的

D. 劳动者被人民法院宣告死亡的

26. 根据劳动合同法律制度的规定，下列关于劳动合同解除的情形中，用人单位不向劳动者支付经济补偿的是(　　)。

A. 劳动者因用人单位未及时足额支付劳动报酬而解除劳动合同的

B. 由用人单位提出并与劳动者协商一致而解除劳动合同的

C. 劳动者不能胜任工作，经过培训或者调整工作岗位，仍不能胜任而被用人单位解除劳动合同的

D. 劳动者在试用期间被证明不符合录用条件的

27. 2018年11月1日，郑某到甲公司工作。2020年1月30日，郑某因公司未及时足额向其支付劳动报酬而解除劳动合同。已知郑某离职前12个月的月平均工资为11 000元。当地上年度职工月平均工资为3 200元。下列关于劳动合同解除时甲公司应向郑某支付经济补偿数额的算式中，正确的是（　　）。

A. 3 200×3×1.5＝14 400（元）　　B. 3 200×3×2＝19 200（元）

C. 11 000×2＝22 000（元）　　D. 11 000×1.5＝16 500（元）

28. 2014年4月1日，张某到甲公司工作。2020年8月1日，双方的劳动合同期满，甲公司不再与张某续约，已知劳动合同终止前12个月张某月平均工资5 000元，甲公司所在地职工平均工资4 500元。下列关于劳动合同终止后甲公司应向张某支付经济补偿的算式中，正确的是（　　）。

A. 5 000×5.5＝27 500（元）　　B. 4 500×7＝31 500（元）

C. 4 500×6＝27 000（元）　　D. 5 000×6.5＝32 500（元）

29. 甲劳务派遣公司与乙公司签订劳务派遣协议。将张某派遣到乙公司工作。下列关于张某劳动合同签订的表述中，正确的是（　　）。

A. 乙公司应当与张某签订劳动合同

B. 甲公司应当与张某签订劳动合同

C. 甲公司和乙公司应在劳务派遣协议中约定，由甲公司或乙公司与张某签订劳动合同

D. 甲公司和乙公司应当分别与张某签订劳动合同

30. 甲劳务派遣公司安排职工张某到用工单位乙公司工作。下列关于该劳务派遣用工的表述中，不正确的是（　　）。

A. 甲劳务派遣公司应当与乙公司订立劳务派遣协议

B. 张某只能在乙公司从事临时性、辅助性或者替代性的工作

C. 乙公司不得再将张某派遣到其他用人单位

D. 乙公司应按月向张某支付报酬

31. 根据劳动合同法律制度的规定，下列关于劳务派遣用工形式的表述中，不正确的是（　　）。

A. 被派遣劳动者享有与用工单位的劳动者同工同酬的权利

B. 用人单位不得设立劳务派遣单位向本单位或者所属单位派遣劳动者

C. 被派遣劳动者在无工作期间，劳务派遣单位应当按照所在地人民政府规定的最低工资标准，向其按月支付报酬

D. 劳务派遣单位可与被派遣劳动者订立1年期劳动合同

32. 根据劳动争议调解仲裁法律制度的规定，下列关于劳动仲裁申请的表述中，正确的是（　　）。

A. 当事人应当先申请调解，调解不成的方可申请劳动仲裁

B. 当事人应当在劳动争议发生后达成仲裁协议，方可申请劳动仲裁

C. 当事人应当向劳动合同履行地或者用人单位所在地的仲裁委员会申请劳动仲裁

D. 当事人应当事先达成仲裁协议，方可申请劳动仲裁

33. 根据劳动争议调解仲裁法律制度的规定，下列关于劳动争议终局裁决效力的表述中，正确的是（　　）。

A. 一方当事人逾期不履行终局裁决的，另一方当事人可以向劳动仲裁委员会申请强制执行

B. 终局裁决被人民法院裁定撤销的，当事人可以自收到裁定书之日起15日向人民法院提起诉讼

C. 劳动者对终局裁决不服的，不得向人民法院提起诉讼

D. 用人单位对终局裁决不服的，应向基层人民法院中请撤销

34. 2019年7月10日，刘某到甲公司上班，公司自9月10日起一直拖欠其劳动报酬，直至2020年1月10日双方劳动关系终止。下列关于刘某申请劳动仲裁的期间的表述中，正确的是（　　）。

A. 应自2019年9月10日起1年内提出申请

B. 应自2019年9月10日起3年内提出申请

C. 应自2020年1月10日起1年内提出申请

D. 应自2019年7月10日起3年内提出申请

35. 根据劳动争议调解仲裁法律制度的规定，下列关于因用人单位在劳动关系存续期间拖欠劳动报酬发生争议的仲裁时效期间的表述中，正确的是（　　）。

A. 自用人单位拖欠劳动报酬之日起1年

B. 劳动关系终止的，自劳动关系终止之日起3年

C. 自用人单位拖欠劳动报酬之日起3年

D. 劳动关系终止的，自劳动关系终止之日起1年

36. 根据劳动争议调解仲裁法律制度的规定，劳动者对劳动争议的终局裁决不服，可以自收到仲裁裁决书之日起一定期限内向人民法院提起诉讼，该期限为（　　）日。

A. 30　　B. 90　　C. 15　　D. 60

37. 根据劳动争议调解仲裁法律制度的规定，劳动者与用人单位因确认劳动关系发生劳动争议的，应当自知道或应当知道其权利被侵害之日起一定期限内提出仲裁申请。该期限为（　　）。

A. 3年　　B. 6个月　　C. 1年　　D. 2年

38. 根据社会保险法律制度的规定，参加职工基本养老保险的个人，达到法定退休年龄且累计缴费满(　　)年的，方可享受职工基本养老保险待遇。

A. 5　　B. 20　　C. 15　　D. 10

39. 甲公司职工孙某已参加职工基本养老保险，月工资 15 000 元。已知甲公司所在地职工月平均工资为 4 000 元，月最低工资标准为 2 000 元。下列关于甲公司每月应从孙某工资中扣缴基本养老保险费的算式中，正确的是(　　)。

A. 4 000×3×8%＝960(元)　　B. 2 000×3×8%＝480(元)

C. 15 000×8%＝1 200(元)　　D. 4 000×8%＝320(元)

40. 甲公司高级管理人员张某 2019 年度月平均工资为 15 000 元，公司所在地职工月平均工资为 4 000 元。下列关于 2020 年甲公司每月应扣缴张某基本养老保险费的算式中，正确的是(　　)。

A. 4 000×2×8%＝640(元)　　B. 15 000×8%＝1 200(元)

C. 4 000×8%＝320(元)　　D. 4 000×3×8%＝960(元)

41. 甲公司职工赵某实际工作年限为 6 年，在甲公司工作年限为 2 年。赵某因患病住院治疗，其依法可享受的医疗期限为(　　)个月。

A. 3　　B. 6　　C. 9　　D. 12

42. 甲公司职工刘某实际工作 8 年，在甲公司工作 3 年，因患病住院治疗，刘某可享受的医疗期间为(　　)个月。

A. 9　　B. 6　　C. 12　　D. 3

43. 根据社会保险法律制度的规定，职工因工死亡，其近亲属可按照上一年度全国城镇居民人均可支配收入的一定倍数领取一次性工亡补助金，该倍数为(　　)倍。

A. 20　　B. 15　　C. 10　　D. 5

44. 根据社会保险法律制度的规定，参加工伤保险的职工因工死亡，其近亲属可以按照一定标准从工商保险金领取一次性工亡补助金，该标准为(　　)。

A. 上一年度全国城镇居民人均可支配收入的 5 倍

B. 上一年度全国城镇居民人均可支配收入的 10 倍

C. 上一年度全国城镇居民人均可支配收入的 15 倍

D. 上一年度全国城镇居民人均可支配收入的 20 倍

45. 根据社会保险法律制度的规定，下列社会保险项目中，仅由用人单位缴纳社会保险费的是(　　)。

A. 职工基本养老保险　　B. 工伤保险

C. 失业保险　　D. 职工基本医疗保险

46. 根据社会保险法律制度的规定，下列关于符合条件的失业人员享受失业保险待遇的表述中，不正确的是(　　)。

A. 失业人员在领取失业保险金期间死亡的，其遗属有权领取一次性丧葬补助金和抚恤金

B. 失业人员领取失业保险金的期限自办理失业登记之日起计算

C. 失业人员领取失业保险金的标准，不得低于当地最低工资标准

D. 失业人员在领取失业保险金期间享受基本医疗保险待遇

47. 根据社会保险法律制度规定，下列关于劳动能力鉴定说法中，错误的是（　　）。

A. 生活自理障碍分为三个等级

B. 劳动能力鉴定是指劳动功能障碍程度和生活自理障碍程度的等级鉴定

C. 劳动功能障碍分为十个伤残等级，最重的为十级，最轻的为一级

D. 劳动能力鉴定标准由国务院社会保险行政部门会同国务院卫生行政部门等部门制定

48. 老王已经从事工作12年，2016年4月1日老王进入A公司工作，2019年8月1日因病无法从事工作，开始病休。在医疗期未满的情况下，老王最晚在（　　）之前休假，均可以享受医疗期待遇。

A. 2019年11月1日　　B. 2020年2月1日

C. 2020年5月1日　　D. 2020年8月1日

49. 根据《劳动合同法》的规定，下列各项中，劳动者不需要事先告知即可解除劳动合同的是（　　）。

A. 用人单位未按照劳动合同约定提供劳动保护或者劳动条件

B. 用人单位违章指挥、强令冒险作业危及劳动者人身安全

C. 用人单位未及时足额支付劳动报酬

D. 用人单位未依法为劳动者缴纳社会保险费

50. 根据劳动合同法律制度的规定，下列描述中，正确的是（　　）。

A. 用人单位初次实行劳动合同制度，在订立劳动合同时，劳动者在该用人单位连续工作满10年的，应当订立无固定期限劳动合同

B. 某国有企业改制重新订立劳动合同时，劳动者已经在该企业工作满10年，应当订立无固定期限劳动合同

C. 劳动者从原用人单位被安排到新用人单位工作的，劳动者在原用人单位的工作年限不能合并计算为新用人单位的工作年限

D. 原用人单位已经向劳动者支付经济补偿的，新用人单位在依法解除、终止劳动合同计算支付经济补偿的工作年限时，不再计算劳动者在原用人单位的工作年限

二、多项选择题

1. 根据劳动合同法律制度的规定，下列关于非全日制用工的表述中，正确的有（　　）。

A. 双方当事人任何一方都可以随时通知对方终止用工

B. 双方当事人可以约定试用期

C. 劳动报酬结算支付周期最长不得超过 15 日

D. 双方当事人可以订立口头协议

2. 根据劳动合同法律制度的规定，下列关于无效劳动合同的表述中，正确的有（　　）。

A. 劳动合同部分无效，不影响其他部分效力的，其他部分仍然有效

B. 无效劳动合同，从订立时起就没有法律的约束力

C. 劳动合同被确认无效，劳动者已付出劳动的，用人单位应当向劳动者支付劳动报酬

D. 劳动合同被确认无效时，给对方造成损害的，有过错的一方应当承担赔偿责任

3. 根据劳动合同法律制度的规定，用人单位招用未满 16 周岁的未成年人应按规定履行审批手续并保障其接受义务教育的权利。下列用人单位中，可招用未满 16 周岁未成年人的有（　　）。

A. 文艺单位　　B. 物流配送单位

C. 体育单位　　D. 餐饮单位

4. 根据劳动合同法律制度的规定，下列各项中，可作为非全日制用工劳动者劳动报酬支付周期结算单位的有（　　）。

A. 周　　B. 日　　C. 月　　D. 小时

5. 根据非全日制法律制度的规定，关于非全日制用工的下列表述中，正确的有（　　）。

A. 非全日制用工小时计酬标准不得低于用人单位所在地人民政府规定的最低小时工资标准

B. 非全日制用工劳动报酬结算支付周期最长不得超过 15 日

C. 非全日制用工双方当事人可以约定试用期

D. 非全日制用工双方当事人可以订立口头协议

6. 根据劳动合同法律制度的规定，下列关于劳动报酬支付的表述中，正确的有（　　）。

A. 用人单位与劳动者约定的支付工资日期遇节假日的，应顺延至最近的工作日支付

B. 用人单位应当向劳动者支付婚丧假期间的工资

C. 对在五四青年节（工作日）照常工作的青年职工，用人单位应支付工资报酬但不支付加班工资

D. 用人单位不得以实物及有价证券替代货币支付工资

7. 甲公司与其职工对试用期期限的约定中，符合法律规定的有（　　）。

A. 夏某的劳动合同期限 4 年，双方约定的试用期为 4 个月

B. 周某的劳动合同期限 1 年，双方约定的试用期为 1 个月

C. 刘某的劳动合同期限 2 年，双方约定的试用期为 3 个月

D. 林某的劳动合同期限 5 个月，双方约定的试用期为 5 日

8. 根据劳动合同法律制度的规定，劳动合同可以约定试用期的有(　　)。

A. 无固定期限劳动合同

B. 劳动合同期限不满 3 个月的

C. 1 年期劳动合同

D. 以完成一定工作任务为期限的劳动合同

9. 下列各项中，人民法院适用竞业限制条款处理劳动争议案件时应予支持的有(　　)。

A. 在竞业限制期限内，用人单位解除竞业限制协议时，劳动者要求用人单位额外支付 3 个月竞业限制经济补偿的

B. 劳动者违反竞业限制的规定，向用人单位支付违约金后，用人单位要求劳动者按照约定继续履行竞业限制义务的

C. 劳动合同解除后，履行了竞业限制义务的劳动者按照协议约定要求用人单位支付竞业限制经济补偿的

D. 劳动合同解除后，因用人单位的原因 3 个月未支付竞业限制经济补偿，劳动者要求解除竞业限制约定的

10. 根据劳动合同法律制度的规定，下列关于劳动合同履行的表述中，正确的有(　　)。

A. 用人单位拖欠劳动报酬的，劳动者可以依法向人民法院申请支付令

B. 用人单位发生合并或者分立等情况，原劳动合同不再继续履行

C. 劳动者拒绝用人单位管理人员违章指挥、强令冒险作业的，不视为违反劳动合同

D. 用人单位变更名称的，不影响劳动合同的履行

11. 根据劳动合同法律制度的规定，下列情形中，属于用人单位经济性裁员应优先留用的有(　　)。

A. 与本单位订立无固定期限劳动合同

B. 与本单位订立较短期限的固定期限劳动合同

C. 与本单位订立较长期限的固定期限劳动合同

D. 家庭无其他就业人员，有需要赡养的老人或者抚养的未成年人

12. 根据劳动合同法律制度的规定，下列关于用人单位违反解除劳动合同法律后果的表述中正确的有(　　)。

A. 用人单位支付了赔偿金的，不再支付经济补偿

B. 违法解除劳动合同赔偿金的计算年限自用工之日起计算

C. 劳动者要求继续履行且劳动合同可以继续履行的，用人单位应当继续履行

D. 劳动者不要求继续履行劳动合同的，用人单位应当按经济补偿标准的 2 倍向劳动者支付赔偿金

13. 根据劳动合同法律制度的规定，下列关于试用期内劳动合同解除的表述中，正确的有(　　)。

A. 劳动者不需事先通知用人单位即可解除劳动合同

B. 劳动者在试用期内被证明不符合录用条件，用人单位可随时通知劳动者解除劳动合同

C. 劳动者提前3日通知用人单位可解除劳动合同

D. 劳动者在试用期内被依法追究刑事责任，用人单位可随时通知劳动者解除劳动合同

14. 根据劳动合同法律制度的规定，下列解除或者终止劳动合同的情形中，用人单位不向劳动者支付经济补偿的有（　　）。

A. 用人单位通知非全日制用工劳动者终止用工的

B. 自用工之日起1个月内，经用人单位书面通知后，劳动者不与用人单位订立劳动合同，用人单位书面通知劳动者终止劳动关系的

C. 劳动者达到法定退休年龄而终止劳动合同的

D. 用人单位因劳动者在试用期间被证明不符合录用条件而解除劳动合同的

15. 根据劳动合同法律制度的规定，下列情形中，用人单位应当向劳动者支付经济补偿的有（　　）。

A. 用人单位被依法宣告破产而终止劳动合同的

B. 由用人单位提出并与劳动者协商一致而解除劳动合同的

C. 固定期限劳动合同期满，用人单位维持或者提高劳动合同约定条件续订劳动合同，劳动者不同意续订的

D. 以完成一定工作任务为期限的劳动合同因任务完成而止的

16. 根据劳动合同法律制度的规定，下列各项中，属于用人单位可依据法定程序进行经济性裁员的情形有（　　）。

A. 企业转产，经变更劳动合同后，仍需裁减人员的

B. 依照企业破产法规定进行重整的

C. 企业重大技术革新，经变更劳动合同后，仍需裁减人员的

D. 生产经营发生严重困难的

17. 劳动合同期限内，甲公司的职工王某正好处在孕期，但甲公司要解除劳动合同。根据劳动合同法律制度的规定，下列表述中，正确的有（　　）。

A. 甲公司不能解除劳动合同

B. 甲公司可以解除劳动合同

C. 如果甲公司提出解除劳动合同，王某提出继续履行劳动合同的，应当继续履行

D. 如果甲公司提出解除劳动合同，王某也同意不继续履行劳动合同的，解除劳动合同后，甲公司应当向王某支付经济补偿金

18. 根据劳动合同法律制度的规定，下列关于不同用工形式劳动报酬结算支付周期的表述中，正确的有（　　）。

A. 非全日制用工劳动者的劳动报酬结算支付周期最长不得超过 15 日

B. 全日制用工劳动者的劳动报酬至少每周支付一次

C. 被派遣劳动者的劳动报酬，在结束劳务派遣用工时支付

D. 对完成一次性临时劳动或某项具体工作的劳动者，用人单位应按有效协议或者合同规定其完成劳动任务后即支付劳动报酬

19. 下列关于一般经济纠纷仲裁和劳动仲裁共同点的表述中，正确的有（　　）。

A. 仲裁庭仲裁案件均适用回避制度

B. 当事人均需在事前或者事后达成仲裁协议，仲裁委员会方可受理

C. 仲裁委员会均不按行政区划层层设立

D. 当事人对仲裁裁决不服，均可向人民法院起诉

20. 根据劳动合同法律制度的规定，用人单位与劳动者发生争议，可以采取的解决方法包括（　　）。

A. 协商　　B. 调解　　C. 仲裁　　D. 诉讼

21. 根据社会保险法律制度的规定，下列关于社会保险费征缴的表述中，正确的有（　　）。

A. 已在用人单位参加社会保险的非全日制从业人员可以直接向社会保险费征收机构缴纳社会保险费

B. 职工应缴纳的社会保险费由用人单位代扣代缴

C. 用人单位应当自用工之日起 30 日内为其职工向社会保险经办机构申请办理社会保险登记

D. 用人单位未按时足额缴纳社会保险费的，由社会保险费征收机构责令其限期缴纳或者补足

22. 据社会保险法律制度的规定，下列关于职工基本养老保险待遇的表述中，正确的有（　　）。

A. 参保职工因病死亡的，其遗属可以领取丧葬补助金

B. 对符合职工基本基老保险享受条件的人员，国家按月支付基本养老金

C. 参保职工在未达到法定退休年龄时因病致残而完全丧失劳动能力的，可以领取病残津贴

D. 参保职工非因工死亡的，其遗属可以领取抚恤金

23. 2013 年张某初次就业到甲公司工作。2020 年初，张某患重病向公司申请病休。下列关于张某享受医疗期待遇的表述中，正确的有（　　）。

A. 医疗期内，甲公司应按照张某病休前的工资待遇向其支付病假工资

B. 张某可享受不超过 6 个月的医疗期

C. 公休、假日和法定节日不包括在医疗期内

D. 医疗期内，甲公司不得单方面解除劳动合同

24. 根据社会保险法律制度的规定，职工发生伤亡的下列情形中，应当认定为工伤或者视同工伤的有（　　）。

A. 在抢险救灾等维护国家利益、公共利益活动中受到伤害的

B. 因工外出期间，由于工作原因受到伤害的

C. 在工作时间和工作岗位，突发疾病 72 小时后死亡的

D. 工作时间前在工作场所内，从事与工作有关的预备性工作受到事故伤害的

25. 劳动者发生伤亡的下列情形中，应当认定为工伤的有（　　）。

A. 吴某在车间工作期间因醉酒导致自身受伤

B. 保安万某在工作期间因履行工作职责被打伤

C. 陈某在上班途中，受到非本人主要责任交通事故伤害的

D. 赵某在外地出差期间登山游玩时摔伤

26. 根据社会保险法律制度的规定，下列人员中，属于工伤保险覆盖范围的有（　　）。

A. 个体工商户的雇工　　B. 国有企业职工

C. 事业单位职工　　D. 民办非企业单位职工

27. 根据社会保险法律制度的规定，失业人员在领取失业保险金期间，出现法定情形时，应停止领取失业保险金，并同时停止享受其他失业保险待遇。下列各项中，属于该法定情形的有（　　）。

A. 应征服兵役的　　B. 移居境外的

C. 重新就业的　　D. 享受基本养老保险待遇的

28. 根据社会保险法律制度的规定，下列社会保险项目中，应由用人单位和劳动者共同缴纳保险费的有（　　）。

A. 工伤保险　　B. 职工基本养老保险

C. 职工基本医疗保险　　D. 失业保险

29. 甲公司职工高某因公司被依法宣告破产而失业，已知高某失业前，甲公司与高某已累计缴纳失业保险满 4 年，失业后高某及时办理了失业登记。下列关于高某领取失业保险待遇的表述中，正确的有（　　）。

A. 高某在领取失业保险金期间，不参加职工基本医疗保险，亦不享受基本医疗保险待遇

B. 高某领取失业保险金的期限最长 12 个月

C. 高某领取失业保险金期限自办理失业登记之日起计算

D. 高某领取失业保险金的标准不得低于城市居民最低生活保障标准

30. 下列各项中，属于失业保险待遇的有（　　）。

A. 失业保险金　　B. 死亡补助

C. 基本医疗保险待遇　　D. 生育医疗费用

三、判断题

1. 用人单位与劳动者自签订书面劳动合同之日起建立劳动关系。 ( )

2. 劳动合同被确认为无效，劳动者已经付出劳务的，用人单位应向劳动者支付劳动报酬。 ( )

3. 用人单位与劳动者约定的支付工资日期，如遇节假日或休息日，则应该延迟至最近的工作日。 ( )

4. 劳动合同仅约定试用期没有约定劳动合同期限的，劳动合同无效。 ( )

5. 用人单位应当将直接涉及劳动者切身利益的规章制度和重大事项决定公示或者告知劳动者。 ( )

6. 集体合同中双方约定的劳动报酬和劳动条件等标准可以低于当地人民政府规定的最低标准。 ( )

7. 用人单位对劳动争议终局裁决不服的，可以自收到仲裁裁决书之日起 10 日内向人民法院提起诉讼。 ( )

8. 劳动者和用人单位发生劳动争议，可以不经劳动仲裁直接向人民法院提起劳动诉讼。 ( )

9. 发生争议的用人单位未办理营业执照，被吊销营业执照、营业执照到期继续经营，被责令关闭，被撤销以及用人单位解散、歇业，不能承担相关责任的，应当将用人单位和其出资人、开办单位或者主管部门作为共同当事人。 ( )

10. 用人单位未按时足额缴纳社会保险费的，由社会保险费征收机构责令限期缴纳或者补足，并自欠缴之日起按日加收滞纳金。 ( )

11. 参加基本养老保险的个人，在未达到法定退休年龄因病或非因工伤致残完全丧失劳动能力的，可以领取病残津贴。 ( )

12. 参加基本养老保险的个人死亡，同时符合领取基本养老保险丧葬补助金、工伤保险丧葬补助金和失业保险丧葬补助金条件的，其遗属只能选择领取其中的一项。 ( )

13. 参加职工基本养老保险的个人，达到法定退休年龄时累计缴费 10 年的，按月领取基本养老金。 ( )

14. 职工非因工负伤享受医疗待遇的，公休，假日和法定节假日不包括在病休期间内。 ( )

15. 根据社会保险法律制度规定，甲某上班期间心脏病犯了属于工伤。 ( )

16. 职工参加工伤保险由用人单位和职工共同缴纳工伤保险费。 ( )

17. 甲公司在与赵某签订的劳动合同中约定，合同期限 3 年，试用期 3 个月，试用期工资 3 000 元，转正后工资 4 000 元，上述约定符合法律规定。 ( )

18. 由劳动者主动辞职而与用人单位协商一致解除劳动合同的，用人单位无须向劳动者

支付经济补偿。 （ ）

19. 失业人员领取失业保险金的期限自失业之日起计算。 （ ）

20. 工人李某月工资 1 500 元，当地最低工资标准为 1 300 元。2019 年 8 月李某在加工一批零件时因疏忽致使所加工产品全部报废，给工厂造成经济损失 2 000 元。工厂要求李某赔偿经济损失，从其每月工资中扣除，该工厂可从李某每月工资中扣除的最高限额为 300 元。 （ ）

21. 甲公司生产经营发生严重困难需要裁减人员 20 人，裁减人员方案已向劳动行政部门报告，并提前 30 日向工会说明情况，但未经工会同意，则甲公司可以裁减人员。 （ ）

22. 劳动争议仅仅是指劳动者与用人单位因为订立、履行、解除劳动合同这三方面发生的争议。 （ ）

23. 劳动争议仲裁裁决应当按照多数仲裁员的意见作出，少数仲裁员的不同意见应当记入笔录，裁决书由仲裁员签名，加盖劳动争议仲裁委员会印章，对裁决持不同意见的仲裁员也应当在裁决书上签名。 （ ）

24. 劳动者患病或者非因工负伤，在规定的医疗期满后不能从事原工作，也不能从事由用人单位另行安排的工作的，用人单位可提前 30 日以书面形式通知劳动者解除劳动合同。 （ ）

25. 根据劳动合同法律制度的规定，除用人单位维持或者提高劳动合同约定条件续订劳动合同，劳动者不同意续订的情形外，劳动合同期满终止固定期限劳动合同的，用人单位应当向劳动者支付经济补偿。 （ ）

第三部分 参考答案

一、单项选择题

1. C	2. C	3. D	4. C	5. C	6. B	7. C	8. C	9. D	10. A
11. C	12. B	13. B	14. D	15. B	16. C	17. C	18. A	19. C	20. A
21. D	22. D	23. B	24. C	25. B	26. D	27. A	28. D	29. B	30. D
31. D	32. C	33. B	34. C	35. D	36. C	37. C	38. C	39. A	40. D
41. A	42. D	43. A	44. D	45. B	46. C	47. C	48. D	49. B	50. D

重难点解析：

1. 除非全日制用工外，劳动者不可以同时与两家公司签订劳动合同，因此应由小王承担责任。

2. 用人单位自用工之日起超过 1 个月不满 1 年未与劳动者订立书面劳动合同的，应当自用工之日满1个月的次日起至补订书面劳动合同的前1日，向劳动者每月支付2倍的工资，即1倍正常工资+1倍工资补偿。本题中，甲公司与李某补订合同时距用工之日起已满2个月，因此补付工资的期间为8月1日～8月31日。由于李某已经按月领取正常工资，因此，还需要向李某支付8月1日～8月31日的工资补偿3 000元。

3. 用人单位可按小时、日或周为单位结算工资，但非全日制用工劳动报酬结算支付周期最长不得超过15日。

4. 根据《劳动法》的规定，禁止用人单位招用未满16周岁的未成年人，选项A错误；妇女享有与男性平等的就业权利，在录用职工时，除国家规定的不适合妇女的工种或者岗位外，不得以性别为由拒绝录用妇女或者提高妇女的录用标准，选项B错误；用人单位招用劳动者，不得扣押劳动者的居民身份证和其他证件，不得要求劳动者提供担保或者以其他名义向劳动者收取财物，选项D错误。

5. 劳动合同期限大于等于3年，试用期不得超过6个月。

6. 劳动合同的可备条款包括试用期、服务期、保守商业秘密及竞业限制、其他事项。

7. 周日安排加班未安排补休按照日工资200%向劳动者支付工资，法定假日(中秋)不能安排补休，按照日工资300%向劳动者支付工资。

8. 扣工资的20%与最低工资标准之间，按高的发放。2 600×20%=520(元)。2 600－520=2 080(元)＜2 200(元)，按照2 200元发放，可以扣除2 600－2 200=400(元)。

9. 职工累计工作已满1年不满10年的，年休假为5天。

10. 职工累计工作已满10年不满20年的，年休假为10天。

11. 职工累计工作已满10年不满20年的，年休假为10天；本题中，罗某首次就业即到甲公司工作，且工作已满12年，年休假10天，罗某可享受剩余年休假的天数为10－3=7天。

12. 用人单位可以与劳动者签订竞业限制协议，但约定的期限不得超过2年。

13. 用人单位依法安排劳动者在日标准工作时间以外延长工作时间的，按照不低于劳动合同规定的劳动者本人小时工资标准的150%支付劳动者工资。

14. 用人单位依法安排劳动者在休息日工作，不能安排补休的，按照不低于劳动合同规定的劳动者本人日或小时工资标准的200%支付劳动者工资；用人单位依法安排劳动者在法定休假日工作的，按照不低于劳动合同规定的劳动者本人日或小时工资标准的300%支付劳动者工资；本题中的加班工资为：300×300%+300×200%=1 500(元)。

15. 职工累计工作已满1年不满10年时，年休假为5天；已满10年不满20年时，年休假为10天，已满20年的，年休假为15天。本题中，贾某的累计工作年限为2年有余，属于“已满1年不满10年”的情形。可以享受的带薪年休假为5天。

16. 劳动者在试用期的工资不得低于本单位相同岗位最低档工资或者劳动合同约定工资的80%，并不得低于用人单位所在地的最低工资标准。

17. 约定的违约金为10万元，未超过公司支付的培训费用10万元；约定的服务期共计5年，已履行2年，因此，甲公司依法要求吴某支付的违约金最高额为6万元。

18. 变更劳动合同未采用书面形式，但已经实际履行了口头变更的劳动合同超过1个月，且变更后的劳动合同内容不违反法律、行政法规、国家政策以及公序良俗，当事人以未采用书面形式为由主张劳动合同变更无效的，人民法院不予支持；用人单位变更名称、法定代表人等事项，不影响劳动合同的履行。

19. 劳动者本人违反服务期约定应当支付违约金。

20. 王某在甲公司工作2年8个月，按照3个月支付经济补偿金；王某工资13 000元和上年度职工平均工资4 000元的3倍作比较，13 000元＞4 000元×3＝12 000元，故按照每月12 000元发放，共3个月×12 000元＝36 000元。

21. 劳动者月工资高于用人单位所在地上年度职工月平均工资3倍的，向其支付经济补偿的标准按职工月平均工资3倍的数额支付。经济补偿金＝5×(4 000×3)＝60 000(元)。

22. 用人单位仅可在“服务期”及“竞业限制”中与劳动者约定违约金。

23. 选项ACD属于劳动者可随时通知解除劳动合同的情形。

24. 本题属于无过失性辞退的情形，用人单位提前30日以书面形式通知劳动者本人或额外支付劳动者1个月工资后，可以解除劳动合同；用人单位还应当向劳动者支付经济补偿。

25. 劳动合同终止的情形：劳动合同期满的；选项A劳动者开始依法享受基本养老保险待遇的；选项C劳动者达到法定退休年龄；选项D劳动者死亡，或者被人民法院宣告死亡或者宣告失踪的；用人单位被依法宣告破产的；用人单位被吊销营业执照，责令关闭，撤销或者用人单位决定提前解散的。

26. 选项A属于劳动者随时通知解除劳动合同的情形，用人单位应当向劳动者支付经济补偿。选项B，由用人单位提出解除劳动合同而与劳动者协商一致的，必须依法向劳动者支付经济补偿。选项C属于用人单位提前30日以书面形式通知劳动者本人或者额外支付劳动者1个月工资后，可以解除劳动合同的规定情形，用人单位应当向劳动者支付经济补偿。

27. 经济补偿金＝工作年限×月工资。劳动者月工资高于用人单位所在直辖市、设区的市级人民政府公布的本地区上年度职工月平均工资3倍的，向其支付经济补偿的标准按职工月平均工资3倍的数额支付。郑某到公司1年零2个月，工作年限为1.5年，月平均工资高于该地区上年度职工月平均工资3倍，因此应向郑某支付的经济补偿金＝3 200×3×1.5＝14 400(元)。

28. 张某在甲公司工作6年零4个月，工作年限应为6.5年；甲公司应当向张某支付的经济补偿金＝6.5×5 000＝32 500(元)。

29. 劳务派遣单位与劳动者签订劳动合同，劳务派遣单位和用工单位签订劳务派遣协议。

30. 劳务派遣单位应当与被派遣劳动者订立2年以上的固定期限劳动合同，按月支付劳动报酬。因此应由甲公司支付劳动报酬。

32. 和解、调解不是劳动仲裁的必经程序，选项A错误。劳动仲裁不涉及仲裁协议，选项BD错误。劳动仲裁实行地域管辖，劳动争议由劳动合同履行地或者用人单位所在地仲裁委员会管辖，选项C正确。

33. 选项A，一方当事人逾期不履行的，另一方当事人可以依照《民事诉讼法》的有关规定向人民法院申请执行。选项C，终局裁决被人民法院裁定撤销的，当事人可以自收到裁定书之日起15日内就该劳动争议事项向人民法院提起诉讼。选项D，用人单位有证据证明仲裁裁决有法律规定的撤销情形的，可以自收到仲裁裁决书之日起30日内向劳动争议仲裁委员会所在地的中级人民法院申请撤销裁决。

34. 劳动关系存续期间因拖欠劳动报酬发生争议的，劳动者申请仲裁不受1年仲裁时效期间的限制；但劳动关系终止的，应当自劳动关系终止之日起1年内提出。

35. 劳动争议申请仲裁的时效期间为1年。仲裁时效期间从当事人知道或者应当知道其权利被侵害之日起计算。劳动关系存续期间因拖欠劳动报酬发生争议的，劳动者申请仲裁不受1年仲裁时效期间所限制；但是，劳动关系终止的，应当自劳动关系终止之日起1年内提出。

36. 劳动者对劳动争议的终局裁决不服的，可以自收到仲裁裁决书之日起15日内向人民法院提起诉讼。

37. 劳动争议申请仲裁的时效期间为1年，仲裁时效期间从当事人知道或者应当知道其权利被侵害之日起计算。

38. 参加职工基本养老保险的个人，达到法定退休年龄时累计缴费满15年的，按月领取基本养老金。

39. 职工个人按照本人缴费工资的8%缴费，记入个人账户。本人月平均工资高于当地职工月平均工资300%的，按当地职工月平均工资的300%作为缴费基数。

40. 按照现行政策，职工个人按照本人缴费工资的8%缴费，记入个人账户。职工本人月平均工资高于当地职工月工资300%的，按当地职工月平均工资的300%作为缴费基数。张某每月应缴纳的基本养老保险费＝4 000×3×8%＝960(元)

41. 实际工作年限10年以下的，在本单位工作年限5年以下的医疗期为3个月。

44. 根据规定，职工因工死亡，其近亲属按照规定从工伤保险基金领取丧葬补助金、供养亲属抚恤金和一次性工亡补助金。一次性工亡补助金，标准为上一年度全国城镇居民人均可支配收入的20倍。

45. 选项B，职工应当参加工伤保险，由用人单性缴纳工伤保险费，职工不缴纳工伤保险费。

46. 选项C，失业保险金的标准，不得低于城市居民最低生活保障标准；一般也不高于当地最低工资标准，具体数额由省、自治区、直辖市人民政府确定。

47. 劳动能力鉴定是指劳动功能障碍程度和生活自理障碍程度的等级鉴定。劳动功能障碍分为十个伤残等级，最重的为一级，最轻的为十级。生活自理障碍分为三个等级：生活完全不能自理、生活大部分不能自理和生活部分不能自理。劳动能力鉴定标准由国务院社会保险行政部门会同国务院卫生行政部门等部门制定。

48. 实际工作年限10年以上的，在本单位工作年限5年以下的医疗期为6个月，医疗期6个月的，按12个月内累计病休时间计算。

49. 选项B，属于劳动者“不需要事先告知”即可解除劳动合同的情形。选项ACD，属于劳动者可以“随时通知”解除劳动合同的情形。

50. 用人单位初次实行劳动合同制度或者国有企业改制重新订立劳动合同时，劳动者在该用人单位连续工作满10年且距法定退休年龄不足10年的，应当订立无固定期限劳动合同。劳动者非因本人原因从原用人单位被安排到新用人单位工作的，劳动者在原用人单位的工作年限合并计算为新用人单位的工作年限。

二、多项选择题

1. ACD	2. ABCD	3. AC	4. ABD	5. ABD
6. BCD	7. ABD	8. AC	9. ABCD	10. ACD
11. ACD	12. ABCD	13. BCD	14. ABCD	15. ABD
16. ABCD	17. AC	18. AD	19. AC	20. ABCD
21. BCD	22. ABCD	23. BD	24. ABD	25. BC
26. ABCD	27. ABCD	28. BCD	29. BCD	30. ABC

重难点解析：

1. 非全日制用工不可以约定试用期。

2. 无效合同，自始无效；部分无效的，其他部分仍然有效。劳动者已付出劳动的可要求报酬，造成损失可要求“有过错的一方”赔偿。

3.《劳动法》规定，禁止用人单位招用未满16周岁的未成年人；文艺、体育、特种工艺单位招用未满16周岁的未成年人，必须依照国家有关规定。履行审批手段。并保障其接受义务教育的权利。

4. 非全日制用工可按周、日、小时支付工资，但报酬结算周期最长不得超过15日。

5. 选项C，非全日制用工双方当事人不得约定试用期。

6. 选项A，工资必须在用人单位与劳动者约定的日期支付，如遇节假日或休息日，则应提前在最近的工作日支付。

7. 选项A，3年以上(包括3年)固定期限和无固定期限的劳动合同，试用期不得超过6

个月。选项BC,劳动合同期限1年以上(包括1年)不满3年的,试用期不得超过2个月。选项D,劳动合同期限3个月以上不满1年的,试用期不得超过1个月。

8. 以完成一定工作任务为期限的劳动合同或者劳动合同期限不满3个月的,不得约定试用期。

10. 选项B,用人单位发生合并或者分立等情况,原劳动合同继续有效,劳动合同由承继其权利和义务的用人单位继续履行。

11. 经济性裁员优先留用下列人员:与本单位订立无固定期限劳动合同的;与本单位订立较长期限的固定期限劳动合同的;家庭无其他就业人员,有需要赡养的老人或者需要抚养的未成年人的。

13. 劳动者在试用期提前3天通知用人单位解除劳动合同,选项A错误,选项C正确。选项BD属于用人单也可随时通知劳动者解除劳动合同的情形。

14. 选项A,非全日制终止用工,用人单位不向劳动者支付经济补偿金。选项B,经用人单位书面通知,劳动者不与用人单位订立书面劳动合同,无须向劳动者支付经济补偿金。选项C,劳动者达到法定退休年龄的,劳动合同终止,无须向劳动者支付经济补偿金。选项D,劳动者在试用期间被证明不符合录用条件的,无须向劳动者支付经济补偿金。

15. 选项C,除用人单位维持或者提高劳动合同约定条件续订劳动合同,劳动者不同意续订的情形外,劳动合同期满终止固定期限劳动合同的,应当向劳动者支付经济补偿。

16. 经济性裁员的情形包括选项B依照企业破产法规定进行重整的。选项D,生产经营发生严重困难的。选项AC企业转产、重大技术革新或者经营方式调整,经变更劳动合同后,仍需裁减人员的。其他因劳动合同订立时所依据的客观经济情况发生重大变化,致使劳动合同无法履行的。

17. 选项AB,在女职工怀孕期间,用人单位不得解除劳动合同。选项CD,如果用人单位违法解除劳动合同的,劳动者可以要求继续履行劳动合同,享受在劳动关系存续期间的待遇;如果劳动者不愿继续履行劳动合同或者劳动合同的履行已经不可能,用人单位应当依照《劳动合同法》规定的经济补偿金标准2倍向劳动者支付"赔偿金",支付了赔偿金的,不再支付经济补偿金。

18. 选项A,非全日制用工劳动报酬结算支付周期最长不得超过15日。选项BD,工资至少每月支付一次,实行周、日、小时工资制的可按周、日、小时支付工资,对完成一次性临时劳动或某项具体工作的劳动者,用人单位应按有关协议或合同规定在其完成劳动任务后即支付工资。选项C,劳务派遣单位应当与被派遣劳动者订立2年以上的固定期限劳动合同,按月支付劳动报酬。

19. 选项B,一般经济纠纷的仲裁,当事人必须在事先或事后达成仲裁协议,才能据此向仲裁机构提出仲裁申请,而劳动争议的仲裁,则不要求当事人达成仲裁协议,只要一方当事人提出申请,有关仲裁机构即可受理。选项D,一般经济纠纷的仲裁实行"一裁终局"制度,而劳动争议仲裁，当事人对裁决不服的，除法律规定的几类特殊劳动争议外，可以向人民法院起诉。

21. 选项A，未在用人单位参加社会保险的非全日制从业人员以及其他灵活就业人员，可以直接向社会保险费征收机构缴纳社会保险费。

22. 选项B，对将符合基本养老保险享受条件的人员，国家按月支付基本养老金。选项AD，参加基本养老保险的个人，因病或者非因工死亡的，其遗属可以领取丧葬补助金和抚恤金。选项C，参加基本养老保险的个人，在未达到法定退休年龄时因病或者非因工致残完全丧失劳动能力的，可以领取病残津贴。

23. 选项A，企业职工在医疗期内，其病假工资、疾病救济费和医疗待遇按照有关规定执行；病假工资或疾病救济费可以低于当地最低工资标准支付，但最低不能低于最低工资标准的80%。选项C，公休、假日和法定节日包括在医疗期内。

24. 选项A，视同工伤。选项BD，应当当认定工伤。在工作时间和工作岗位，突发疾病死亡或者在48小时内经抢救无效死亡的视同工伤。

26. 中华人民共和国境内的企业、事业单位、社会团体、民办非企业单位、基金会、律师事务所、会计师事务所等组织的职工和个体工商户的雇工，均有依照规定享受工伤保险待遇的权利。

27. 选项ABCD均属于停止领取失业保险金的法定情形。

28. 工伤保险费由用人单位缴纳，职工不需要缴纳工伤保险费。

29. 失业人员在领取失业保险金期间，参加职工基本医疗保障，享受基本医疗保险待遇。

30. 失业保险待遇包括：领取失业保险金；领取失业保险金期间享受基本医疗待遇；领取失业保险金期间的死亡补助；职业介绍与职业培训补贴；国务院规定或者批准的与失业保险有关的其他费用。

三、判断题

1. ×	2. √	3. ×	4. ×	5. √	6. ×	7. ×	8. ×	9. √	10. √
11. √	12. √	13. ×	14. ×	15. ×	16. ×	17. ×	18. √	19. ×	20. ×
21. ×	22. ×	23. ×	24. √	25. √					

重难点解析：

1. 用人单位自“用工之日”起即与劳动者建立劳动关系。

3. 工资必须在用人单位与劳动者约定的日期支付，如遇节假日或休息日，则应“提前”在最近的工作日支付。

4. 劳动合同仅约定试用期的，试用期不成立，该期限为劳动合同期限。

6. 集体合同中劳动报酬和劳动条件等标准不得低于当地人民政府规定的最低标准。

7. 劳动者对劳动争议的终局裁决不服的，可以自收到仲裁裁决书之日起15日内向人民法院提起诉讼。

8. 劳动仲裁是劳动争议当事人向人民法院提起诉讼的必经程序。

10. 用人单位未按时足额缴纳社会保险费的，由社会保险费征收机构责令限期缴纳或者补足，并自欠缴之日起，按日加收0.05%的滞纳金。

13. 参加职工基本养老保险的个人，达到法定退休年龄时累计缴费满15年的，按月领取基本养老金。

14. 病休期间，公休，假日和法定节日包括在内。

15. 在工作时间和工作岗位，突发疾病死亡或者在48小时内经抢救无效死亡的才视同工伤。

16. 工伤保险由单位缴纳，个人不缴纳。

17. 双方约定的试用期期间符合法律规定，劳动合同期限3年以上固定期限可以约定试用期，最长不得超过6个月。但双方约定的试用期工资不符合法律规定，试用期工资不得少于约定工资的80%，试用期工资为3 000元，约定工资的80%为4 000×80%=3 200元。

19. 失业保险金领取期限自办理失业登记之日起计算。

20. 根据规定，因劳动者本人原因给用人单位造成经济损失的，用人单位可按照劳动合同的约定要求其赔偿经济损失。经济损失的赔偿，可从劳动者本人的工资中扣除。但每月扣除的部分不得超过劳动者当月工资的20%。若扣除后的剩余工资部分低于当地月最低工资标准，则按最低工资标准支付。本题中月工资是1 500元，则最多扣除其20%(300元)，此时剩余的部分就低于最低工资标准1 300元，那么应当按照“最低工资标准1 300元支付”，所以1 500−1 300=200(元)，即最多扣除200元。

21. 用人单位存在因生产经营发生严重困难的，需要裁减人员20人以上或者裁减人员不足20人但占企业职工总数10%以上的，用人单位提前30日向工会或者全体职工说明情况，听取工会意见后，裁减人员方案经向劳动行政部门报告，可以裁减人员。

22. 劳动争议包括且不限于劳动者与用人单位因为订立、履行、变更、解除或者终止劳动合同而发生的争议，还包括因确认劳动关系发生的争议等。

23. 劳动争议仲裁裁决应当按照多数仲裁员的意见作出，少数仲裁员的不同意见应当记入笔录，裁决书由仲裁员签名，加盖劳动争议仲裁委员会印章，对裁决持不同意见的仲裁员可以签名，也可以不签名。

第四章　支付结算法律制度

第一部分　内容概要

一、支付结算

（一）支付结算的原则

支付结算原则，是指参与银行支付结算活动的各方当事人，如银行、单位和个人都应遵守的准则。我国支付结算原则有：

（1）恪守信用、履约付款原则。

（2）谁的钱进谁的账、由谁支配原则。

（3）银行不垫款原则。

（二）支付结算的基本要求

（1）单位、个人和银行办理支付结算，必须使用按中国人民银行统一规定印制的票据凭证和结算凭证。

（2）单位、个人和银行应当按照《人民币银行结算账户管理办法》和《企业银行结算账户管理办法》的规定开立、使用账户。

（3）票据和结算凭证上的签章和其他记载事项应当真实，不得伪造、变造。

（4）填写各种票据和结算凭证应当规范。填写票据和结算凭证，必须做到要素齐全、数字正确、字迹清晰、不错漏、不潦草，防止涂改。

二、票据

（一）票据的概念

票据的概念有广义和狭义之分。广义上的票据包括各种有价证券和凭证，如股票、企业债券、发票、提单等。狭义上的票据，即我国《票据法》中规定的“票据”，包括汇票、本票和支票，是指由出票人签发的、约定自己或者委托付款人在见票时或指定的日期向收款人或持票人无条件支付一定金额的有价证券。

（二）票据权利

1. 票据权利的概念

票据权利是指票据持票人向票据债务人请求支付票据金额的权利。

2. 票据权利行使

票据权利的行使是指持票人请求票据的付款人支付票据金额的行为。例如，行使付款请求权以获得票款，行使追索权以请求清偿法定的金额和费用等。

3. 票据保全

票据权利的保全是指持票人为了防止票据权利的丧失而采取的措施，例如，依据《票据法》的规定，按照规定期限提示承兑、要求承兑人或付款人提供拒绝承兑或拒绝付款的证明以保全追索权。

4. 票据权利丧失补救

票据丧失是指票据因灭失(如不慎被烧毁)、遗失(如不慎丢失)、被盗等原因而使票据权利人脱离对其票据的占有。票据丧失后可以采取挂失止付、公示催告、普通诉讼三种形式进行补救。

5. 票据权利时效

票据权利时效是指票据权利在时效期间内不行使，即引起票据权利丧失。《票据法》根据不同情况，将票据权利时效划分为 2 年、6 个月、3 个月。

(三) 票据责任

票据责任是指票据债务人向持票人支付票据金额的义务。实务中，票据债务人承担票据义务一般有四种情况：一是汇票承兑人因承兑而应承担付款义务；二是本票出票人因出票而承担自己付款的义务；三是支票付款人在与出票人有资金关系时承担付款义务；四是汇票、本票、支票的背书人，汇票、支票的出票人、保证人，在票据不获承兑或不获付款时的付款清偿义务。

(四) 票据行为

票据行为是指票据当事人以发生票据债务为目的的、以在票据上签名或盖章为权利义务成立要件的法律行为。票据行为包括出票、背书、承兑和保证。

1. 出票

出票是指出票人签发票据并将其交付给收款人的票据行为。

2. 背书

背书是在票据背面或者粘单上记载有关事项并签章的行为。以背书的目的为标准，将背书分为转让背书和非转让背书。

3. 承兑

承兑是指汇票付款人承诺在汇票到期日支付汇票金额并签章的行为，仅适用于商业汇票。

4. 保证

保证是指票据债务人以外的人，为担保特定债务人履行票据债务而在票据上记载有关事项并签章的行为。

(五) 票据追索

1. 票据追索适用的情形

票据追索适用于到期后追索和到期前追索两种情形。

2. 被追索人及追索顺序

票据的出票人、背书人、承兑人和保证人对持票人承担连带责任。持票人行使追索权，可以不按照票据债务人的先后顺序，对其中任何一人、数人或者全体行使追索权。

3. 追索的效力

被追索人依照规定清偿债务后，其责任解除，与持票人享有同一权利。

三、银行汇票

(一) 银行汇票的概念

银行汇票是出票银行签发的，由其在见票时按照实际结算金额无条件支付给收款人或者持票人的票据。出票银行为银行的付款人。

(二) 银行汇票使用范围

银行汇票可用于转账，填明"现金"字样的银行汇票也可以使用现金。单位和个人各种款项结算，均可使用银行汇票。

(三) 银行汇票的出票

(1) 申请人使用银行汇票，应向出票银行填写"银行汇票申请书"(申请)。

(2) 出票银行受理银行汇票申请书，银行收妥款项签发银行汇票，同时将"银行汇票和解讫通知"一并交给申请人(签发)。

(3) 申请人将"银行汇票和解讫通知"一并交付给汇票上记明的收款人(交付)。

四、商业汇票

(一) 商业汇票的概念

商业汇票是出票人签发的，委托付款人在指定日期无条件支付确定的金额给收款人或者持票人的票据。商业汇票按照承兑人的不同分为商业承兑汇票和银行承兑汇票。

(二) 商业汇票的承兑

商业汇票可以在出票时向付款人提示承兑后使用，也可以在出票后先使用再向付款人提示承兑。付款人拒绝承兑的，必须出具拒绝承兑的证明。付款人承兑汇票后，应当承担到期付款的责任。

(三) 商业汇票的贴现

商业汇票贴现是指票据持票人在票据未到期前为获得现金向银行贴付一定利息而发生的票据转让行为。贴现按照交易方式，分为买断式和回购式。

五、银行本票

(一) 本票的概念

本票是指出票人签发的，承诺自己在见票时无条件支付确定的金额给收款人或者持票人的票据。

(二) 银行本票的付款

银行本票见票即付。银行本票的提示付款期限自出票日起最长不得超过 2 个月。本票的出票人在持票人提示见票时，必须承担付款的责任。

六、支票

(一) 支票的概念

支票是指出票人签发的、委托办理支票存款业务的银行在见票时无条件支付确定的金额给收款人或者持票人的票据。支票的基本当事人包括出票人、付款人和收款人。出票人即存款人，是在批准办理支票业务的银行机构开立可以使用支票的存款账户的单位和个人；付款人是出票人的开户银行；持票人是票面上填明的收款人，也可以是经背书转让的被背书人。

(二) 支票的种类

支票分为现金支票、转账支票和普通支票三种。

(三) 支票的适用范围

单位和个人在同一票据交换区域的各种款项结算，均可以使用支票。全国支票影像系统支持全国使用。

七、银行卡

(一) 银行卡交易的基本规定

(1) 单位人民币卡可办理商品交易和劳务供应款项的结算，但不得透支。单位卡不得支取现金。

(2) 信用卡预借现金业务包括现金提取、现金转账和现金充值。

(3) 贷记卡持卡人非现金交易可享受免息还款期和最低还款额待遇。银行记账日到发卡银行规定的到期还款日之间为免息还款期，持卡人在到期还款日前偿还所使用全部银行款项有困难的，可按照发卡银行规定的最低还款额还款。

(4) 发卡银行通过下列途径追偿透支款项和诈骗款项：①扣减持卡人保证金，依法处理抵押物和质押物。②向保证人追索透支款项。③通过司法机关的诉讼程序进行追偿。

(二) 银行卡计息与收费

(1) 对信用卡透支利率实行上限和下限管理，透支利率上限为日利率万分之五，下限为日利率万分之五的0.7倍。

(2) 发卡机构调整信用卡利率的，应至少提前45个自然日按照约定方式通知持卡人。持卡人有权在新利率标准生效之日前选择销户，并按照已签订的协议偿还相关款项。

(3) 取消信用卡滞纳金。发卡机构向持卡人提供超过授信额度用卡的，不得收取超限费。

(4) 发卡机构对向持卡人收取的违约金和年费、取现手续费、货币兑换费等服务费用不得计收利息。

八、汇兑

(一) 汇兑的概念和种类

汇兑是汇款人委托银行将其款项支付给收款人的结算方式。汇兑分为信汇、电汇两种，单位和个人的各种款项的结算，均可使用汇兑结算方式。

(二) 办理汇兑的程序

(1) 签发汇兑凭证。签发汇兑凭证必须记载下列事项：表明“信汇”或“电汇”的字样；无条件支付的委托；确定的金额；收款人名称；汇款人名称；汇入地点、汇入行名称；汇出地点、汇出行名称；委托日期；汇款人签章。汇兑凭证记载的汇款人、收款人在银行开立存款账户的，必须记载其账号。

(2) 银行受理。汇出银行受理汇款人签发的汇兑凭证，经审查无误后，应及时向汇入银行办理汇款，并向汇款人签发汇款回单。

(3) 汇入处理。汇入银行对开立存款账户的收款人，应将汇入的款项直接转入收款人账户，并向其发出收账通知。

(三) 汇兑的撤销

汇款人对汇出银行尚未汇出的款项可以申请撤销。申请撤销时，应出具正式函件或本人身份证件及原信、电汇回单。

九、委托收款

(一) 委托收款的概念和适用范围

委托收款是收款人委托银行向付款人收取款项的结算方式。单位和个人凭已承兑商业汇票、债券、存单等付款人债务证明办理款项的结算，均可使用委托收款结算方式。委托收款在同城、异地均可以使用。

(二) 办理委托收款的程序

1. 签发托收凭证

委托收款以银行以外的单位为付款人的，委托收款凭证必须记载付款人开户银行名称；以银行以外的单位或在银行开立存款账户的个人为收款人的，委托收款凭证必须记载收款人开户银行名称；未在银行开立存款账户的个人为收款人的，委托收款凭证必须记载被委托银行名称。

2. 委托

收款人办理委托收款应向银行提交委托收款凭证和有关债务证明。

3. 付款

(1) 以银行为付款人的，银行应当在当日将款项主动支付给收款人。

(2) 以单位为付款人的，银行应及时通知付款人，需要将有关债务证明交给付款人的应交给付款人。

(3) 拒绝付款。付款人审查有关债务证明后，对收款人委托收取的款项需要拒绝付款的，可以办理拒绝付款。

第二部分 练 习 题

一、单项选择题

1. 根据支付结算法律制度的规定，银行没有为存款人垫付的义务体现了(　　)原则。

A. 银行不垫款　　B. 恪守信用

C. 履约付款　　D. 谁的钱进谁的账、由谁支配

2. 2020 年 8 月 18 日，甲公司向乙公司签发一张金额为 10 万元、用途为服务费的转账支票，发现填写有误。该支票记载的下列事项中，可以更改的是(　　)。

A. 出票金额　　B. 收款人名称　　C. 出票日期　　D. 用途

3. 未在银行开立账户的 W 市退役军人事务局，经批准在银行开立了预算单位零余额账户，下列账户种类中，该零余额账户应按其管理的是(　　)。

A. 一般存款账户　　B. 基本存款账户　　C. 专用存款账户　　D. 临时存款账户

4. 根据支付结算法律制度的规定，下列各项中属于存款人对其特定用途资金进行专项管理和使用而成立的银行结算账户的是(　　)。

A. 一般存款账户　　B. 专用存款账户　　C. 基本存款账户　　D. 临时存款账户

5. 下列存款人开立的银行结算账户中，须经中国人民银行分支机构核准的是(　　)。

A. 乙公安局在银行开立的预算单位专用存款账户

B. 丙公司在银行开立的用于注册验资的临时存款账户

C. 张某在银行开立的个人 I 类银行账户

D. 甲公司在银行开立的一般存款账户

6. 根据支付结算法律制度的规定，临时存款账户的有效期最长不得超过一定期限，该期限为(　　)年。

A. 1　　B. 10　　C. 5　　D. 2

7. 根据支付结算法律制度的规定，关于基本存款账户的下列表述中，不正确的是(　　)。

A. 基本存款账户可以办理现金支取业务

B. 单位设立的独立核算账户的附属机构不得开立基本存款账户

C. 一个单位只能开立一个基本存款账户

D. 基本存款账户是存款人的主办账户

8. 根据支付结算法律制度的规定，关于个人银行结算账户管理的下列表述中，不正确的是(　　)。

A. 银行可以通过Ⅰ类银行账户为存款人提供购买投资理财产品服务

B. 银行可以通过Ⅲ类银行账户为存款人提供限定金额的消费和缴费支付服务

C. 银行可以通过Ⅱ类银行账户为存款人提供购买投资理财产品服务

D. 银行可以通过Ⅱ类银行账户为存款人提供单笔无限额的存取现金服务

9. 根据支付结算法律制度的规定，企业临时到外地进行摄影 3 个月，可以开设的账户为(　　)。

A. 专用存款账户　　B. 基本存款账户　　C. 一般存款账户　　D. 临时存款账户

10. 根据支付结算法律制度的规定，预算单位应向(　　)申请开立零余额账户。

A. 中国人民银行　　B. 财政部门　　C. 上级主管部门　　D. 社保部门

11. 票据可以代替货币在不同地方之间运送，方便异地之间的支付，这反映了票据的(　　)功能。

A. 支付　　B. 汇兑　　C. 信用　　D. 结算

12. 根据支付结算法律制度的规定，企业以未到期的汇票向银行申请贴现体现了票据的(　　)功能。

A. 支付　　B. 汇兑　　C. 融资　　D. 结算

13. 根据支付结算法律制度的规定，下列关于票据权利时效的表述中，正确的是(　　)。

A. 持票人对支票出票人的权利自出票日起 1 年

B. 持票人对银行汇票出票人的权利自出票日期起 2 年

C. 持票人对前手的追索权自被拒绝承兑或拒绝付款之日起 2 年

D. 持票人对商业汇票承兑人的权利自到期日起 1 年

14. 根据支付结算法律制度的规定，关于票据追索权行使的下列表述中正确的是(　　)。

A. 持票人不得在票据到期前追索

B. 持票人应当按照票据的承兑人、背书人、保证人和出票人的顺序行使追索权

C. 持票人在行使追索权时，应当提供被拒绝承兑或拒绝付款的有关证明

D. 持票人应当向票据的出票人、背书人、承兑人和保证人同时追索

15. 根据支付结算法律制度的规定，下列票据中出票人为银行的是(　　)。

A. 现金支票　　B. 商业承兑汇票　　C. 银行汇票　　D. 银行承兑汇票

16. 根据支付结算法律制度的规定，下列关于银行汇票使用的表述正确的是(　　)。

A. 银行汇票不能用于个人款项结算

B. 银行汇票不能支取现金

C. 银行汇票的提示付款期限为自出票日起 1 个月

D. 银行汇票必须按出票金额付款

17. 根据支付结算法律制度的规定，下列关于银行承兑汇票通过票据市场基础设施提示付款的表述不正确的是(　　)。

A. 承兑人存在合法抗辩事由拒绝付款的，须在提示付款日出具拒绝付款证明

B. 承兑人于到期前进行付款确认的，应于提示付款日划付资金给持票人

C. 持票人在提示付款期限内提示付款的，承兑人应在提示付款日应答

D. 承兑人在持票人提示付款后未在规定时间内应答的，视为同意付款

18. 根据支付结算法律制度的规定，下列关于商业承兑汇票通过委托收款方式提示付款的表述不正确的是(　　)。

A. 超过提示付款期限的，持票人仍可以采用委托收款方式提示付款

B. 付款人提前收到由其承兑的商业汇票，应于汇票到期日付款

C. 付款人存在合法抗辩事由的，应自接到付款通知的次日起 3 日内出具拒绝付款证明

D. 付款人在接到开户行付款通知的次日起 3 日内未通知付款的，视同承诺付款

19. 根据支付结算法律制度的规定，电子承兑汇票付款期限自出票日至到期日不得超过一定期限，该期限为(　　)。

A. 6 个月　　B. 1 年　　C. 3 个月　　D. 2 年

20. 根据支付结算法律制度的规定，下列关于电子银行承兑汇票持票人向银行申请办理贴现条件的表述不正确的是(　　)。

A. 持票人与出票人或者直接前手之间具有真实的商品交易关系

B. 票据必须未到期

C. 必须向银行提供合同与发票

D. 票据上必须未记载“不得转让”事项

21. 根据支付结算法律制度的规定，下列票据可以办理贴现的是(　　)。

A. 银行本票　　B. 银行承兑汇票　　C. 转账支票　　D. 银行汇票

22. 根据支付结算法律制度的规定，关于银行本票使用的下列表述不正确的是(　　)。

A. 银行本票的出票人在持票人提示见票时，必须承担付款的责任

B. 银行本票只限于单位使用，个人不得使用

C. 注明“现金”字样的银行本票可以用于支取现金

D. 收款人可以将银行本票背书转让给背书人

23. 持票人对支票出票人的权利时效，自(　　)。

A. 出票日起 6 个月　　B. 票据到期日起 3 个月

C. 被拒绝付款之日起 6 个月　　D. 提示付款之日起 3 个月

24. 根据支付结算法律制度的规定，下列各项关于支票提示付款说法正确的是(　　)。

A. 转账支票提示付款日期为出票日起 1 个月

B. 出票人记载自己为收款人，提示付款不予受理

C. 支票未记收款人名称，可以提示付款

D. 现金支票仅限于收款人向付款人提示付款

25. 根据支付结算法律制度的规定，下列关于票据提示付款期限的表述正确的是(　　)。

A. 支票的提示付款期限是自出票日起 1 个月

B. 银行汇票的提示付款期限是自出票日起 1 个月

C. 商业汇票的提示付款期限是自到期日起 1 个月

D. 银行本票的提示付款期限是自出票日起 1 个月

26. 银行卡的分类错误的是(　　)。

A. 按是否透支分为信用卡、贷记卡

B. 按币种不同分为外币卡、人民币卡

C. 按发行对象不同分为单位卡、个人卡

D. 按信息载体不同分为磁条卡、芯片卡

27. 根据支付结算法律制度的规定，下列支付工具中，可以透支的是(　　)。

A. 储值卡　　B. 信用卡　　C. 预付卡　　D. 储蓄卡

28. 下列各项中，属于按照是否具有透支功能对银行卡分类的是(　　)。

A. 磁条卡与芯片卡　　B. 人民币卡与外币卡

C. 信用卡与借记卡　　D. 单位卡与个人卡

29. 下列各项中，不属于个人网上银行具体业务功能的是(　　)。

A. 个人账户余额查询　　B. 信用卡的购物明细查询

C. B2C 网上支付　　D. B2B 网上支付

30. 下列情形中，属于线上支付的是(　　)。

A. 董某在机场购物，使用手机近端支付购物款

B. 吴某在超市购物，使用公交一卡通支付购物款

C. 周某在商场购物，通过 POS 机刷卡支付购物款

D. 郑某网上购物，通过支付宝支付货款

31. 2021年1月10日，甲报社以汇兑方式向李某支付稿费2 000元。下列情形中，甲报社可以申请撤销汇款的是（　　）。

A. 汇入银行已向李某发出收账通知　　B. 汇出银行已经汇出但李某尚未领取

C. 李某拒绝领取　　D. 汇出银行尚未汇出

32. 根据支付结算法律制度的规定，下列关于国内信用证的表述正确的是（　　）。

A. 可以外币计价　　B. 可以签发可撤销信用证

C. 不可以支取现金　　D. 不可以签发远期信用证

33. 根据支付结算法律制度的规定，下列关于预付卡的表述正确的是（　　）。

A. 购卡人可以使用信用卡购买预付卡

B. 预付卡以人民币计价，不具有透支功能

C. 记名预付卡的有效期最长为3年

D. 单张记名预付卡的资金限额不得超过1 000元

34. 王某购买了一张记名预付卡，根据支付结算法律制度的规定，该张预付卡内的资金最高限额为（　　）元。

A. 1 000　　B. 5 000　　C. 10 000　　D. 50 000

35. 根据支付结算法律制度的规定，下列关于结算纪律的表述正确的是（　　）。

A. 单位和个人办理支付结算，不得以任何理由拒绝付款

B. 单位和个人办理支付结算，可以签发无资金保证的票据

C. 银行办理支付结算，可以在支付结算制度之外附加条件

D. 银行办理支付结算，不得以任何理由压票

二、多项选择题

1. 根据支付结算法律制度的规定，下列关于办理支付结算基本要求的表述正确的有（　　）。

A. 结算凭证的金额以中文大写和阿拉伯数码同时记载，二者必须一致

B. 票据上出票金额、收款人名称不得更改

C. 票据的出票日期可以使用阿拉伯数码记载

D. 票据上的签章为签名、盖章或者签名加盖章

2. 根据支付结算法律制度的规定，下列关于开立企业银行结算账户办理事项的表述中，正确的有（　　）。

A. 银行为企业开通非柜面转账业务，应当约定通过非柜面渠道向非企业账户转账的日累计限额

B. 注册地和经营地均在异地的企业申请开户，法定代表人可授权他人代理签订银行结算账户管理协议

C. 银企双方应当签订银行结算账户管理协议，明确双方的权利和义务

D. 企业预留银行的签章可以为其财务专用章加其法定代表人的签名

3. 甲公司预留银行单位公章不慎丢失，向开户银行申请更换印章。下列文件中，甲公司应向开户银行出具的有（　　）。

A. 营业执照正本

B. 司法部门的证明

C. 原印鉴卡片

D. 开户许可证

4. 根据支付结算法律制度的规定，下列关于单位存款人申请变更预留银行的单位财务专用章的表述中，正确的有（　　）。

A. 需提供原预留的单位财务专用章

B. 需提供单位书面申请

C. 需重新开立单位存款账户

D. 可由法定代表人直接办理，也可授权他人办理

5. 根据支付结算法律制度的规定，下列情形中，存款人应向开户银行提出撤销银行结算账户申请的有（　　）。

A. 存款人被宣告破产的

B. 存款人因迁址需要变更开户银行的

C. 存款人被吊销营业执照的

D. 存款人被撤并的

6. 下列可开立基本存款账户的有（　　）。

A. 甲会计师事务所

B. 乙公司

C. 丙个体工商户

D. 丁大学

7. 根据支付结算法律制度的规定，下列关于票据权利时效的表述正确的有（　　）。

A. 持票人对前手的追索权，自被拒绝承兑或者拒绝付款之日起6个月

B. 持票人对银行汇票出票人的权利自出票日起1年

C. 持票人对商业汇票承兑人的权利自票据到期日起1年

D. 持票人对支票出票人的权利自出票日起6个月

8. 根据支付结算法律制度的规定，下列关于票据权利时效的表述中，不正确的有（　　）。

A. 持票人在票据权利时效期间内不行使票据权利的，该权利丧失

B. 持票人对前手的追索权，自被拒绝承兑或被拒绝付款之日起3个月内不行使的，该权利丧失

C. 持票人对支票出票人的权利自出票日起3个月内不行使的，该权利丧失

D. 持票人对票据承兑人的权利自票据到期日起6个月内不行使的，该权利丧失

9. 根据《票据法》的规定，票据持有人有下列（　　）情形，不得享有票据权利。

A. 以欺诈、偷盗、胁迫等手段取得票据的

B. 明知前手欺诈、偷盗、胁迫等手段取得票据而出于恶意取得票据的

C. 因重大过失取得不符合《票据法》规定的票据

D. 自合法取得票据的前手处因赠与取得票据的

10. 下列主体中，应当向持票人承担票据责任的有（　　）。

A. 不获承兑的汇票出票人乙公司　　B. 对汇票予以承兑的甲公司

C. 签发银行本票的 P 银行　　D. 空头支票出票人的开户行 Q 银行

11. 根据支付结算法律制度的规定，下列属于票据行为的有（　　）。

A. 付款　　B. 背书　　C. 承兑　　D. 出票

12. 根据支付结算法律制度的规定，关于票据保证的下列表述正确的有（　　）。

A. 票据上未记载保证日期的，被保证人的背书日期为保证日期

B. 保证人未在票据或粘单上记载被保证人名称的已承兑票据，承兑人为被保证人

C. 保证人为两人以上的，保证人之间承担连带责任

D. 保证人清偿票据债务后，可以对被保证人及其前手行使追索权

13. 根据支付结算法律制度的规定，关于票据追索权的行使下列表述中，正确的是（　　）。

A. 持票人不能出示拒绝证明或退票理由的，丧失对全部票据债务人的追索权

B. 持票人收到拒绝证明后，应当将被拒绝事由书面通知其前手

C. 汇票被拒绝承兑的，持票人可以行使追索权

D. 持票人可以对出票人、背书人、承兑人和保证人中的任何一人、数人或全体行使追索权

14. 根据支付结算法律制度的规定，下列关于商业汇票出票的表述正确的有（　　）。

A. 商业承兑汇票可以由收款人签发

B. 签发银行承兑汇票必须记载付款人名称

C. 银行承兑汇票应由承兑银行签发

D. 商业承兑汇票可以由付款人签发

15. 2020 年 12 月 12 日，甲公司持有一张出票人为乙公司，金额为 100 万元，到期日为 2020 年 12 月 12 日，承兑人为 P 银行的银行承兑汇票。甲公司于 12 月 12 日去 P 银行提示付款，发现乙公司账户只有存款 20 万元。P 银行拟采取的做法中，正确的有（　　）。

A. 于 2020 年 12 月 12 日起对乙公司欠款 80 万元开始计收利息

B. 于 2020 年 12 月 12 日起向甲公司付款 20 万元

C. 于 2020 年 12 月 12 日拒绝付款并出具拒绝付款证明

D. 于 2020 年 12 月 12 日向甲公司付款 100 万元

16. 甲公司向 P 银行申请签发一张银行本票交付乙公司。下列票据事项中，乙公司在收票时应当审查的有（　　）。

A. 大小写金额是否一致　　B. 出票金额是否更改

C. 银行本票是否在提示付款期限内　　　　D. 收款人是否为乙公司

17. 根据支付结算法律制度的规定，下列各项中，属于银行本票必须记载事项的有（　　）。

A. 出票人签章　　B. 出票日期　　　　C. 收款人名称　　　　D. 确定的金额

18. 根据票据法律制度的规定，下列各项中，关于票据提示付款期限说法正确的有（　　）。

A. 银行本票的提示付款期限自出票日起最长 10 日

B. 银行汇票的提示付款期限自出票日起 10 日

C. 商业汇票的提示付款期限自到期日起 10 日

D. 支票的提示付款期限自出票日起 10 日

19. 根据支付结算法律制度的规定，下列关于支票出票的表述正确的有（　　）。

A. 出票人签发的支票金额不得超过其付款时在付款人处实有的存款金额

B. 出票人不得签发与其预留银行签章不符的支票

C. 支票上未记载付款行名称的，支票无效

D. 出票人不得在支票上记载自己为收款人

20. 下列属于支票授权补记的有（　　）。

A. 出票日期　　　B. 金额　　　　　　C. 收款人名称　　　　D. 付款人名称

21. 根据支付结算法律制度的规定，下列关于支票的表述正确的有（　　）。

A. 支票基本当事人包括出票人、付款人和收款人

B. 支票金额和收款人名称也可以由出票人授权补记

C. 出票人不得在支票上记载自己为收款人

D. 支票的付款人是出票人的开户银行

22. 下列情形中，符合银行卡管理规定的有（　　）。

A. 20 周岁的赵某丢失借记卡后立即持本人身份证到发卡行挂失

B. 刘某在还清全部交易款项、透支本息和有关费用后申请信用卡销户

C. 王某将本人的信用卡转借给李某使用

D. 15 周岁的张某申请个人贷记卡

23. 根据支付结算法律制度的规定，下列关于信用卡计息和收费的表述错误的有（　　）。

A. 发卡机构向信用卡持卡人按约定收取违约金，不计收利息

B. 发卡机构向信用卡持卡人提供超过授信额度用卡的，应收取超限费

C. 发卡机构向信用卡持卡人收取的取现手续费，计收利息

D. 发卡机构向信用卡持卡人收取的年费，计收利息

24. 下列各项中，属于收单机构业务和风险管理措施的有（　　）。

A. 建立资金结算风险管理制度　　B. 建立特约商户检查制度

C. 建立对特约商户风险评级制度　　D. 建立特约商户收单银行变更审核制度

25. 根据支付结算法律制度的规定，下列关于银行卡收单业务的表述正确的有（　　）。

A. 特约商户为个体工商户或自然人的，可以使用其同名个人银行结算账户作为收单银行结算账户

B. 收单机构向特约商户收取的收单服务费由收单机构与特约商户协商确定具体费率

C. 特约商户使用单位银行结算账户作为收单银行结算账户的，收单机构应当审核其合法持有该账户的证明文件

D. 收单机构应当对实体特约商户收单业务进行本地化经营和管理，不得跨省域开展收单业务

26. 根据支付结算法律制度的规定，下列关于银行卡收单机构对特约商户管理的表述正确的有（　　）。

A. 对特约商户实行实名制管理

B. 特约商户是单位的，其收单银行结算账户可以使用个人银行结算账户

C. 对实体特约商户与网络特约商户分别进行风险评级

D. 对实体特约商户收单业务实行本地化经营，不得跨省域开展收单业务

27. 根据支付结算法律制度的规定，下列事项中，签发汇兑凭证必须记载的有（　　）。

A. 确定的金额　　B. 收款人名称　　C. 委托日期　　D. 汇款人签章

28. 根据支付结算法律制度的规定，下列关于办理汇兑业务的表述正确的有（　　）。

A. 汇款回单可以作为该笔汇款已转入收款人账户的证明

B. 汇款回单是汇出银行受理汇款的依据

C. 汇兑凭证记载的汇款人、收款人在银行开立存款账户的，必须记载其账号

D. 收账通知是银行将款项确已转入收款人账户的凭据

29. 李某使用现金购买了 30 000 元的记名预付卡、现金充值 2 000 元的不记名预付卡，下列说法正确的有（　　）。

A. 可以使用信用卡购买预付卡

B. 应实名购买

C. 可以现金购买 30 000 元的记名预付卡

D. 可以现金充值 2 000 元的不记名预付卡

30. 根据支付结算法律制度的规定，下列关于预付卡的表述正确的有（　　）。

A. 单位一次性购买预付卡 5 000 元以上，不得使用现金

B. 个人一次性购买预付卡 5 万元以上的，不得使用现金

C. 预付卡一次性充值金额 5 000 元以上的，不得使用现金

D. 购买预付卡、为预付卡充值，均不得使用信用卡

三、判断题

1. 非金融机构作为支付中介机构办理支付业务需经中国人民银行批准。 （　　）

2. 支付结算遵循银行不垫款的原则。 （　　）

3. 结算凭证金额以中文大写和阿拉伯数码同时记载，二者必须一致，二者不一致的，银行不予受理。 （　　）

4. 没有字号的个体工商户开立银行结算账户，其预留银行签章中公章或财务专用章应是“个体户”字样加营业执照上载明的经营者的签字或盖章。 （　　）

5. 存款人未清偿其开户银行债务的，也可以撤销该银行结算账户。 （　　）

6. 新入学大学生开立用于缴纳学费的个人银行结算账户，可由所在大学代理办理。 （　　）

7. 通过手机银行等电子渠道受理开户申请的，银行可为开户申请人开立Ⅰ类账户。 （　　）

8. 一个单位可以根据实际需要在银行开立两个以上基本存款账户。 （　　）

9. 因借款转存开立的一般存款账户，自开立之日起3个工作日后，方可使用该账户办理付款业务。 （　　）

10. 个人可以通过开立的Ⅰ类银行账户存取现金。 （　　）

11. 背书人在票据上背书时未记载背书日期的，背书无效。 （　　）

12. 背书人未记载被背书人名称即将票据交付他人的，持票人在票据被背书人栏内记载自己的名称与背书人记载具有同等法律效力。 （　　）

13. 持票人应当按照票据债务人的先后顺序依次行使追索权。 （　　）

14. 票据被拒绝付款的，持票人只能按票据债务人的顺序对直接前手行使追索权。 （　　）

15. 银行承兑汇票由承兑银行签发。 （　　）

16. 单位或个人签发空头支票的，由其开户银行处以罚款。 （　　）

17. 银行卡的发行机构对向持卡人收取的年费不得计收利息。 （　　）

18. 特约商户，是指与收单机构签订银行卡受理协议、按约定受理银行卡并委托收单机构为其完成交易资金结算的企事业单位、个体工商户或其他组织，以及按照国家工商管理机关有关规定，开展网络商品交易等经营活动的企业法人。 （　　）

19. 汇出银行向汇款人签发的汇款回单是银行将款项已转入收款人账户的凭据。 （　　）

20. 委托收款以单位为付款人的，银行收到委托收款凭证及债务证明，审查无误后应于当日将款项主动支付给收款人。 （　　）

21. 国内信用证可以支取现金。 （　　）

22. 信用证申请人交存的保证金和其存款账户余额不足支付的，开证行仍应在规定的付款时间内进行付款。（　　）

23. 多用途预付卡可以使用信用卡进行充值。（　　）

24. 非法大量持有他人信用卡的，应追究其刑事责任。（　　）

25. 签发空头支票，中国人民银行罚款的标准是票面金额5%但不高于1 000元。（　　）

四、不定项选择题

（一）甲公司法定代表人为赵某，公司在P银行开立支票存款账户，预留签章为公司单位公章加会计机构负责人刘某的个人名章。2020年1月11日，赵某派业务员李某采购原料，刘某签发一张转账支票交给李某。但支票上未填写金额和收款人名称，李某与乙公司签订合同后，将支票交付乙公司会计人员张某，张某在支票上填写合同金额10万元，并在收款人栏填写乙公司。1月12日张某持支票到本公司的开户银行Q银行，拟通过委托收款方式向P银行提示付款。

要求：根据上述资料，不考虑其他因素，分析回答下列小题。

1. 刘某填写支票时，出票日期2020年1月11日正确的填写形式是（　　）。

A. 贰零贰零年零壹月零拾壹日　　B. 贰零贰零年零壹月壹拾壹日

C. 贰零贰零年壹月零拾壹日　　D. 贰零贰零年壹月壹拾壹日

2. 刘某签发支票时，下列拟在支票上的签章正确的是（　　）。

A. 甲公司财务专用章加刘某的个人名章　　B. 甲公司单位公章加赵某的个人名章

C. 甲公司单位公章加刘某的个人名章　　D. 甲公司财务专用章加赵某的个人名章

3. 下列关于该支票出票及补记行为的表述正确的是（　　）。

A. 刘某未填写支票金额，支票无效　　B. 张某可以补记收款人为乙公司

C. 刘某未填写收款人名称，支票无效　　D. 张某可以补记支票金额10万元

4. 张某委托Q银行收取支票款项，应当办理的手续是（　　）。

A. 在支票被背书人栏记载Q银行

B. 在支票背书人签章栏记载“委托收款”字样

C. 填制进账单

D. 在支票上记载背书日期

（二）甲餐馆系有限责任公司，主要从事网上外卖业务。2018年2月2日，甲餐馆因办理日常结算需要，在P银行开立了基本存款账户。2019年1月5日、甲餐馆因贷款需要，在Q银行开立了一般存款账户。2020年3月16日，甲餐馆因经营不善停业，注销了营业执照，甲餐馆拟撤销银行结算账户。

已知：甲餐馆只有上述两个银行结算账户。

要求:根据上述资料,不考虑其他因素,分析回答下列小题。

5. 下列关于甲餐馆在P银行开立的基本存款账户的表述中,正确的是(　　)。

A. 甲餐馆申请开立该账户时应出具企业法人营业执照正本

B. 甲餐馆可以通过该账户发放工资

C. 该账户是甲餐馆的主办账户

D. 甲餐馆可以自主选择另一家银行再开立一个基本存款账户

6. 下列业务中,属于甲餐馆在Q银行开立的一般存款账户可以办理的是(　　)。

A. 缴存现金2万元　　B. 转存借款20万元

C. 支取现金3万元　　D. 归还借款50万元

7. 甲餐馆应在2020年3月16日起的一定期限内向银行提出撤销银行结算账户的申请,该期限为(　　)个工作日。

A. 5　　B. 10　　C. 20　　D. 15

8. 下列关于甲餐馆撤销基本存款账户的表述正确的是(　　)。

A. 应将各种重要空白结算凭证、票据和开户许可证交回银行

B. 应先撤销在Q银行开立的一般存款账户

C. 应与P银行核对账户存款余额

D. 应清偿在Q银行的债务,并将在Q银行的账户资金转入基本存款账户

(三) 2020年10月甲公司法定代表人王某在P银行为本公司开立了基本存款账户、同时本人在P银行申领一张借记卡、2020年11月甲公司在Q银行开立单位人民币卡账户并转入资金。2020年12月甲公司发生4笔业务:收到现金货款2万元、支付原材料采购款6万元、支付劳务费4万元、提取周转现金1万元。已知各账户存款余额充足。

要求:根据上述资料,不考虑其他因素,分析回答下列小题。

9. 王某在P银行申请开立甲公司存款账户的表述正确的是(　　)。

A. 代表甲公司与P银行签订银行结算账户管理协议

B. 填写开户申请书

C. 向P银行出具甲公司营业执照正本

D. 在开户申请书上加盖甲公司公章

10. 甲公司通过P银行存款账户可以办理的业务是(　　)。

A. 提取现金1万元　　B. 支付劳务费4万元

C. 支付原材料采购款6万元　　D. 存入现金款2万元

11. 王某使用其个人借记卡可以办理的业务是(　　)。

A. 购买P银行理财产品10万元　　B. 存入甲公司的现金货款2万元

C. 在商场刷卡消费1万元　　D. 在ATM机上一次性提取现金5万元

12. 下列关于甲公司Q银行账户的表述正确的是(　　)。

A. 可以存入现金货款 2 万元

B. 可以从甲公司 P 银行存款账户转入资金 10 万元

C. 可以支付劳务费 4 万元

D. 可以提取周转现金 1 万元

（四）2020 年 3 月 3 日，甲公司为支付工程款，向乙公司签发并交付一张银行承兑汇票，出票人为甲公司，收款人为乙公司，金额为 100 万元，出票日期为 2020 年 3 月 3 日，出票后 6 个月付款，该汇票由 P 银行承兑并收取了手续费。4 月 1 日乙公司将该汇票背书转让给丙公司用于支付货款。4 月 11 日丙公司因资金需求在 Q 银行办理了票据贴现。汇票到期后，Q 银行向 P 银行提示付款。

要求：根据上述资料，不考虑其他因素，分析回答下列小题。

13. 下列各项中，属于甲公司签发该汇票应出具的条件有（　　）。

A. 在 P 银行开立有存款的账户

B. 具有支付汇款金额的可靠资金来源

C. 与 P 银行具有真实的委托付款关系

D. 资信状况良好

14. 计算 P 银行承兑该汇票应向甲公司代取手续费的算式正确的是（　　）。

A. 1 000 000 × 1‰ = 1 000（元）　　B. 1 000 000 × 0.5‰ = 500（元）

C. 1 000 000 × 0.3‰ = 300（元）　　D. 1 000 000 × 0.7‰ = 700（元）

15. 下列各项中，属于丙公司向 Q 银行办理贴现应当具备的条件是（　　）。

A. 汇票上未记载“不得转让”事项

B. 丙公司与乙公司之间具有真实的商品交易关系

C. 丙公司在 Q 银行开立有存款账户

D. 汇票未到期

16. Q 银行应向 P 银行提示付款的最后日期是（　　）。

A. 2020 年 9 月 9 日　　B. 2020 年 10 月 3 日

D. 2020 年 9 月 12 日　　C. 2020 年 9 月 3 日

（五）2020 年 9 月 30 日，王女士以个人名义给父亲王老汉开具一张 1 万元现金支票，用途栏写明“生日快乐”，并注明付款日期为王老汉生日当天。

要求：根据上述资料，不考虑其他因素，分析回答下列小题。

17. 有关王女士在用途栏书写“生日快乐”的法律后果，下列说法中正确的是（　　）。

A. 银行不应拒付，因为用途栏记载事项属于票据上的其他记载事项

B. 用途栏记载事项属于绝对记载事项，书写不规范导致该支票无效

C. 用途栏记载事项属于相对应记载事项，书写不规范并不会导致该票据无效

D. 银行应予拒付，因为用途栏书写不规范

18. 有关王女士在支票上的签章，下列说法中正确的是（　　）。

A. 王女士所在单位的财务专用章加王女士预留银行的签名

B. 王女士所在单位的公章加王女士预留银行的盖章

C. 王女士预留银行的签名

D. 王女士预留银行的盖章

19. 有关王老汉向银行提示付款，下列说法中正确的是（　　）。

A. 王老汉应自出票日起 10 日内向银行提示付款

B. 王老汉向银行提示付款时应在支票背面收款人处签章

C. 王老汉只能在生日当天向银行提示付款

D. 王老汉向银行提示付款时应交验本人身份证

20. 有关王老汉持有的现金支票，下列说法中正确的是（　　）。

A. 王老汉可以委托银行收款

B. 可以不提示付款，留存作为纪念，银行将向王老汉计付利息

C. 可以背书转让给好朋友

D. 只能由王老汉向银行提示付款，不能委托银行收款

（六）甲公司于 2010 年 5 月在 W 市注册成立，在当地银行开立基本存款账户，并长期保持良好支付记录。2020 年 12 月 10 日，甲公司向李某签发一张金额为 2 万元的现金支票。在支票提示付款期限内，李某向银行提示付款，银行工作人员发现甲公司存款账户余额为 1 万元，遂告知李某甲公司存款余额不足以支付票款。

要求：根据上述资料，不考虑其他因素，分析回答下列小题。

21. 下列事项中，甲公司向李某签发支票必须记载的是（　　）。

A. 付款地 W 市　　B. 甲公司预留 P 银行签章

C. 付款银行名称 P 银行　　D. 出款日期

22. 下列日期中，在该支票提示付款期限内的是（　　）。

A. 2020 年 12 月 19 日　　B. 2021 年 1 月 10 日

C. 2020 年 2 月 10 日　　D. 2020 年 12 月 12 日

23. 下列事项中，李某向 P 银行提示付款时应当办理的是（　　）。

A. 支票背面签章　　B. 在支票背面注明证件名称

D. 在支票背面注明证件号码　　C. 向银行交验身份证件

24. 下列关于甲公司存款余额不足以支付票款的表示中正确的是（　　）。

A. 李某有权要求甲公司支付赔偿金

B. 银行可向李某支付现金 1 万元

C. 李某应接受银行退票并要求银行出具拒绝付款证明

D. 李某有权要求 P 银行支付现金 2 万元

第三部分　参考答案

一、单项选择题

1. A	2. D	3. B	4. B	5. A	6. D	7. B	8. D	9. D	10. B
11. B	12. C	13. B	14. C	15. C	16. C	17. D	18. A	19. B	20. C
21. B	22. B	23. A	24. D	25. B	26. A	27. B	28. C	29. D	30. D
31. D	32. C	33. B	34. B	35. D					

重难点解析：

1. 支付结算的原则：恪守信用，履约付款；谁的钱进谁的账、由谁支配；银行不垫款。

2. 出票金额、出票日期、收款人名称不得更改，更改的票据无效。

3. 预算单位在商业银行开设的零余额账户按基本存款账户或专用存款账户管理。预算单位未开立基本存款账户，经同级财政部门批准，预算单位零余额账户作为基本存款账户。

4. 专用存款账户是存款人按照法律、行政法规和规章的规定，对特定用途资金进行专项管理和使用而开立的银行结算账户。

5. 需要中国人民银行核准的账户包括：①选项 A 预算单位专用存款账户。②合格境外机构投资者在境内从事证券投资开立的人民币特殊账户和人民币结算资金账户。对核准类账户，银行应将存款人的开户申请书、相关的证明文件和银行审核意见等开户资料报送中国人民银行当地支行，经其核准并核发开户许可证后办理开户手续。

6. 临时存款账户应根据有关开户证明文件确定的期限或存款人的需要确定其有效期限，最长不得超过 2 年。

7. 单位设立的独立核算的附属机构，包括食堂、招待所、幼儿园，可以申请开立基本存款账户。

8. 经确认，银行可以通过Ⅱ类银行账户为存款人提供单笔限额的存取现金服务，故选项 D 错误。

9. 设立临时机构，例如工程指挥部、筹备领导小组、摄制组等、因临时需要并在规定期限内使用，可以申请开立临时存款账户。

10. 预算单位使用财政性资金，应当按照规定的程序和要求，向财政部门提出设立零余额账户的申请，财政部门同意预算单位开设零余额账户后通知代理银行。

11. 汇兑功能，即票据可以代替货币在不同地方之间运送，方便异地之间的支付。

12. 票据的融资功能是通过票据的贴现、转贴现和再贴现实现的。

13. 持票人对支票出票人的权利自出票日起 6 个月，选项 A 错误。持票人对前手的追索权自被拒绝承兑或拒绝付款之日起6个月，选项C错误。持票人对商业汇票承兑人的权利自到期日起2年，选项D错误。

14. 选项A，在票据到期日前，出现特定情形的，持票人可以行使追索权。选项BD，持票人行使追索权，可以不按照票据债务人的先后顺序，对其中任何一人、数人或者全体行使追索权。

15. 银行汇票是指由出票银行签发的，由其在见票时按照实际结算金额无条件付给收款人或者持票人的票据。

16. 选项A，单位和个人各种款项结算，均可使用银行汇票。选项B，银行汇票可以用于转账，填明"现金"字样的银行汇票也可以用于支取现金。选项D，收款人受理申请人交付的银行汇票时，应在出票金额以内，根据实际需要的款项办理结算，并将实际结算金额和多余金额准确、清晰地填入银行汇票和解讫通知的有关栏内。

17. 承兑人在持票人提示付款后未在规定时间内应答的，视为拒绝付款，票据市场基础设施提供拒绝付款证明并通知持票人。

18. 超过提示付款期限提示付款的，持票人开户银行不予受理，作出说明后，承兑人或者付款人应当继续对持票人承担付款责任，选项A错误。

19. 电子承兑汇票付款期限自出票日至到期日不超过1年。

20. 商业汇票的持票人向银行办理贴现必须具备下列条件：①选项B票据未到期。②选项D票据未记载"不得转让"事项。③在银行开立存款账户的企业法人以及其他组织。④选项A与出票人或者直接前手之间具有真实的商品交易关系。企业申请电子银行承兑汇票贴现的，无须向金融机构提供合同、发票等资料，选项C表述过于绝对。

21. 贴现是指票据持票人在票据未到期前为获得资金融通向银行贴付一定利息而发生的票据转让行为。银行汇票等见票即付的票据无须也不能办理贴现。

22. 选项B，单位和个人在同一票据交换区域需要支付各种款项，均可以使用银行本票。

23. 持票人对支票出票人的权利，自出票日起6个月。

24. 支票的提示付款期自出票日起10天，选项A错误。支票的出票人可以记载自己为收款人，选项B错误。支票的收款人名称可以授权补记，但是未补记的不可以提示付款，选项C错误。

25. 选项A，支票的提示付款期限自出票日起10日。选项C，商业汇票的提示付款期限自汇票到期日起10日。选项D，银行本票的提示付款期限自出票日起最长不得超过2个月。

26. 按是否透支分为借记卡、信用卡。

27. 选项AD，银行卡按是否具有透支功能分为信用卡和借记卡，借记卡包括储值卡和储蓄卡。信用卡可以透支，借记卡不具备透支功能。选项C，预付卡不具有透支功能。

28. 按照是否具有透支功能银行卡可以分为信用卡与借记卡。

29. B2B网上支付属于企业网上银行的业务功能。

30. 线上支付包括直接使用网上银行进行的支付和通过第三方支付平台间接使用网上银行进行的支付。

31. 汇款人对汇出银行尚未汇出的款项可以申请撤销。

32. 国内信用证是以人民币计价、不可撤销的跟单信用证，限于转账，不得取现。

33. 选项A，购卡人不得使用信用卡购买预付卡。选项C，记名预付卡不得设置有效期，不记名预付卡有效期不得低于3年。选项D，单张记名预付卡资金限额不得超过5 000元。

34. 单张记名预付卡资金限额不得超过5 000元。

35. 银行办理支付结算，不准以任何理由压票、任意退票、截留挪用客户和他行资金。

二、多项选择题

1. ABD	2. ACD	3. ABCD	4. ABD	5. ABCD
6. ABCD	7. AD	8. BCD	9. ABC	10. ABC
11. BCD	12. BCD	13. BCD	14. ABD	15. AD
16. ABCD	17. ABCD	18. CD	19. ABC	20. BC
21. ABD	22. AB	23. BCD	24. ABCD	25. ABCD
26. ACD	27. ABCD	28. BCD	29. BCD	30. ABCD

重难点解析：

1. 选项A，票据和结算凭证金额以中文大写和阿拉伯数码同时记载，二者必须一致，二者不一致的票据无效，二者不一致的结算凭证银行不予受理。选项B，出票金额、出票日期、收款人名称不得更改，更改的票据无效。选项C，票据的出票日期必须使用中文大写，故选项C错误。选项D，票据和结算凭证上的签章，为签名、盖章或者签名加盖章。

2. 对存在法定代表人或者负责人对单位经营规模及业务背景等不清楚、注册地和经营地均在异地的单位，银行应当与其法定代表人或者负责人面签银行结算账户管理协议，并留存视频、音频资料等，因此选项B错误。

3. 单位遗失预留公章或财务专用章的，应向开户银行出具书面申请、开户许可证、营业执照等相关证明文件。单位存款人申请更换预留公章或财务专用章但无法提供原预留公章或财务专用章的，应向开户银行出具原印鉴卡片、开户许可证、营业执照正本、司法部门的证明等相关证明文件。

4. 选项AB，更换预留公章或财务专用章时，应向开户银行出具书面申请、原预留公章或财务专用章等相关证明文件。选项C，申请更换单位预留签章的，无须重新开立单位存款账户。选项D，单位存款人申请变更预留公章或财务专用章，可由法定代表人或单位负责人直接办理，也可授权他人办理。

6. 下列存款人，可以申请开立基本存款账户：企业法人；非法人企业；机关、事业单位；团级(含)以上军队、武警部队及分散执勤的支(分)队；社会团体；民办非企业组织；异地常设机构；外国驻华机构；个体工商户；居民委员会、村民委员会、社区委员会；单位设立的独立核算的附属机构，包括食堂、招待所、幼儿园；其他组织。

7. 持票人对商业汇票承兑人的权利自票据到期日起2年，选项C错误。持票人对银行汇票出票人的权利自出票日起2年，选项B错误。

8. 选项A，票据权利在票据权利时效期间内不行使即消灭。选项B，持票人对一般前手的首次追索权，自被拒绝承兑或者被拒绝付款之日起6个月；持票人对一般前手的再追索权，自清偿日或者被提起诉讼之日起3个月。选项C，持票人对支票出票人的权利，自出票日起6个月不行使才会丧失。选项D，持票人对远期汇票的出票人、承兑人的权利，自票据到期日起2年不行使才会丧失。

9. 取得票据不享有票据权利的情形：以欺诈、偷盗或者胁迫等手段取得票据的，或者明知有上述情形，出于恶意取得票据的；持票人因重大过失取得不符合《票据法》规定的票据的。

10. 选项D，出票人签发空头支票的，出票人的开户行，不承担票据责任。

11. 票据行为包括出票、背书、承兑和保证。

12. 选项A，票据上未记载保证日期的，以出票日期为保证日期。

13. 选项A，持票人不能出示拒绝证明、退票理由书或者未按照规定期限提供其他合法证明的，丧失对"其前手"(非全部票据债务人)的追索权。

14. 选项AD，商业承兑汇票可以由付款人签发并承兑，也可以由收款人签发交由付款人承兑。选项B，签发商业汇票必须记载下列事项：表明"商业承兑汇票"或"银行承兑汇票"的字样；无条件支付的委托；确定的金额；付款人名称；收款人名称；出票日期；出票人签章。选项C，银行承兑汇票应由在承兑银行开立存款账户的存款人签发。

15. 选项AD，银行承兑汇票的出票人于汇票到期日未能足额交存票款时，承兑银行除凭票向持票人无条件付款外，对出票人尚未支付的汇票金额按照每天万分之五计收利息。选项BC，持票人依照规定提示付款的，承兑银行应当在当日足额付款，承兑银行存在合法抗辩事由的除外。本题中，题目未交代任何关于合法抗辩事由的信息，故视为不存在合法的抗辩事由。

16. 收款人受理银行本票时，应审查下列事项；收款人是否确为本单位或本人；银行本票是否在提示付款期限内；必须记载的事项是否齐全；出票人签章是否符合规定，大小写出票金额是否一致；出票金额、出票日期、收款人名称是否更改，更改的其他记载事项是否由原记载人签章证明。

17. 签发银行本票时必须记载的事项：表明"银行本票"的字样；无条件支付的承诺；确定的金额；收款人名称；出票日期；出票人签章。

18. 银行本票的提示付款期限自出票日起最长不得超过2个月。银行汇票的提示付款期限自出票日起1个月。

19. 出票人可以在支票上记载自己为收款人，选项D错误。

20. 支票的金额、收款人名称，可以由出票人授权补记，未补记前不得背书转让和提示付款。

21. 出票人可以记载自己为收款人签发支票。

22. 信用卡不可以转借他人使用，选项C错误。张某未满18岁不得申请贷记卡，选项D错误。

23. 选项ACD，发卡机构对向持卡人收取的违约金和年费、取现手续费、货币兑换费等服务费用不得计收利息。选项B，发卡机构向持卡人提供超过授信额度用卡服务的，不得收取超限费。

24. 选项ABCD均属于收单机构业务与风险管理措施。

25. 选项ABCD均符合银行卡收单业务管理规定。

26. 特约商户的收单银行结算账户应当为其同名单位银行结算账户，或其指定的、与其存在合法资金管理关系的单位银行结算账户，选项B错误。

28. 选项AB，汇款回单只能作为汇出银行受理汇款的依据，不能作为该笔汇款已转入收款人账户的证明。选项C，汇兑凭证记载的汇款人、收款人在银行开立存款账户的，必须记载其账号。选项D，收账通知是银行将款项确已转入收款人账户的凭据。

29. 不可以使用信用卡购买预付卡，选项A错误。

30. 单位一次性购买预付卡5 000元以上，个人一次性购买预付卡5万元以上的，应当通过银行转账等非现金结算方式购买，不得使用现金，选项AB正确。预付卡一次性充值金额5 000元以上的，不得使用现金，选项C正确。购卡人不得使用信用卡购买预付卡；预付卡只能通过现金或银行转账方式进行充值，不得使用信用卡为预付卡充值，选项D正确。

三、判断题

1. √	2. √	3. √	4. √	5. ×	6. √	7. ×	8. ×	9. ×	10. √
11. ×	12. √	13. ×	14. ×	15. ×	16. ×	17. √	18. ×	19. ×	20. ×
21. ×	22. √	23. ×	24. √	25. ×					

重难点解析：

2. 支付结算的原则：恪守信用，履约付款原则；谁的钱进谁的账、由谁支配原则；银行不垫款原则。

5. 存款人尚未清偿其开户银行债务的，不得申请撤销该银行结算账户。

6. 存款人开立代发工资、教育、社会保障、公共管理等特殊用途个人银行账户时，可由所在单位代理办理。

7. 通过网上银行和手机银行等电子渠道受理银行账户开户申请的，银行可为开户申请人开立Ⅱ类户或Ⅲ类户。Ⅰ类户柜面开户，或者自助机具开具。

8. 基本存款账户是存款人的主办账户，一个单位只能开立一个基本存款账户。

9. 存款人开立单位银行结算账户，自开立之日起3个工作日后，方可使用该账户办理付款业务；但注册验资的临时存款账户转为基本存款账户、因借款转存开立的一般存款账户除外。

11. 未记载背书日期，背书有效，视为汇票到期前背书。

13. 持票人可以不按照票据债务人的先后顺序，对其中任何一人、数人或者全体行使追索权。

14. 持票人行使追索权，可以不按照票据债务人的先后顺序，对其中任何一人、数人或者全体行使追索权。

15. 银行承兑汇票应由在承兑银行开立存款账户的存款人签发。

16. 单位或个人签发空头支票或者签发与其预留的签章不符、使用支付密码但支付密码错误的支票，不以骗取财物为目的的，由中国人民银行处以票面金额5%但不低于1 000元的罚款。

17. 发卡机构对向持卡人收取的违约金和年费、取现手续费、货币兑换费等服务费用不得计收利息。

18. 特约商户，是指与收单机构签订银行卡受理协议、按约定受理银行卡并委托收单机构为其完成交易资金结算的企事业单位、个体工商户或其他组织，以及按照国家工商管理机关有关规定，开展网络商品交易等经营活动的自然人。

19. 汇款回单只能作为汇出银行受理汇款的依据，不能作为该笔汇款已经转入收款人账户的证明。

20. 委托收款以“银行”为付款人的，银行应当在“当日”将款项主动支付给收款人；委托收款以“单位”为付款人的，银行应当及时通知付款人，付款人应于接到通知的当日书面通知银行付款。付款人未在接到通知的次日起3日内通知银行付款的，视同付款人同意付款。

21. 国内信用证只限于转账结算，不得支取现金。

22. 根据支付结算法律制度的规定，若受益人提交了相符单据或开证行已发出付款承诺，即使申请人交存的保证金及其存款账户余额不足支付，开证行仍应在规定的时间内付款。

23. 预付卡只能通过现金或银行转账方式进行充值，不得使用信用卡为预付卡充值。

24. 有下列情形之一，妨碍信用卡管理的，处3年以下有期徒刑或者拘役，并处或者单处1万元以上10万元以下罚金；数量巨大或者有其他严重情节的，处3年以上10年以下有期徒刑，并处2万元以上20万元以下罚金：明知是伪造的信用卡而持有、运输的，或者明知是伪造的空白信用卡而持有、运输，数量较大的；非法持有他人信用卡，数量较大的；使用虚假的身份证明骗领信用卡的；出售、购买、为他人提供伪造的信用卡或者以虚假的身份证明骗领信用卡的；窃取、收买或者非法提供他人信用卡信息资料的。

25. 签发空头支票，中国人民银行罚款的标准是票面金额5%但不低于1 000元。

四、不定项选择题

1. B	2. C	3. BD	4. ABCD	5. ABC
6. ABD	7. A	8. ABCD	9. ABC	10. ABCD
11. AC	12. BC	13. ABCD	14. B	15. ABCD
16. D	17. A	18. CD	19. ABD	20. D
21. BCD	22. AD	23. ABCD	24. AC	

重难点解析：

1. 票据的出票日期必须使用中文大写。为防止变造票据的出票日期，在填写月、日时，月为“壹”“贰”“壹拾”的，日为“壹”至“玖”和“壹拾”“贰拾”“叁拾”的，应在其前加“零”；日为“拾壹”至“拾玖”的，应在其前加“壹”。

2. 支票上的出票人的签章，出票人为单位的、为与该单位在银行预留签章一致的财务专用章或者公章加其法定代表人或者其授权的代理人的签名或者盖章。在本题中，甲公司预留签章为公司单位公章加会计机构负责人刘某的个人名章，因此，刘某签发支票时，拟在支票上的签章为甲公司单位公章加刘某的个人名章。

3. 支票的金额、收款人名称，可以由出票人授权补记，未补记前不得背书转让和提示付款。

4. 持票人委托开户银行收款时，应作委托收款背书，在支票背面背书人签章栏签章、记载“委托收款”字样、背书日期，在被背书人栏记载开户银行名称，并将支票和填制的进账单送交开户银行。

5. 选项D，基本存款账户是存款人的主办账户，一个单位只能开立一个基本存款账户。

6. 一般存款账户用于办理存款人借款转存、借款归还和其他结算的资金收付。一般存款账户可以办理现金缴存，但不得办理现金支取。

7. 存款人因注销营业执照提出撤销银行结算账户申请的，应于5个工作日内向开户银行提出。

8. 选项AC，存款人撤销银行结算账户，必须与开户银行核对银行结算账户存款余额，交回各种重要空白票据及结算凭证和开户许可证，银行核对无误后方可办理销户手续。选项BD，撤销银行结算账户时，应先撤销一般存款账户、专用存款账户、临时存款账户，将账户资金转入基本存款账户后，方可办理基本存款账户的撤销。

9. 存款人开立银行结算账户应填制银行结算账户申请书，并加盖单位公章和法定代表人或授权代理人的签名或盖章，选项D不完整。

10. 基本存款户用于日常转账和现金收付需要。

11. 借记卡的主要功能包括消费、存取款、转账、代收付、外汇买卖、投资理财、网上支付等，故选项AC正确。禁止公款私存，故选项B错误。每张卡每日累计提取不得超过2万元人民币，故选项D错误。

12. 单位人民币卡账户的资金一律从基本存款账户转入，不得存取现金，不得将销货收入存入单位卡账户。单位人民币卡可办理商品交易和劳务供应款项的结算，但不得透支。单位卡不得支取现金。

13. 银行承兑汇票的出票人必须是在承兑银行开立存款账户的法人以及其他组织，并与承兑银行具有真实的委托付款关系，资信状况良好，具有支付汇票金额的可靠资金来源。

14. 银行承兑汇票的承兑银行，应按票面金额向出票人收取0.5‰的手续费。故本题中，手续费计算公式为：$1\ 000\ 000\times0.5‰=500$（元）。

15. 贴现应当满足的条件为：票据未到期；票据未记载"不得转让"事项；持票人是在银行开立存款账户的企业法人以及其他组织；持票人与出票人或者直接前手之间具有真实的商品交易关系。

16. 定日付款、出票后定期付款、见票后定期付款的汇票自到期日起10日内提示付款。

17. 王女士在用途栏书写"生日快乐"属于票据上的其他记载事项，记载不具有票据效力，银行不负审查责任。支票的绝对记载事项："支票"字样、无条件支付委托、确定金额、付款人名称、出票日期、出票人签章。授权补记的绝对记载事项：支票金额、收款人名称。相对应记载事项：付款地、出票地。

18. 出票人为个人的，为与该个人在银行预留签章一致的签名或盖章。选项AB是指出票人为单位的情形，本题中出票人王女士为个人。

19. 支票的提示付款期自出票日起10日，选项A正确，选项C错误。收款人王老汉持用于支取现金的支票向付款人提示付款时，在支票背面"收款人签章"处签章，持票人为个人的还需要交验本人身份证，并在支票背面注明证件名称、号码及发证机关，选项BD正确。

20. 现金支票不可以委托收款，也不可以背书转让，选项AC错误，选项D正确。超过提示付款期银行不得计付利息，选项B错误。

21. 付款地属于支票的相对记载事项。

22. 支票的提示付款期自出票日即2020年12月10日起10日内，选项BC错误。

23. 选项ABCD均属于提示付款应办理的事项。

24. 签发空头支票由中国人民银行处以票面金额5%但不低于1 000元的罚款；持票人有权要求出票人赔偿支票金额2%的赔偿金。

第五章　增值税与消费税法律制度

第一部分　内容概要

一、税收法律制度概述

（一）税收与税收法律关系

1. 税收与税法

税收是指以国家为主体，为实现国家职能，凭借政治权力，按照法定标准，无偿取得财政收入的一种特定分配形式。税收具有区别于其他财政收入形式独有的“三性”，即强制性、无偿性和固定性。

税法（即税收法律制度），是调整税收关系的法律规范的总称，是国家法律的重要组成部分。

2. 税收法律关系

税收法律关系体现为国家征税与纳税人纳税的利益分配关系。税收法律关系与其他法律关系一样也是由主体、客体和内容三个方面构成。

（二）税法要素

税法要素是指各单行税法共同具有的基本要素，主要内容如表5-1所示。

表5-1　　税法要素

要素	内　　容
纳税人	依法直接负有纳税义务的法人、自然人和其他组织
征税对象	税收法律关系中权利义务所指的对象，即对什么征税。不同的征税对象是区别不同税种的重要标志
税目	税法中具体规定应当征税的项目，是征税对象的具体化
税率	应征税额与计税金额（或数量单位）之间的比例，是计算税额的尺度。我国现行税法规定的税率有：比例税率、累进税率和定额税率
计税依据	计算应纳税额的依据或标准，一般有从价计征和从量计征两种
纳税环节	税法规定的征税对象在从生产到消费的流转过程中应当缴纳税款的环节
纳税期限	纳税人的纳税义务发生后应依法缴纳税款的期限，具体包括：纳税义务发生时间、纳税期限、缴库期限

（续表）

要素	内　　容
纳税地点	根据各税种的纳税环节和有利于对税款的源泉控制而规定的纳税人具体申报缴纳税收的地方
税收优惠	国家对某些纳税人和征税对象给予鼓励和照顾的一种特殊规定
法律责任	对违反国家税法规定的行为人采取的处罚措施

二、增值税法律制度

（一）增值税纳税人和扣缴义务人

在中华人民共和国境内销售货物或者加工、修理修配劳务（以下简称劳务）、销售服务、无形资产、不动产以及进口货物的单位和个人，为增值税的纳税人。根据纳税人的经营规模以及会计核算健全程度的不同，增值税的纳税人可以分为一般纳税人和小规模纳税人。

中华人民共和国境外单位或者个人在境内销售劳务，在境内未设有经营机构的，以其境内代理人为扣缴义务人；在境内没有代理人的，以购买方为扣缴义务人。

（二）征税范围

增值税征税范围主要包括以下几个方面。

（1）销售货物，是指有形动产，包括电力、热力和气体在内。

（2）销售劳务，是指有偿提供加工、修理修配劳务。

（3）销售服务，是指提供交通运输服务、邮政服务、电信服务、建筑服务、金融服务、现代服务和生活服务。

（4）销售无形资产，是指有权转让无形资产所有权或者使用权的业务活动。

（5）销售不动产，是指有偿转让不动产所有权的业务活动。

（6）进口货物，是指申报进入我国海关境内的货物。

（7）视同销售行为，包括：①将货物交付其他单位或个人代销；②销售代销货物；③设有两个以上机构并实行统一核算的纳税人，将货物从一个机构移送至其他机构用于销售，但相关机构设在同一县（市）的除外；④将自产、委托加工的货物用于集体福利或个人消费；⑤将自产、委托加工或购进的货物作为投资，提供给其他单位或个体工商户；⑥将自产、委托加工或购进的货物分配给股东或投资者；⑦将自产、委托加工或购进的货物无偿赠送给其他单位或个人；⑧单位或者个体工商户向其他单位或者个人无偿提供服务，但用于公益事业或者以社会公众为对象的除外；⑨单位或者个人向其他单位或者个人无偿转让无形资产或者不动产，但用于公益事业或者以社会公众为对象的除外。

（8）混合销售。一项销售行为如果既涉及货物又涉及服务，为混合销售行为。从事货物的生产、批发或者零售的单位和个体工商户的混合销售行为，按照销售货物缴纳增值税；其他单位和个体工商户的混合销售行为，按照销售服务缴纳增值税。

(9) 兼营行为。纳税人的经营范围既包括销售货物、劳务以及销售服务、无形资产和不动产的，构成兼营。

(三) 增值税的税率和征收率

1. 增值税的税率

增值税适用税率汇总如表5-2所示。

表5-2　增值税适用税率汇总表

税率	适用范围
13%	销售或者进口货物(9%低税率的除外)、提供应税劳务、提供有形动产租赁服务
9%	销售或进口暂行条例列举的货物
	提供交通运输服务、邮政服务、基础电信服务、建筑服务、不动产租赁服务、销售不动产、转让土地使用权
6%	提供增值电信服务、金融服务、现代服务(租赁除外)、生活服务、销售无形资产(转让土地使用权除外)
零税率	出口货物、劳务或者境内单位和个人发生的跨境应税行为

2. 增值税的征收率

增值税征收率汇总如表5-3所示。

表5-3　增值税征收率汇总表

征收率	适用范围
3%征收率	一般情形
5%征收率	(1) 不动产销售：①小规模纳税人销售不动产；②一般纳税人销售不动产，选择简易计税；③房地产企业一般纳税人销售老项目，选择简易计税 (2) 不动产租赁：①一般纳税人出租2016年4月30日前取得的不动产；②小规模纳税人出租不动产
3%征收率减按2%	①小规模纳税人销售自己使用过的固定资产；②一般纳税人销售自己使用过未抵扣进项税额的固定资产；③小规模纳税人或一般纳税人销售旧货
5%征收率减按1.5%	个人出租住房

(四) 增值税应纳税额的计算

1. 一般计税方法下应纳税额的计算

我国采用的一般计税方法是间接计算法，计算公式如下：

增值税应纳税额 = 当期销项税额 − 当期进项税额

销项税额 = 不含税销售额 × 适用税率

(1) 不含税销售额的确定。具体如表5-4所示。

表 5-4　　不含税销售额的确定

销售方式		销售额
一般销售方式		向购买方收取的全部价款和价外费用，若为含税金额，则换算公式为： 不含税销售额 = 含税销售额 ÷ (1 + 税率 / 征收率)
视同销售方式		按照下列顺序核定销售额：①按纳税人最近时期同类货物的平均销售价格确定；②按其他纳税人最近时期同类货物的平均销售价格确定；③按组成计税价格确定。组成计税价格的公式为： 组成计税价格 = 成本 × (1 + 成本利润率) + 消费税税额
特殊销售	折扣方式	①折扣销售方式下，如果销售额和折扣额在同一张发票上的“金额”栏中分别注明，可扣除折扣额，否则不得扣除；②销售折扣不得从销售额中扣除；③销售折让额可从折让当期的销售额中扣除
	以旧换新	①除金银首饰外的货物以旧换新销售，应按新货物的同期销售价格确定销售额，不得扣减旧货物的收购价格；②金银首饰以旧换新业务，按销售方实际收取的不含增值税的价款确认计税销售额
	还本销售	以货物的销售价格作为销售额，不得扣除还本支出
	以物易物	双方均应作购销处理，以各自发出的货物核算销售额并计算销项税额，以各自收到的货物按规定核算购货额并计算进项税额
	包装物押金	①包装物押金单独记账核算，且时间为 1 年以内又未逾期，不计税；②超过 1 年或已经逾期，押金应计税；③对销售除啤酒、黄酒外的其他酒类产品收取的包装物押金，无论是否返还以及会计上如何核算，均应并入当期销售额征税
“营改增”行业销售额的规定	按全额确定	包括贷款服务和直接收款金融服务
	按差额确定	主要包括金融商品转让、经纪代理服务、融资租赁和融资性售后回租业务、航空运输企业、客运场站服务、旅游服务等

(2) 进项税额的确定。准予抵扣的进项税额主要内容如表 5-5 所示。

表 5-5　　准予从销项税额中抵扣的进项税额

抵扣方法	具体内容	
以票抵扣	①从销售方取得的增值税专用发票(含税控机动车销售统一发票)；②从海关取得的海关进口增值税专用缴款书；③从境外单位或个人处购进劳务、服务、无形资产和不动产，取得的完税凭证	
计算抵扣	购进农产品	进项税额 = 买价 × 9%(或 10%)
	购进国内旅客运输服务	自 2019 年 4 月 1 日起，一般纳税人购进国内旅客运输服务，其进项税额允许从销项税额中抵扣

纳税人购进应税行为，取得的扣税凭证不符合有关规定的，其进项税额不得从销项税额中抵扣，不可抵扣情形有：用于简易计税方法计税项目、免征增值税项目、集体福利或者个人消费的购进货物、劳务、服务、无形资产和不动产；非正常损失的购进货物，以及相关的劳务

和交通运输服务；非正常损失的在产品、产成品所耗用的购进货物（不包括固定资产）、劳务和交通运输服务；非正常损失的不动产，以及该不动产所耗用的购进货物、设计服务和建筑服务；非正常损失的不动产在建工程所耗用的购进货物、设计服务和建筑服务；购进的贷款服务、餐饮服务、居民日常服务和娱乐服务。

2. 简易计税方法下应纳税额的计算

小规模纳税人按简易计税方法计算应纳税额，即按销售额和规定征收率计算应纳税额，不得抵扣进项税额。其应纳税额计算公式为：

$$\text{应纳税额} = \text{不含税销售额} \times \text{征收率}$$
$$= \text{含税销售额} \div (1 + \text{征收率}) \times \text{征收率}$$

一般纳税人适用简易计税方法的，应纳税额计算公式与小规模纳税人的相同。

3. 进口货物应纳税额的计算

一般纳税人或小规模纳税人进口货物，均需按照组成计税价格和适用税率计算应纳税额，不得抵扣任何税额，其计算公式为：

$$\text{应纳税额} = \text{组成计税价格} \times \text{税率}$$

组成计税价格的确定有以下两种情况：

（1）进口货物不征收消费税，其组成计税价格为：

$$\text{组成计税价格} = \text{关税完税价格} + \text{关税} = \text{关税完税价格} \times (1 + \text{关税税率})$$

（2）进口货物同时征收消费税，其组成计税价格为：

$$\text{组成计税价格} = \text{关税完税价格} + \text{关税} + \text{消费税}$$

4. 扣缴计税方法

境外单位或者个人在境内发生应税销售行为，在境内未设有经营机构的，扣缴义务人按照下列公式计算应扣缴税额：

$$\text{应扣缴增值税税额} = \text{购买方支付的价款} \div (1 + \text{税率}) \times \text{税率}$$

（五）增值税的征收管理

（1）增值税的纳税义务发生时间。销售货物或应税劳务、服务，为收讫销售款或者取得索取销售款凭据的当天；先开具发票的，为开具发票的当天。进口货物，为报关进口的当天。增值税扣缴义务发生时间为纳税人增值税纳税义务发生的当天。

（2）增值税的纳税地点。固定业户应当向其机构所在地主管税务机关申报纳税；非固定业户应当向销售地或者劳务和应税行为发生地主管税务机关申报纳税，未向销售地或者劳务和应税行为发生地主管税务机关申报的，由其机构所在地或居住地主管税务机关补征；进口货物，应当由进口人或代理人向报关地海关申报纳税。

（3）增值税的纳税期限。增值税的纳税期限规定为 1 日、3 日、5 日、10 日、15 日、1 个月或 1 个季度。纳税人以 1 个月或 1 个季度为纳税期限的，自期满之日起 15 日内申报纳税；以 1 日、3 日、5 日、10 日或 15 日为一期纳税的，自期满之日起 5 日内预缴税款，于次月 1 日起 15 日内申报纳税并结清上月应纳税款。

三、消费税法律制度

（一）消费税纳税人

在中华人民共和国境内生产、委托加工和进口《消费税暂行条例》规定的消费品的单位和个人，以及国务院确定的销售《消费税暂行条例》规定的消费品的其他单位和个人，为消费税的纳税人。

（二）消费税征税范围

1. 生产应税消费品

纳税人生产的应税消费品，于纳税人销售时纳税。

纳税人自产自用的应税消费品，用于连续生产应税消费品的，不纳税；用于其他方面的，于移送使用时纳税。

2. 委托加工应税消费品

委托加工的应税消费品，是指由委托方提供原料和主要材料，受托方只收取加工费和代垫部分辅助材料加工的应税消费品。

3. 进口应税消费品

单位和个人进口应税消费品，于报关进口时缴纳消费税。

4. 零售应税消费品

零售环节计税的有金银首饰、钻石及钻石饰品、铂金首饰、超豪华小汽车。

5. 批发销售卷烟

（三）消费税税目

我国现行消费税有 15 个税目：烟、酒、高档化妆品、贵重首饰及珠宝玉石、鞭炮焰火、成品油、摩托车、小汽车、高尔夫球及球具、高档手表、游艇、木制一次性筷子、实木地板、电池、涂料。

（四）消费税税率

我国现行消费税税率有比例税率、定额税率和复合税率三种。适用定额税率的税目有：啤酒、黄酒、成品油；适用复合税率的税目有：卷烟、白酒；其余税目适用比例税率。

（五）消费税应纳税额的计算

1. 销售额的确定

（1）从价计征销售额的确定。销售额是指纳税人销售应税消费品向购买方收取的全部价款和价外费用，不包括应向购买方收取的增值税税款。

（2）从量计征销售数量的确定。销售数量，是指纳税人生产、加工和进口应税消费品的数量。

（3）复合计征销售额和销售数量的确定。销售额为纳税人生产销售卷烟、白酒向购买方收取的全部价款和价外费用。销售数量为纳税人生产销售、进口、委托加工、自产自用卷烟、白酒的销售数量、海关核定数量、委托方收回数量和移送使用数量。

2. 应纳税额的计算

（1）生产销售应纳消费税的计算，具体计算公式如表5-6所示。

表5-6　　自产销售应税消费品消费税计算方法汇总

计税方法	公式	适用范围
从价定率	应纳税额 = 销售额 × 比例税率	适用从量定额、复合计税外的其他税目
从量定额	应纳税额 = 销售数量 × 单位税额	啤酒、黄酒、成品油
复合计税	应纳税额 = 销售数量 × 定额税率 + 销售额 × 比例税率	白酒、卷烟

（2）自产自用应纳消费税的计算。纳税人自产自用的应税消费品，用于连续生产应税消费品的，不纳税；凡用于其他方面的，于移送使用时，按照纳税人生产的同类消费品的销售价格（平均价格）计算纳税；没有同类消费品销售价格的，按照组成计税价格计算纳税，具体计算公式如表5-7所示。

表5-7　　自产自用应税消费品消费税计算方法汇总

计税方式	应纳消费税税额计算公式
从价定率	$组成计税价格 = \frac{成本 \times (1 + 成本利润率)}{1 - 消费税适用税率}$ 应纳税额 = 组成计税价格 × 比例税率
从量定额	应纳税额 = 移送使用数量 × 定额税率
复合计税	$组成计税价格 = \frac{成本 + 利润 + 自产自用数量 \times 定额税率}{1 - 比例税率}$ 应纳税额 = 组成计税价格 × 比例税率 + 自产自用数量 × 定额税率

（3）委托加工应纳消费税的计算，具体计算公式如表5-8所示。

表5-8　　委托加工应税消费品消费税计算方法汇总

计税方式	应纳消费税税额计算公式
从价定率	① 受托方有同类消费品销售价格的： 应纳税额 = 同类消费品销单位销售价格 × 委托加工数量 × 消费税比例税率 ② 受托方没有同类消费品销售价格的： 应纳税额 = 组成计税价格 × 消费税比例税率 $组成计税价格 = \frac{材料成本 + 加工费}{1 - 消费税比例税率}$
从量定额	应纳税额 = 委托加工数量 × 定额税率

（续表）

计税方式	应纳消费税税额计算公式
复合计税	①受托方有同类消费品销售价格的： 应纳税额 = 同类消费品销售价格 × 比例税率 + 委托加工数量 × 定额税率 ②受托方没有同类消费品销售价格的： 应纳税额 = 组成计税价格 × 比例税率 + 委托加工数量 × 定额税率 $组成计税价格 = \dfrac{材料成本 + 加工费 + 委托加工数量 \times 定额税率}{1 - 消费税比例税率}$

（4）进口环节应纳消费税的计算，具体计算公式如表 5-9 所示。

表 5-9　进口应税消费品消费税计算方法汇总

计税方式	应纳消费税税额计算公式
从价定率	$组成计税价格 = \dfrac{关税完税价格 + 关税}{1 - 消费税比例税率}$ 应纳税额 = 组成计税价格 × 消费税比例税率
从量定额	应纳税额 = 进口数量 × 定额税率
复合计税	$组成计税价格 = \dfrac{关税完税价格 + 关税 + 进口数量 \times 定额税率}{1 - 消费税比例税率}$ 应纳税额 = 组成计税价格 × 比例税率 + 进口数量 × 定额税率

3. 已纳消费税的扣除

为了避免重复征税，现行消费税规定，将外购应税消费品和委托加工收回的应税消费品继续生产应税消费品销售的，可以将外购应税消费品和委托加工收回应税消费品已缴纳的消费税给予扣除。

（六）消费税的征收管理

（1）消费税的纳税义务发生时间。纳税人生产的应税消费品于销售时纳税，进口消费品应当于应税消费品报关进口环节纳税，但金银首饰、钻石及钻石饰品在零售环节纳税。消费税纳税义务发生的时间，以货款结算方式或行为发生时间分别确定。

（2）消费税的纳税地点。纳税人销售的应税消费品，以及自产自用的应税消费品，除国务院财政、税务主管部门另有规定外，应当向纳税人机构所在地或者居住地的主管税务机关申报纳税；委托加工的应税消费品，除受托方为个人外，由受托方向机构所在地或者居住地的主管税务机关解缴消费税税款；进口的应税消费品，由进口人或者其代理人向报关地海关申报纳税。

（3）消费税的纳税期限。消费税的纳税期限分别为 1 日、3 日、5 日、10 日、15 日、1 个月或者 1 个季度。不能按照固定期限纳税的，可以按次纳税。纳税人以 1 个月或以 1 个季度为一期纳税的，自期满之日起 15 日内申报纳税；以 1 日、3 日、5 日、10 日或者 15 日为一期纳税的，自期满之日起 5 日内预缴税款，于次月 1 日起至 15 日内申报纳税并结清上月应纳税款。

第二部分　练　习　题

一、单项选择题

1. 区别不同税种的重要标志是(　　)。

A. 纳税环节　　B. 税目　　C. 税率　　D. 征税对象

2. 根据税收征收管理法律制度的规定，下列税款中，由海关代征的是(　　)。

A. 境内未设立机构、场所的非居民企业来源于境内的股息所得应缴纳的企业所得税

B. 提供研发服务，但在境内未设有经营机构的企业应缴纳的增值税

C. 进口货物的企业在进口环节应缴纳的增值税

D. 从境外取得所得的居民应缴纳的个人所得税

3. 根据税收征收管理法律制度的规定，下列税种中，由海关负责征收的是(　　)。

A. 个人所得税　　B. 关税

C. 城镇土地使用税　　D. 城市维护建设税

4. 根据增值税法律制度的规定，下列各项中，应按照“现代服务”税目计缴增值税的是(　　)。

A. 经营租赁服务　　B. 融资性售后回租

C. 保险服务　　D. 文化体育服务

5. 根据增值税法律制度的规定，下列各项中，属于视同销售货物行为的是(　　)。

A. 将自产的货物用于在建办公楼　　B. 将购进的货物用于个人消费

C. 将购进的货物用于集体福利　　D. 将自产的货物用于对外投资

6. 根据增值税法律制度的规定，下列各项中，应按照“提供应税劳务”税目计缴增值税的是(　　)。

A. 制衣厂员工为本厂提供的加工服装服务

B. 有偿提供安装空调服务

C. 有偿修理机器设备服务

D. 有偿提供出租车服务

7. 根据营业税改征增值税的相关规定，下列行为中，应按照“销售不动产”税目计缴增值税的是(　　)。

A. 将建筑物广告位出租给其他单位用于发布广告

B. 转让国有土地使用权

C. 转让高速公路经营权

D. 销售底商

8. 根据营业税改征增值税的相关规定，下列各项中，应按照“销售服务——建筑服务”税目计缴增值税的是（　　）。

A. 出售住宅　　B. 出租办公楼

C. 转让土地使用权　　D. 平整土地

9. 根据营业税改征增值税的相关规定，下列各项中，应按照“销售服务——生活服务”税目计缴增值税的是（　　）。

A. 广播影视服务　　B. 旅游娱乐服务

C. 文化创意服务　　D. 车辆停放服务

10. 根据营业税改征增值税的相关规定，下列各项中，应征收增值税的是（　　）。

A. 被保险人获得的保险赔付

B. 航空公司根据国家指令无偿提供用于公益事业的航空运输服务

C. 居民存款利息

D. 母公司向子公司出售不动产

11. 根据营业税改征增值税的相关规定，下列各项中，应征收增值税的是（　　）。

A. 物业管理单位代收的住宅专项维修资金

B. 被保险人获得的保险赔付

C. 商业银行提供直接收费金融服务收取的手续费

D. 存款人取得的存款利息

12. 根据增值税法律制度的规定，下列各项增值税服务中，增值税税率为13%的是（　　）。

A. 邮政业服务　　B. 交通运输业服务

C. 有形动产租赁服务　　D. 增值电信服务

13. 一般纳税人销售的下列货物中，适用9%税率的是（　　）。

A. 洗衣液　　B. 文具盒　　C. 杂粮　　D. 蔬菜罐头

14. 甲企业为增值税一般纳税人，2020年4月销售空调取得含增值税价款610.2万元，另收取包装物押金5.65万元，约定3个月内返还；当月确认逾期不予退还的包装物押金为11.3万元。已知增值税税率为13%。计算甲企业当月上述业务增值税销项税额的下列算式中，正确的是（　　）。

A. $(610.2+5.65+11.3)\times 13\%=81.53$（万元）

B. $(610.2+11.3)\div(1+13\%)\times 13\%=71.5$（万元）

C. $(610.2+5.65+11.3)\div(1+13\%)\times 13\%=72.15$（万元）

D. $(610.2+11.3)\times 13\%=80.8$（万元）

15. 某洗衣机生产企业是增值税一般纳税人，2020年1月向某商场销售1 000台A型洗衣机，出厂不含增值税单价为3 500元/台，由于商场采购量大，给予其9%的商业折扣。并将销售额和折扣额在同张发票的金额栏分别注明。已知增值税税率为13%，该洗衣机生产企业当月该笔业务增值税销项税额的下列计算列式中，正确的是（　　）。

A. 3 500×1 000×13%

B. 3 500×1 000×(1－9%)×13%

C. 3 500×1 000×(1－9%)÷(1＋13%)×13%

D. 3 500×1 000÷(1＋13%)×13%

16. 某增值税一般纳税人提供咨询服务，取得含税收入318万元，取得奖金5.3万元，咨询服务的增值税税率为6%，该业务应计算的销项税额是（　　）。

A. (318＋5.3)÷(1＋6%)×6%＝18.3(万元)

B. 318÷(1＋6%)×6%＝18(万元)

C. [318÷(1＋6%)＋5.3]×6%＝18.318(万元)

D. 318×6%＝19.08(万元)

17. 甲服装厂为增值税一般纳税人，2020年10月将自产的100件新款羽绒服作为福利发给本厂职工，该新款羽绒服生产成本为单件1 130元，增值税税率为13%，成本利润率为10%。计算甲服装厂当月该笔业务增值税销项税额的下列算式中，正确的是（　　）。

A. 100×1 130×13%＝14 690(万元)

B. 100×1 130×(1＋10%)×13%＝16 159(万元)

C. 100×1 130×(1＋10%)÷(1＋13%)×13%＝14 300(万元)

D. 100×1 130÷(1＋13%)×13%＝13 000(万元)

18. 甲公司为增值税一般纳税人，2020年4月采取折扣方式销售货物一批，该批货物不含税销售额为90 000元，折扣额为9 000元，销售额和折扣额在同一张发票上分别注明。已知增值税税率为13%。甲公司当月该笔业务增值税销项税额的下列计算列式中，正确的是（　　）。

A. (90 000－9 000)÷(1＋13%)×13%＝9 318.58(元)

B. 90 000×13%＝11 700(元)

C. 90 000÷(1＋13%)×13%＝10 353.98(元)

D. (90 000－9 000)×13%＝10 530(元)

19. 以旧换新手机100部，含税销售单价为3 164元，旧手机含税销售单价为226元，增值税税率为13%，应纳增值税为（　　）。

A. 3 164×100÷(1＋13%)×13%＝36 400(元)

B. 3 164×100×13%＝41 132(元)

C. (3 164－226)×100÷(1＋13%)×13%＝33 800(元)

D. (3 164－226)×100×13%＝38 194(元)

20. 某企业为增值税小规模纳税人，2020年8月购入原材料取得的增值税专用发票注明价款为10 000元，增值税税额为1 300元。当月销售产品开具的增值税普通发票注明含税价款为123 600元，适用的征收率为3%。不考虑其他因素，该企业2020年8月应缴纳的增值税税额为（　　）元。

A. 3 600　　B. 3 708　　C. 2 000　　D. 2 108

21. 甲公司为增值税一般纳税人，2020年9月进口货物一批，海关审定的关税完税价格为113万元。已知增值税税率为13%；关税税率为10%。计算甲公司当月该笔业务应缴纳增值税税额的下列算式中，正确的是（　　）。

A. $113\times(1+10\%)\div(1+13\%)\times13\%=14.3$（万元）

B. $113\div(1+13\%)\times13\%=13$（万元）

C. $113\times(1+10\%)\times13\%=16.16$（万元）

D. $113\times13\%=14.69$（万元）

22. 甲餐饮公司为增值税小规模纳税人。2020年第四季度提供餐饮服务取得含增值税销售额103万元，购进货物取得增值税普通发票注明税额1.3万元。已知增值税征收率为3%。计算甲餐饮公司第四季度应缴纳增值税税额的下列算式中，正确的是（　　）。

A. $103\times3\%-1.3=1.79$（万元）

B. $103\div(1+3\%)\times3\%=3$（万元）

C. $103\div(1+3\%)\times3\%-1.3=1.7$（万元）

D. $103\times3\%=3.09$（万元）

23. 甲商店为增值税小规模纳税人，2020年8月销售商品取得含税销售额61 800元，购入商品取得普通发票注明金额10 000元。已知增值税税率为13%，征收率为3%，当月应缴纳增值税税额的下列计算列式中，正确的是（　　）。

A. $61\,800\div(1+3\%)\times3\%-10\,000\times3\%=1\,500$（元）

B. $61\,800\times3\%=1\,854$（元）

C. $61\,800\times3\%-10\,000\times3\%=1\,554$（元）

D. $61\,800\div(1+3\%)\times3\%=1\,800$（元）

24. 甲公司为增值税一般纳税人，2020年5月从国外进口一批音响，海关核定的关税完税价格为116万元，缴纳关税11.6万元。已知增值税税率为13%，甲公司该笔业务应缴纳增值税税额的下列计算中，正确的是（　　）。

A. $116\times13\%=15.08$（万元）

B. $(116+11.6)\times13\%=16.59$（万元）

C. $116\div(1+13\%)\times13\%=13.35$（万元）

D. $(116+11.6)\div(1+13\%)\times13\%=127.6$（万元）

25. 甲公司为增值税一般纳税人，2020年1月进口一批烟丝，海关核定的关税完税价格为63万元，缴纳关税税额6.3万元。已知烟丝增值税税率为13%，消费税税率为30%。甲公司该笔业务应缴纳增值税税额的下列计算列式中，正确的是（ ）。

A. $(63+6.3)\div(1-30\%)\times13\%=12.87$（万元）

B. $(63+6.3)\times13\%=9.01$（万元）

C. $63\div(1-30\%)\times13\%=11.7$（万元）

D. $63\times13\%=8.19$（万元）

26. 根据增值税法律制度的规定，下列各项中，属于免税项目的是（ ）。

A. 养老机构提供的养老服务
B. 装修公司提供的装饰服务
C. 企业转让著作权
D. 福利彩票的代销手续费收入

27. 根据增值税法律制度的规定，下列关于增值税纳税义务发生时间的表述中，不正确的是（ ）。

A. 进口货物，为报关进口的当天

B. 提供租赁服务采取预收款方式的，为收到预收款的当天

C. 采取托收承付和委托银行收款方式销售货物，为收到银行款项的当天

D. 从事金融商品转让的，为金融商品所有权转移的当天

28. 根据增值税法律制度的规定，下列各项中，免征增值税的是（ ）。

A. 农业生产者销售自产蔬菜
B. 单位销售自己使用过的小汽车
C. 外贸公司进口服装
D. 企业销售自产的仪器设备

29. 根据营业税改征增值税试点的相关规定，下列各项中，不属于免税项目的是（ ）。

A. 养老机构提供的养老服务
B. 婚介所提供的婚姻介绍服务
C. 装修公司提供的装饰服务
D. 托儿所提供的保育服务

30. 根据增值税法律制度的规定，纳税人发生的下列业务中，允许开具增值税专用发票的是（ ）。

A. 房地产开发企业向消费者个人销售房屋

B. 百货公司向小规模纳税人零售食品

C. 超市向消费者个人销售红酒

D. 住宿业小规模纳税人向一般纳税人提供住宿服务

31. 根据增值税法律制度的规定，一般纳税人发生的下列行为中，可以开具增值税专用发票的是（ ）。

A. 律师事务所向消费者个人提供咨询服务

B. 商业企业向消费者个人零售食品

C. 书店向消费者个人销售图书

D. 生产企业向一般纳税人销售货物

32. 根据增值税法律制度的规定，下列关于增值税专用发票记账联用途的表述中正确的是（ ）。

A. 作为购买方报送主管税务机关认证和留存备查的扣税凭证

B. 作为销售方核算销售收入和增值税销项税额的记账凭证

C. 作为购买方核算采购成本的记账凭证

D. 作为购买方核算增值税进项税额的记账凭证

33. 根据增值税法律制度的规定，一般纳税人发生的下列业务中，允许开具增值税专用发票的是(　　)。

A. 房地产开发企业向消费者个人销售房屋

B. 超市向消费者个人销售红酒

C. 会计师事务所向一般纳税人提供咨询服务

D. 百货公司向小规模纳税人零售食品

34. 根据消费税法律制度的规定，下列商品中，不属于消费税征税范围的是(　　)。

A. 金银首饰　　B. 调味料酒　　C. 汽油　　D. 烟丝

35. 根据消费税法律制度的规定，下列行为中，应纳消费税的是(　　)。

A. 手表厂销售自产高档手表　　B. 珠宝店进口钻石饰品

C. 超市零售木制一次性筷子　　D. 商场零售高档化妆品

36. 下列各项中，不征收消费税的是(　　)。

A. 将自产白酒赠送给合伙企业　　B. 将自产的卷烟发放给员工当福利

C. 零售金银首饰　　D. 零售高档化妆品

37. 根据消费税法律制度的规定，下列各项中，在零售环节加征消费税的是(　　)。

A. 超豪华小汽车　　B. 游艇

C. 电池　　D. 高档手表

38. 根据消费税法律制度的规定，下列各项中，不缴纳消费税的是(　　)。

A. 零售超豪华小汽车　　B. 进口钻石饰品

C. 生产销售白酒　　D. 委托加工烟丝

39. 根据消费税法律制度的规定，下列各项中，不征收消费税的是(　　)。

A. 酒厂用于交易会样品的自产白酒

B. 日化厂用于职工奖励的自产高档化妆品

C. 卷烟厂用于连续生产卷烟的自产烟丝

D. 地板厂用于本厂办公室装修的自产实木地板

40. 根据消费税法律制度的规定，下列各项中，应征收消费税的是(　　)。

A. 地板厂销售自产实木地板　　B. 超市零售白酒

C. 百货公司零售高档化妆品　　D. 汽车厂销售自产电动汽车

41. 根据消费税法律制度的规定，下列消费品中，实行从价定率和从量定额相结合的复合计征办法征收消费税的是(　　)。

A. 卷烟　　B. 啤酒　　C. 高档手表　　D. 汽油

42. 根据消费税法律的规定，下列各项中，属于消费税征税范围的是(　　)。

A. 中轻型商用客车　　B. 高档西服

C. 进口音响　　D. 平板电脑

43. 甲公司为增值税小规模纳税人，2020 年 10 月销售自产葡萄酒，取得含增值税销售额 150 174 元。已知增值税征收率为 3%；葡萄酒消费税税率为 10%。计算甲公司当月该笔业务应缴纳消费税税额的下列算式中，正确的是(　　)。

A. $15\ 0174 \times (1-10\%) \times 10\% = 13\ 515.66$(元)

B. $15\ 0174 \div (1-10\%) \times 10\% = 16\ 686$(元)

C. $15\ 0174 \div (1+3\%) \times 10\% = 14\ 580$(元)

D. $15\ 0174 \times 10\% = 15\ 017.4$(元)

44. 根据消费税法律制度的规定，下列应税消费品中，应当以纳税人同类应税消费品的最高销售价格作为计税依据计缴消费税的是(　　)。

A. 用于运输车队的自产柴油　　B. 用于广告宣传的自产白酒

C. 用于职工福利的自产高档化妆品　　D. 用于抵偿债务的自产小汽车

45. 某酒厂 2020 年 5 月研发生产一种新型粮食白酒 800 千克，成本为 20 万元，作为礼品赠送品尝，没有同类产品售价。已知粮食白酒的成本利润率为 10%，粮食白酒消费税税率为 20%加 1 元/千克，则该批白酒应纳消费税金额为(　　)万元。

A. 4.80　　B. 5.60　　C. 8.20　　D. 4.78

46. 2019 年 3 月甲药酒厂生产 240 吨药酒，销售 140 吨，取得不含增值税销售额 1 000 万元，增值税税额 130 万元。甲药酒厂当月销售药酒消费税计税依据为(　　)。

A. 1 000 万元　　B. 1 130 万元　　C. 240 吨　　D. 140 吨

47. 甲化妆品生产企业 2019 年 7 月从另一化妆品生产企业购进高档保湿精华一批，取得增值税专用发票上注明价款为 100 万元；当月领用其中的 40%用于生产高档保湿粉底液并全部销售，取得不含增值税销售收入 500 万元，已知高档化妆品适用消费税税率为 15%。有关甲化妆品生产企业上述业务应当缴纳的消费税，下列计算列式正确的是(　　)。

A. $500 \times 15\% = 75$(万元)

B. $500 \times 15\% - 100 \times 15\% \times 60\% = 66$(万元)

C. $500 \times 15\% - 100 \times 15\% = 60$(万元)

D. $500 \times 15\% - 100 \times 15\% \times 40\% = 69$(万元)

48. 根据消费税法律制度的规定，下列项目中不可以抵扣已纳税款的是(　　)。

A. 用外购已税烟丝继续加工成卷烟

B. 用自制的化妆品继续加工高档化妆品

C. 委托加工收回的已税木制一次性筷子继续加工木制一次性筷子

D. 委托加工收回的鞭炮继续加工鞭炮

49. 根据消费税法律制度的规定，下列各项中，可以按当期生产领用数量计算准予扣除外购的应税消费品已纳消费税税款的是（　　）。

A. 外购已税白酒生产的药酒

B. 外购已税烟丝生产的卷烟

C. 外购已税翡翠生产加工的金银翡翠首饰

D. 外购已税钻石生产的高档手表

50. 某汽酒进口公司，2020 年 10 月进口一批汽酒，已知该批汽酒的关税完税价格为 10 800元；消费税税率为 10%，关税税率为 14%。该批汽酒进口环节应缴纳消费税税额的下列计算中正确的是（　　）。

A. 10 800 × 10% = 1 080（元）

B. 10 800 ×（1 + 14%）× 10% = 1 231.2（元）

C. 10 800 × 14% × 10% = 151.2（元）

D. 10 800 ×（1 + 14%）÷（1 − 10%）× 10% = 1 368（元）

51. 甲药酒厂为增值税一般纳税人，2020 年 10 月销售一批药酒。取得含增值税销售额 56 500 元，另收取包装物押金 2 260 元。已知药酒增值税税率为 13%，消费税税率为 10%。下列计算甲药酒厂当月应缴纳消费税税额算式中，正确的是（　　）。

A.（56 500 + 2 260）÷（1 + 13%）× 10% = 5 200（元）

B. 56 500 ÷（1 + 13%）× 10% = 5 000（元）

C. [56 500 ÷（1 + 13%）+ 2 260] × 10% = 5 226（元）

D.（56 500 + 2 260）× 10% = 5 876（元）

52. 甲酒厂为增值税一般纳税人，2019 年 3 月销售白酒 50 吨，取得含增值税销售额 3 390 000元，已知增值税税率为 13%，白酒消费税比例税率为 20%，从量税额为 0.5 元/500 克，下列计算甲酒厂当月应缴纳消费税税额的下列算式中正确的是（　　）。

A. 3 390 000 × 20% + 50 × 2 000 × 0.5 = 728 000（元）

B. 3 390 000 ÷（1 + 13%）× 20% + 50 × 2 000 × 0.5 = 650 000（元）

C. 3 390 000 × 20% = 678 000（元）

D. 3 390 000 ÷（1 + 13%）× 20% = 600 000（元）

53. 2020 年 12 月甲啤酒厂生产 150 吨啤酒，销售 100 吨，取得不含增值税销售额 30 万元、增值税额 3.9 万元。甲啤酒厂当月销售啤酒消费税计税依据为（　　）。

A. 100 吨　　B. 33.9 万元　　C. 30 万元　　D. 150 吨

54. 甲卷烟厂为增值税一般纳税人，受托加工一批烟丝，委托方提供的烟叶成本为 47 460元，甲卷烟厂收取含增值税加工费 2 373 元，已知增值税税率为 13%，消费税税率为 30%，无同类烟丝销售价格。计算甲卷烟厂该笔业务应代收代缴消费税税额的下列算式中，正确的是(　　)。

A. (47 460＋2 373)÷(1＋13%)÷(1－30%)×30%＝18 900(元)

B. (47 460＋2 373)÷(1－30%)×30%＝21 357(元)

C. 47 460÷(1－30%)×30%＝20 340(元)

D. [47 460＋2 373÷(1＋13%)]÷(1－30%)×30%＝21 240(元)

55. 2020 年 5 月甲化妆品厂将一批自产高档化妆品用于馈赠客户，该批高档化妆品生产成本为 17 000 元，无同类高档化妆品销售价格。已知高档化妆品消费税税率为 15%，成本利润率为 5%。计算甲化妆品厂当月该笔业务应纳消费税税额的下列算式中，正确的是(　　)。

A. 17 000×15%＝2 550(元)

B. 17 000×(1＋5%)×15%＝2 677.5(元)

C. 17 000÷(1－15%)×15%＝3 000(元)

D. 17 000×(1＋5%)÷(1－15%)×15%＝3 150(元)

56. 甲汽车厂将 1 辆生产成本为 5 万元的自产小汽车用于抵偿债务，同型号小汽车不含增值税平均售价为 10 万元/辆，不含增值税最高售价为 12 万元/辆。已知小汽车消费税税率为 5%。甲汽车厂该笔业务应缴纳消费税税额的下列计算列式中，正确的是(　　)。

A. 1×10×5%＝0.5(万元)

B. 1×12×5%＝0.6(万元)

C. 1×5×5%＝0.25(万元)

D. 1×5×(1＋5%)×5%＝0.262 5(万元)

57. 甲地板厂为增值税一般纳税人，2019 年 4 月销售自产实木地板取得含增值税销售额 107.35 万元。已知实木地板增值税税率为 13%，消费税税率为 5%，甲地板厂当月该业务应缴纳消费税税额的下列计算列式中，正确的是(　　)。

A. 107.35÷(1＋13%)×5%＝4.75(万元)

B. 107.35÷(1－5%)×5%＝5.65(万元)

C. 107.35×5%＝5.37(万元)

D. 107.35÷(1＋13%)÷(1－5%)×5%＝5(万元)

58. 根据消费税法律制度的规定，下列关于消费税纳税义务发生时间的表述中，不正确的是(　　)。

A. 委托加工应税消费品的，为纳税人提货的当天

B. 采取托收承付方式销售应税消费品的，为收到货款的当天

C. 进口应税消费品的，为报关进口的当天

D. 自产自用应税消费品的，为移送使用的当天

59. 根据消费税法律制度的规定，下列关于消费税纳税义务发生时间的表述中，不正确

的是(　　)。

A. 纳税人采取预收货款结算方式销售应税消费品的,为发出应税消费品的当天

B. 纳税人自产自用应税消费品的,为移送使用当天

C. 纳税人进口应税消费品的,为报关进口的当天

D. 纳税人委托加工应税消费品的,为支付加工费的当天

60. 根据消费税法律制度的规定,下列关于消费税纳税地点的表述中,正确的是(　　)。

A. 纳税人销售的应税消费品,除另有规定外,应当向纳税人机构所在地或居住地的主管税务机关申报纳税

B. 纳税人总机构与分支机构不在同一省的,由总机构汇总向总机构所在地的主管税务机关申报纳税

C. 进口的应税消费品,由进口人或者其代理人向机构所在地的主管税务机关申报纳税

D. 委托加工的应税消费品,受托方为个人的,由受托方向居住地的主管税务机关申报纳税

二、多项选择题

1. 根据税收征收管理法律制度的规定,下列各项中,属于税收法律关系主体的有(　　)。

A. 征税对象　　B. 纳税人　　C. 海关　　D. 税务机关

2. 下列税种中,由税务局负责征收和管理的有(　　)。

A. 关税　　B. 企业所得税　　C. 资源税　　D. 土地增值税

3. 根据增值税法律制度的规定,应按照"交通运输服务"税目计征增值税的有(　　)。

A. 道路通行服务　　B. 程租业务　　C. 湿租业务　　D. 期租业务

4. 根据增值税法律制度的规定,下列各项中,应按照"金融服务"税目计算缴纳增值税的有(　　)。

A. 转让外汇　　B. 融资性售后回租

C. 货币兑换服务　　D. 财产保险服务

5. 根据增值税法律制度的规定,下列各项中,不征收增值税的有(　　)。

A. 物业管理单位收取的物业费

B. 被保险人获得的医疗保险赔付

C. 保险公司取得的财产保险费收入

D. 物业管理单位代收的住宅专项维修资金

6. 根据增值税法律制度的规定,下列各项中,不征收增值税的有(　　)。

A. 被保险人获得的保险赔付

B. 物业管理单位代收的住宅专项维修资金

C. 汽车租赁公司提供汽车租赁服务取得的收入

D. 搬家公司提供搬家服务取得的收入

7. 根据增值税法律制度的规定，企业发生的下列行为中，属于视同销售货物行为的有（　　）。

A. 将外购的货物用于个人消费

B. 将委托加工收回的货物作为投资提供给其他单位

C. 将自产的货物用于集体福利

D. 将自产的货物交付代理商代销

8. 根据增值税法律制度的规定，一般纳税人销售下列货物中，可以选择按照简易计税方法计算增值税的有（　　）。

A. 自来水公司销售自产的自来水　　B. 县级以下小型水力发电站生产的电力

C. 食品厂销售的食用植物油　　D. 煤气公司销售的煤气

9. 根据增值税法律制度的规定，一般纳税人销售的下列货物中，适用9%增值税税率的有（　　）。

A. 图书　　B. 粮食　　C. 天然气　　D. 暖气

10. 根据增值税法律制度的规定，纳税人销售货物向购买方收取的下列款项中，属于价外费用的有（　　）。

A. 手续费　　B. 延期付款利息　　C. 包装物租金　　D. 赔偿金

11. 根据增值税法律制度的规定，下列各项中，一般纳税人在计算增值税销项税额时，应并入销售额的有（　　）。

A. 销售货物价外向购买方收取的手续费

B. 销售货物价外向购买方收取的违约金

C. 销售货物的同时代办保险而向购买方收取的保险费

D. 受托加工应征消费税的消费品所代收代缴的消费税

12. 根据增值税法律制度的规定，增值税一般纳税人购进的下列服务，不得抵扣进项税额的有（　　）。

A. 娱乐服务　　B. 居民日常服务　　C. 餐饮服务　　D. 贷款服务

13. 根据增值税法律制度的规定，一般纳税人购进货物、服务取得的下列合法凭证中，属于增值税扣税凭证的有（　　）。

A. 税控机动车销售统一发票　　B. 农产品收购发票

C. 农产品销售发票　　D. 海关进口增值税专用缴款书

14. 根据增值税法律制度的规定，下列各项中，符合条件的一般纳税人，可以选择简易计税方式的有（　　）。

A. 装卸搬运服务　　B. 公共交通运输服务

C. 文化体育服务　　D. 电影放映服务

15. 根据增值税法律制度的规定，一般纳税人购进货物取得的下列合法凭证中，属于增值税扣税凭证的有(　　)。

A. 农产品收购发票　　B. 餐饮服务

C. 海关进口增值税专用缴款书　　D. 税控机动车销售统一发票

16. 根据营业税改征增值税试点的相关规定，一般纳税人购进的下列服务中，准予抵扣进项税额的有(　　)。

A. 餐饮服务　　B. 住宿服务　　C. 广告服务　　D. 贷款服务

17. 根据营业税改征增值税试点的相关规定，一般纳税人发生的下列应税行为中，可以选择适用简易计税方法计缴增值税的有(　　)。

A. 收派服务　　B. 文化体育服务　　C. 公交客运服务　　D. 电影放映服务

18. 根据增值税法律制度的规定，一般纳税人购进货物的下列进项税额中，不得从销项税额中抵扣的有(　　)。

A. 因管理不善造成被盗的购进货物的进项税额

B. 被执法部门依法没收的购进货物的进项税额

C. 被执法部门强令自行销毁的购进货物的进项税额

D. 因地震造成毁损的购进货物的进项税额

19. 根据增值税法律制度的规定，下列各项中，免征增值税的有(　　)。

A. 婚姻介绍所提供的婚姻介绍服务

B. 医疗机构提供医疗服务

C. 电信公司提供语音通话服务

D. 科研机构进口直接用于科学研究的仪器

20. 根据增值税法律制度的规定，下列各项中属于增值税免税项目的有(　　)。

A. 除个体工商户以外的其他个人销售自己使用过的物品

B. 古旧图书

C. 直接用于科学研究的进口设备

D. 农业生产者销售的自产农产品

21. 根据增值税法律制度的规定，销售下列货物中，不能开具增值税专用发票的有(　　)。

A. 白酒　　B. 卷烟　　C. 劳保鞋　　D. 食品

22. 根据消费税法律制度的规定，下列各项中，属于消费税征税范围的有(　　)。

A. 黄酒　　B. 调味料酒　　C. 啤酒　　D. 白酒

23. 根据消费税法律制度的规定，下列情形中，属于消费税征税范围的有(　　)。

A. 甲服装厂生产销售服装

B. 丙烟草批发企业将卷烟销售给其他烟草批发企业

C. 丁商场零售金银首饰

D. 乙汽车贸易公司进口小汽车

24. 下列各项中，属于消费税纳税人的是（　　）。

A. 委托加工白酒的超市　　B. 进口白酒的贸易商

C. 商场销售白酒　　D. 生产白酒厂商

25. 根据消费税法律制度的规定，下列各项中，属于消费税征税范围的有（　　）。

A. 私人飞机　　B. 高档手表　　C. 实木地板　　D. 游艇

26. 下列各项中，在零售环节征收消费税的有（　　）。

A. 金银首饰　　B. 珍珠　　C. 铂金首饰　　D. 钻石首饰

27. 根据消费税法律制度的规定，下列各项中，属于消费税征税范围的有（　　）。

A. 私人飞机　　B. 小汽车　　C. 高档手机　　D. 游艇

28. 根据消费税法律制度的规定，下列消费品中，实行从量定额与从价定率相结合的复合计征办法征收消费税的有（　　）。

A. 卷烟　　B. 黄酒　　C. 白酒　　D. 小汽车

29. 根据消费税法律制度的规定，下列消费品中，实行从量定额与从价定率相结合的复合计征办法征收消费税的有（　　）。

A. 雪茄烟　　B. 黄酒　　C. 白酒　　D. 卷烟

30. 根据消费税法律制度的规定，下列应税消费品中，采用从量计征办法计缴消费税的有（　　）。

A. 黄酒　　B. 葡萄酒　　C. 啤酒　　D. 药酒

31. 根据消费税法律制度的规定，下列各项中，应缴纳消费税的有（　　）。

A. 生产销售高档化妆品　　B. 零售金银首饰

C. 进口高档手表　　D. 委托加工白酒

32. 2020 年 12 月甲酒厂发生的下列业务中，应缴纳消费税的有（　　）。

A. 以自产高度白酒用于连续加工低度白酒

B. 以自产低度白酒用于奖励职工

C. 以自产高度白酒用于馈赠客户

D. 以自产低度白酒用于市场推广

33. 根据消费税法律制度的规定，下列应税消费品中，实行从量计征消费税的有（　　）。

A. 黄酒　　B. 柴油　　C. 涂料　　D. 游艇

34. 根据消费税法律制度的规定，下列各项中，应征收消费税的有（　　）。

A. 甲电池厂生产销售电池　　B. 丁百货公司零售钻石胸针

C. 丙首饰厂生产销售玉手镯　　D. 乙超市零售啤酒

35. 根据消费税法律制度的规定，下列业务中，应征收消费税的有（　　）。

A. 烟草批发企业将卷烟销售给零售单位　　B. 地板经销商提供实木地板保养服务

C. 外贸公司进口高档手表　　D. 金店零售金银首饰

36. 根据消费税法律制度的规定，下列行为中，应当以纳税人同类应税消费品的最高销售价格作为计税依据的是（　　）。

A. 将自产应税消费品用于对外捐赠　　B. 将自产应税消费品用于投资入股

C. 将自产应税消费品用于换取生产资料　　D. 将自产应税消费品用于抵偿债务

37. 根据消费税法律制度的规定，下列各项中，纳税人自产自用的应税消费品应当征收消费税的有（　　）。

A. 用于本企业连续生产应税消费品的应税消费品

B. 用于奖励代理商销售业绩的应税消费品

C. 用于本企业生产性基建工程的应税消费品

D. 用于广告样品的应税消费品

38. 甲公司为增值税一般纳税人，机构所在地在 S 市。2020 年 2 月，在 S 市销售货物一批，在 W 市报关进口货物一批，接受 Y 市的客户委托加工应缴纳消费税的货物一批。下列关于甲公司上述业务纳税地点的表述中，正确的有（　　）。

A. 受托加工货物应向 S 市主管税务机关解缴代收的消费税

B. 进口货物应向 W 市海关申报缴纳增值税

C. 受托加工货物应向 Y 市主管税务机关申报缴纳增值税

D. 销售货物应向 S 市主管税务机关申报缴纳增值税

39. 根据消费税法律制度的规定，下列关于消费税纳税义务发生时间的表述正确的有（　　）。

A. 纳税人委托加工应税消费品的，为签订委托加工合同的当天

B. 纳税人进口应税消费品的，为报关进口的当天

C. 纳税人自产自用应税消费品的，为移送使用当天

D. 纳税人采用预收货款结算方式销售货物的，为发出应税消费品的当天

40. 甲公司是一家卷烟厂，2020 年 8 月从烟农乙手中收购一批烟叶，并将之委托给丙公司加工成烟丝，收回后一半直接出售给 A 企业，一半用于连续生产卷烟，并将生产出的卷烟销售给丁卷烟批发公司，丁公司又将卷烟销售给戊卷烟批发公司，戊公司又将其批发给 B、C、D 等多家卷烟零售企业，则下列关于消费税的说法中错误的有（　　）。

A. 在收购烟叶的业务中甲公司是消费税的纳税人

B. 在收购烟叶的业务中烟农乙是消费税的纳税人

C. 在委托加工的业务中甲公司是消费税的纳税人

D. 在委托加工的业务中丙公司是消费税的纳税人

三、判断题

1. 增值税纳税人销售额未达到起征点的，免征增值税。（　　）

2. 除个体工商户以外的其他个人不属于增值税一般纳税人。（　　）

3. 中国境外单位或者个人在境内发生应税行为，在境内未设有经营机构的，以境内代理人为增值税扣缴义务人。（　　）

4. 被保险人获得的保险赔付应征收增值税。（　　）

5. 以货币资金投资收取的固定利润或者保底利润，应按照“租赁服务”税目计缴增值税。（　　）

6. 纳税人采取以旧换新方式销售金银首饰，应按照其实际收取的不含增值税的全部价款征收增值税。（　　）

7. 增值税一般纳税人租入固定资产既用于一般计税方法计税项目又用于简易计税方法的计税项目，其进项税额准予从销项税额中全额抵扣。（　　）

8. 个人销售自建自用住房，应缴纳增值税。（　　）

9. 增值税小规模纳税人月销售额不超过 10 万元（含 10 万元）的免征增值税。（　　）

10. 残疾人提供修理自行车劳务，应缴纳增值税。（　　）

11. 烟草批发企业将卷烟销售给其他烟草批发企业的，应缴纳消费税。（　　）

12. 雪茄烟适用从价定率和从量定额相结合的复合计征办法征收消费税。（　　）

13. 高档手表采用从量计征方法计缴消费税。（　　）

14. 委托加工的应税消费品，除受托方为个人以外，应由受托方在向委托方交货时代收代缴消费税。（　　）

15. 甲停车场提供的车辆停放服务，应当按照交通运输服务缴纳增值税。（　　）

16. 纳税人外购货物因管理不善丢失的，该外购货物的增值税进项税额不得从销项税额中抵扣。（　　）

17. 带料加工的金银首饰，应按委托方销售同类金银首饰的销售价格确定计税依据征收消费税。（　　）

18. 进口的应税消费品，由进口人或者其代理人向报关地海关申报缴纳进口消费税。（　　）

19. 甲企业 3 月受托加工一批烟丝，已收到由委托方提供的材料及加工费，该烟丝计划于 4 月 10 日加工完成并交付。则甲企业应于 4 月 15 日前向税务机关缴纳代收代缴的委托加工环节消费税。（　　）

20. 对包装物既作价随同应税消费品销售，又另外收取押金的包装物的押金，凡纳税人在规定期限内没有退还的，均应并入应税消费品的销售额，按照应税消费品的适用税率缴纳消费税。（　　）

四、不定项选择题

（一）甲公司为增值税一般纳税人，当月有关经营情况如下：

（1）销售M型彩电，取得含增值税价款6 780 000元、另收取包装物租金56 500元。

（2）采取以旧换新方式销售N型彩电500台，N型彩电同期含增值税销售单价为4 520元/台，旧彩电每台折价316.4元。

（3）购进生产用液晶面板，取得增值税专用发票注明税额390 000元。

（4）购进劳保用品，取得增值税普通发票注明税额300元。

（5）购进一辆销售部门和职工食堂混用的货车，取得税控机动车销售统一发票注明税额78 000元。

（6）组织职工夏季旅游，支付住宿费，取得增值税专用发票注明税款1 080元。

（7）将自产Z型彩电无偿赠送给某医院150台，委托某商场代销800台。作为投资提供给某培训机构400台，购进50台电脑奖励给业绩突出的职工。

已知：增值税税率为13%，取得的扣税凭证已通过税务机关认证。

根据上述资料，不考虑其他因素，分析回答下列问题。

1. 计算甲公司当月销售M型彩电增值税销项税额的下列算式中，正确的是（　　）。

A. (6 780 000＋56 500)÷(1＋13%)×13%＝786 500(元)

B. 6 780 000×13%＝881 400(元)

C. 6 780 000÷(1＋13%)×13%＝780 000(元)

D. 6 780 000＋56 500×13%＝888 745(元)

2. 计算甲公司当月采取以旧换新方式销售N型彩电增值税销项税额的下列算式中，正确的是（　　）。

A. 500×(4 520－316.4)×13%＝273 234(元)

B. 500×(4 520－316.4)÷(1＋13%)×13%＝241 800(元)

C. 500×4 520÷(1＋13%)×13%＝260 000(元)

D. 500×[4 520÷(1＋13%)－316.4]×13%＝239 434(元)

3. 甲公司下列进项税额中，准予从销项税额中抵扣的是（　　）。

A. 支付住宿的进项税额1 080元

B. 购进劳保用品的进项税额300元

C. 购进货车的进项税额78 000元

D. 购进生产用液晶面板的进项税额390 000元

4. 甲公司的下列业务中，属于增值税视同销售行为的是（　　）。

A. 将自产的400台Z型彩电作为投资提供给某培训机构

B. 将自产的800台Z型彩电委托某商场代销

C. 将购进的50台电脑奖励给业绩突出的员工

D. 将自产的150台Z型彩电无偿赠送给某医院

（二）甲酒店为增值税一般纳税人。主要从事餐饮、住宿等服务。2019年4月有关经营情况如下：

（1）酒店餐饮部和客房部提供餐饮住宿服务，取得含增值税销售额63 6000元。为答谢长期合作伙伴乙公司，甲酒店为乙公司员工提供一次免费晚宴，同类晚宴的平均含增值税价格为2 650元。

（2）酒店美容部提供美容美发服务取得含增值税销售额28 620元。

（3）酒店停车场提供车辆停放服务取得含增值税销售额10 464元。

（4）酒店建筑物广告位出租取得含增值税销售额10 900元。

（5）酒店商品部销售商品取得含增值税销售额180 800元，另收取包装费1 130元。

（6）购进客房用品，取得增值税专用发票，注明税额7 410元；向农户购进自产农产品用于餐饮服务，农产品收购发票注明买价29 700元；购进用于销售的各类商品，取得增值税专用发票注明税额4 940元。

（7）上期留抵税额3 200元。

已知：生活服务增值税税率为6%，销售货物增值税税率为13%，农产品扣除率为9%，取得的扣税凭证已通过税务机关认证。

要求；根据上述资料，不考虑其他因素，分析回答下列小题。

5. 计算甲酒店当月为乙公司提供晚宴增值税销项税额的下列算式中，正确的是（　　）。

A. 0

B. 2 650×6%＝159(元)

C. 2 650÷(1＋6%)×6%＝150(元)

D. 2 650÷(1－6%)×6%＝169.15(元)

6. 甲酒店当月取得的下列销售额中，应该按照“现代服务”税目计算增值税的是（　　）。

A. 车辆停放服务取得的销售额10 464元

B. 美容美发服务取得的销售额28 620元

C. 餐饮、住宿服务取得的销售额636 000元

D. 广告位出租取得的销售额10 900元

7. 计算甲酒店当月销售商品增值税销项税额的下列算式中，正确的是（　　）。

A. (180 800＋1 130)÷(1＋13%)×13%＝20 930(元)

B. 180 800×13%＋1130÷(1＋13%)×13%＝22 634(元)

C. (180 800＋1 130)×13%＝23 650.9(元)

D. 180 800÷(1＋13%)×13%＋1 130×13%＝20 946.9(元)

8. 计算甲酒店当月准予抵扣进项税额的下列算式中，正确的是（　　）。

A. 7 410＋29 700÷(1＋9%)×9%＋4 940＋3 200＝18 002(元)

B. 4 940＋3 200＝8 140(元)

C. 7 410＋29 700×9%＋4 940＋3 200＝18 223(元)

D. 7 410＋29 700×9%＋4 940＝15 023(元)

(三) 甲旅游公司为增值税一般纳税人，主要从事旅游服务。2019 年 10 月有关经营情况如下：

(1) 提供旅游服务取得含增值税收入 720.8 万元，替游客向其他单位支付交通费 53 万元、住宿费 25.44 万元、门票费 22.26 万元，另支付本单位导游工资 2.12 万元。

(2) 将本年购入商铺对外出租，每月含增值税租金 10.9 万元，本月一次性收取 3 个月的含增值税租金 32.7 万元。

(3) 购进职工通勤用班车，取得的增值税专用发票注明税额为 7.8 万元。

(4) 购进广告设计服务，取得的增值税专用发票注明税额为 0.6 万元。

(5) 购进电信服务，取得的增值税专用发票注明税额为 0.18 万元。

(6) 购进会议展览服务，取得的增值税专用发票注明税额为 2.4 万元。

已知：旅游服务增值税税率为 6%，不动产租赁服务增值税税率为 9%；取得的扣税凭证已通过税务机关认证；甲旅游公司提供旅游服务选择差额计税方法计缴增值税。

要求：根据上述资料，不考虑其他因素，分析回答下列小题。

9. 甲旅游公司的下列支出中，在计算当月旅游服务增值税销售额时，准予扣除的是(　　)。

A. 门票费 22.26 万元　　B. 住宿费 25.44 万元

C. 导游工资 2.12 万元　　D. 交通费 53 万元

10. 计算甲旅游公司当月提供旅游服务增值税销项税额的下列算式中，正确的是(　　)。

A. (720.8－25.44－22.26)×6%＝40.386(万元)

B. (720.8－53－2.12)×6%＝39.9408(万元)

C. (720.8－53－25.44－22.26－2.12)÷(1＋6%)×6%＝34.98(万元)

D. (720.8－53－25.44－22.26)÷(1＋6%)×6%＝35.1(万元)

11. 计算甲公司当月出租商铺增值税销项税额的下列算式中，正确的是(　　)。

A. 10.9÷(1＋9%)×9%＝0.9(万元)　　B. 10.9×9%＝0.98(万元)

C. 32.7÷(1＋9%)×9%＝2.7(万元)　　D. 3×9%＝0.27(万元)

12. 甲旅游公司的下列进项税额中，准予从销项税额中抵扣的是(　　)。

A. 购进广告设计服务所支付的进项税额 0.6 万元

B. 购进电信服务所支付的进项税额 0.18 万元

C. 购进职工通勤用班车所支付的进项税额 7.8 万元

D. 购进会议展览服务所支付的进项税额 2.4 万元

(四) 甲公司为增值税一般纳税人，主要从事玩具生产和销售业务。2019 年 6 月有关经营情况如下：

(1) 购进生产用原材料，取得的增值税专用发票注明税额为 20 800 元，另支付运输费，取得的增值税专用发票注明税额为 1 350 元。

(2) 购进生产用小工具，取得的增值税普通发票注明税额为 1 690 元。

(3) 采取预收货款方式销售拼装玩具。6 月 2 日与客户签订销售合同，6 月 5 日预收全部货款，6 月 22 日发出货物，6 月 24 日客户收到货物。

(4) 销售电动玩具取得含税销售额 361 600 元，销售未使用的原材料取得含税销售额 15 200元。

(5) 受托加工玩具，取得含税加工费 56 500 元。

(6) 提供玩具设计服务，取得含税销售额 31 800 元。

(7) 无偿赠送一批生产成本为 5 000 元的毛绒玩具给儿童福利院，该批毛绒玩具的含税销售价格 9 040 元。

(8) 上期留抵增值税税额为 1 190 元。

已知：销售货物增值税税率为 13%，提供加工劳务增值税税率为 13%，提供设计服务增值税税率为 6%；取得的增值税专用发票已通过税务机关认证。

要求：根据上述资料，不考虑其他因素，分析回答下列小题。

13. 甲公司的下列进项税额中，准予从销项税额中抵扣的是(　　)。

A. 支付运输费的进项税额 1 350 元

B. 购进生产用原材料的进项税额 20 800 元

C. 上期留抵增值税税额 1 190 元

D. 购进生产用小工具的进项税额 1 690 元

14. 甲公司当月采取预收货款方式销售拼装玩具，其增值税纳税义务发生时间是(　　)。

A. 6 月 22 日　　B. 6 月 5 日　　C. 6 月 2 日　　D. 6 月 24 日

15. 计算甲公司当月业务增值税销项税额的下列算式中，正确的是(　　)。

A. 受托加工玩具的销项税额 $=56\,500\div(1+13\%)\times13\%=6\,500$(元)

B. 销售未使用的原材料的销项税额 $=45\,200\times13\%=5\,876$(元)

C. 提供玩具设计服务的销项税额 $=31\,800\times6\%=1\,908$(元)

D. 销售电动玩具的销项税额 $=361\,600\div(1+13\%)\times13\%=41\,600$(元)

16. 计算甲公司当月无偿赠送儿童福利院毛绒玩具增值税销项税额的下列算式中，正确的是(　　)。

A. $9\,040\div(1+13\%)\times13\%-5\,000\times13\%=390$(元)

B. $9\,040\div(1+13\%)\times13\%=1\,040$(元)

C. $5\,000\times13\%=650$(元)

D. (9 040－5 000)×13%＝525.2(元)

(五) 某化妆品生产企业为增值税一般纳税人，主要生产高档化妆品以及普通护肤品。该化妆品生产企业 2019 年 9 月份发生下列经济业务：

(1) 9 月 5 日，从甲企业(小规模纳税人)购进包装箱，取得税务机关代开的增值税专用发票，注明价款 80 万元，从乙企业(小规模纳税人)购进包装箱，取得普通发票，注明价款 60 万元。

(2) 9 月 8 日，以预收货款方式销售给某商场 A 牌香水 100 箱，不含税价款 300 万元，该批香水将于 12 月份发出。

(3) 9 月 11 日，内销 A 牌香水 120 箱，收取的不含税销售额 360 万元；将自产的 B 牌香水与普通护肤品组成套装出售，收取的不含税销售额为 70 万元，其中普通护肤品 6 万元；另外将 10 箱自产 A 牌香水赠送给员工。

(4) 9 月 20 日，以自产的 50 箱 A 牌香水投资入股丙企业，取得对方 5%的股权。

(5) 9 月初将一处 2018 年建好的未使用的厂房出租，按月收取租金，9 月份取得不含税租金收入 20 万元。

已知：A 牌香水的不含税平均销售价格为 3 万元/箱，不含税最高销售价格为 3.2 万元/箱。A 牌、B 牌香水均为高档化妆品，消费税税率为 15%。化妆品生产企业取得的相关凭证均在当月认证并申报抵扣。

根据上述资料，回答下列问题：

17. 下列关于增值税进项税额的表述中，正确的是(　　)。

A. 从甲企业购进包装箱的进项税额可以抵扣

B. 从甲企业购进包装箱的进项税额＝80×3%＝2.4(万元)

C. 从乙企业购进包装箱的进项税额可以抵扣

D. 从乙企业购进包装箱的进项税额＝60×3%＝1.8(万元)

18. 下列关于增值税销项税额的表述中，正确的是(　　)。

A. 以预收货款方式销售给某商场的增值税纳税义务发生时间为 9 月 8 日

B. 以预收货款方式销售给某商场的增值税纳税义务发生时间为 12 月份

C. 将自产 B 牌香水与普通护肤品套装销售，销项税额＝70×13%＝9.1(万元)

D. 将自产 A 牌香水赠送给员工不缴纳增值税

19. 下列关于消费税的计算，不正确的是(　　)

A. 销售给商场的香水应纳消费税＝300×15%＝45(万元)

B. 业务(3) 内销 A 牌香水应纳消费税＝360×15%＝54(万元)

C. 销售成套护肤品应纳消费税＝70×15%＝10.5(万元)

D. 将 A 牌香水投资入股应纳消费税＝50×3×15%＝22.5(万元)

20. 针对该题的不动产租赁业务，应适用的增值税税率为(　　)。

A. 6%　　B. 9%　　C. 5%　　D. 13%

第三部分　参考答案

一、单项选择题

1. D	2. C	3. B	4. A	5. D	6. C	7. D	8. D	9. B	10. D
11. C	12. C	13. C	14. B	15. B	16. A	17. B	18. D	19. A	20. A
21. C	22. B	23. D	24. B	25. A	26. A	27. C	28. A	29. C	30. D
31. D	32. B	33. C	34. B	35. A	36. D	37. A	38. B	39. C	40. A
41. A	42. A	43. C	44. D	45. B	46. A	47. D	48. B	49. B	50. D
51. A	52. B	53. A	54. D	55. D	56. B	57. A	58. B	59. D	60. A

重难点解析：

2. 进口环节缴纳的增值税和消费税由海关代征。

3. 由海关负责征收的税种有关税、船舶吨税；进口环节代征的增值税和消费税。

4. 选项A，经营租赁服务属于现代服务租赁服务。选项B属于金融服务贷款服务。选项C，保险服务属于金融服务。选项D，文化体育服务属于生活服务。

5. 选项D，自产的货物用于投资、分配、赠送要视同销售。

6. 选项A，单位或者个体工商户聘用的员工为本单位或者雇主提供加工、修理修配劳务，不征收增值税。选项BD，按照销售服务缴纳增值税。

7. 销售不动产，是指转让不动产所有权的业务活动。不动产，是指不能移动或者移动后会引起性质、形状改变的财产，包括建筑物、构筑物等，底商一般指高楼的1—2层用于商业经营性质用的门店。

8. 选项A，按照“销售不动产”税目计缴增值税。选项B，按照“销售服务—租赁服务”税目计缴增值税。选项C，按照“销售无形资产”税目计缴增值税。选项D，按照“销售服务—建筑服务”税目计缴增值税。

9. 选项C，按照“销售服务—文化创意服务”税目计缴增值税。选项D，按照“销售服务—租赁服务”税目计缴增值税。选项A，按照“销售服务—广播影视服务”税目计缴增值税。

10. 选项A，被保险人获得的保险赔付，不征收增值税。选项B，单位或个体工商户向其他单位或者个人无偿提供服务应视同销售服务，但用于公益事业或者以社会公众为对象的除外；根据国家指令无偿提供的铁路运输服务、航空运输服务属于《营业税改征增值税试点实施办法》规定的用于公益事业的服务，不视同销售服务，不征收增值税。选项C，存款利息不征收增值税。

11. 选项 C 属于金融机构经营收入，缴纳增值税，选项 ABD 均属于不征增值税范围。

12. 一般纳税人提供应税服务采取比例税率，提供有形动产租赁服务，税率为 13%。

13. 选项 ABD，应当按照 13%税率征收增值税。杂粮适用于 9%的低税率。

14. 非酒类包装物的押金逾期缴纳增值税，5.65 万元未逾期，11.3 万元逾期。

15. 注意 3 500 元为不含税单价。商业折扣按照扣除商业折扣后的金额确定销售商品收入金额。

16. 题目明确说明咨询服务收入是含税收入；取得的奖金为价外费用，为含税金额。应纳税额＝(318＋5.3)÷(1＋6%)×6%＝18.3(万元)。

17. 增值税是价外税，成本不含增值税，故不能价税分离，选项 CD 错误。自产货物用于职工福利，需要视同销售，没有同类价格的需要组价，本题需要按照成本×(1＋成本利润率)组价，选项 A 直接用成本计算，排除。选项 B 正确。

18. 销售额和折扣额在同一张发票上分别注明的，可按折扣后的销售额征收增值税。甲公司当月该笔业务增值税销项税额＝(90 000－9 000)×13%＝10 530(元)，选项 D 正确。

19. 纳税人采取以旧换新方式销售货物的，应当按新货物的同期销售价格确定销售额，不得扣减旧货物的收购价格。

20. 应交纳的增值税＝123 600÷(1＋3%)×3%＝3 600(元)。小规模纳税人取得增值税专用发票不得抵扣进项税额。

22. 小规模纳税人取得增值税专用发票或普通发票均不得抵扣进项税额。题目中 103 万元是含税价，价税分离后乘征收率即为应纳增值税税额。

23. 小规模纳税人销售货物，应按照 3%的征收率计算应纳税额，取得销售额含增值税的，应作价税分离计算应纳税额。小规模纳税人不得抵扣增值税进项税额。

24. 甲公司进口音响应缴纳的增值税税额＝(关税完税价格＋关税)×增值税税率＝(116＋11.6)×13%＝16.59(万元)。

25. 进口征收消费税的货物进口环节应纳增值税＝(关税完税价格＋关税)÷(1－消费税税率)×增值税税率＝(63＋6.3)÷(1－30%)×13%＝12.87(万元)。

26. 选项 A，养老机构提供的养老服务，免征增值税。选项 B，装修公司提供的装饰服务，按“建筑服务”计缴增值税。选项 C，“个人”转让著作权免征增值税。选项 D，福利彩票、体育彩票的“发行”收入免征增值税，代销手续费收入按“现代服务——商务辅助服务”计缴增值税。

27. 纳税人采取托收承付和委托银行收款方式销售货物，为发出货物并办妥托收手续的当天。

28. 选项 BCD，照章缴纳增值税。选项 A，农业生产者销售的自产农产品，免征增值税。

29. 选项 ABD，免征增值税。

30. 选项 AC，向消费者个人销售货物、劳务、服务、无形资产或者不动产的，不得开具增值税专用发票。选项B,商业企业一般纳税人零售烟、酒、食品、服装、鞋帽(不包括劳保专用部分)、化妆品等消费品的,不得开具增值税专用发票。选项D,小规模纳税人可选择自行开具增值税专用发票(销售其取得的不动产除外)。

31. 向消费者个人销售货物、提供应税劳务或发生应税行为的,不得开具增值税专用发票。

32. 增值税专用发票记账联的用途为:作为销售方核算销售收入和增值税销项税额的记账凭证。

33. 选项AB,向消费者个人销售货物或者提供应税劳务的,不得开具增值税专用发票。选项D,商业企业一般纳税人零售烟、酒、食品、服装、鞋帽(不包括劳保专用部分)、化妆品等消费品的,不得开具增值税专用发票,购买方为增值税扣缴义务人。

34. 调味料酒不征收消费税。

35. 只有金银铂钻在零售环节征收(超豪华小汽车是零售环节加征),选项BCD错误。高档手表在基本环节(生产销售、进口、委托加工)征收消费税。

36. 纳税人将生产的应税消费品用于馈赠、职工福利的,属于消费税的视同销售,需要缴纳消费税;高档化妆品在生产、委托加工以及进口环节缴纳消费税,零售环节不需要缴纳消费税。

37. 超豪华小汽车在零售环节加征一道消费税。

38. 选项A,超豪华小汽车在零售环节加征一道消费税。选项B,钻石饰品在零售环节缴纳消费税,进口环节不缴纳消费税。选项CD,白酒和烟丝在生产销售、委托加工或进口环节缴纳消费税。

39. 纳税人自产自用的应税消费品,用于连续生产应税消费品的,不征收消费税,故选项C正确。

40. 纳税人生产的应税消费品,于纳税人销售时纳税。零售环节征消费税的只有金银首饰、超豪华小汽车,选项BC错误。选项D,电动汽车不属于消费税征收范围。

41. 选项BD,从量定额计征消费税。选项A,卷烟、白酒实行从价定率和从量定额相结合的复合计征办法征收消费税。选项C,从价定率计征消费税。

42. 消费税征税范围:烟;酒;高档化妆品;贵重首饰及珠宝玉石;鞭炮、烟火;成品油;摩托车;小汽车;高尔夫球及球具;高档手表;游艇;木制一次性筷子;实木地板;电池;涂料。

43. 小规模纳税人取得含税收入价税分离后乘适用税率算出消费税。

44. 换取、投资、抵债,消费税按照最高销售价格计税。

45. 组成计税价格$=[800\times0.5\times2\div10\,000+20\times(1+10\%)]\div(1-20\%)=27.6$(万元)。从价$=27.6\times20\%=5.52$(万元);从量$=800\times0.5\times2\div10\,000=0.08$(万元)。该批白酒应纳消费税金额为$5.52+0.08=5.60$(万元)。

46. 药酒属于一般应税消费品,从价计征消费税。

47. 当期准予扣除外购或委托加工收回的应税消费品的已纳消费税税额，应按当期生产领用数量计算。甲化妆品生产企业本月生产领用了40%的外购高档保湿精华，其外购高档保湿精华时已纳的消费税税款仅可在本月扣除40%。

48. 选项B，自产自用的非应税消费品用于连续生产应税消费品的需缴纳消费税。

49. 酒、摩托车、小汽车、高档手表、游艇、电池、涂料不涉及抵扣问题，外购、委托加工已税珠宝、玉石为原料生产的贵重首饰及珠宝、玉石（不可以是金银首饰）可抵扣已纳消费税税款。

50. 进口环节应纳消费税税额=（关税完税价格+关税）÷（1−消费税比例税率）×消费税比例税率。

51. 包装物押金默认含增值税，且除了啤酒、黄酒外的白酒等其他酒包装物押金收取时交纳消费税（逾期时不再交纳），故选择选项A。

52. 白酒从价消费税是用不含增值税的价格计算，本题明确说明取得含增值税销售额3 390 000元，选项AC没有价税分离。白酒属于从价从量复合计征的应税消费品，选项D没有加从量消费税。选项B正确。

53. 啤酒采用从量计征消费税的方法，纳税人销售应税消费品的，为应税消费品的销售数量。

54. 委托加工的应税消费品，按受托方同类消费品的销售价格计算纳税，没有同类消费品销售价格的按组成计税价格计算纳税，本题按组成计税价格计算。甲卷烟厂该笔业务应代收代缴消费税=组成计税价格×消费税税率=（材料成本+加工费）÷（1−消费税比例税率）×消费税税率=［47 460+2 373÷（1+13%）］÷（1−30%）×30%=21 240（元）。

55. 应纳税额=组成计税价格×比例税率=成本×（1+成本利润率）÷（1−比例税率）×比例税率=17 000×（1+5%）÷（1−15%）×15%=3 150（元）。

56. 消费税纳税人将生产的应税消费品用于抵偿债务的，应当以纳税人同类应税消费品的最高销售价格作为计税依据计算消费税。

57. 实行从价定率征收的应税消费品，其计税依据为含消费税而不含增值税的销售额，如果销售额为含增值税的销售额时，必须换算成不含增值税的销售额。

58. 选项B，纳税人采取托收承付和委托银行收款方式销售的应税消费品，纳税义务发生时间为发出应税消费品并办妥托收手续的当天。

59. 纳税人委托加工应税消费品的，消费税纳税义务发生时间为纳税人提货的当天。

60. 选项B，纳税人总机构与分支机构不在同一省的，分别向各自机构所在地的主管税务机关申报纳税。选项C，进口的应税消费品，由进口人或者其代理人向报关地海关申报纳税。选项D，委托加工的应税消费品，受托方为个人的，由委托方向机构所在地的主管税务机关申报纳税。

二、多项选择题

1. BCD	2. BCD	3. BCD	4. ABCD	5. BD
6. AB	7. BCD	8. AB	9. ABCD	10. ABCD
11. AB	12. ABCD	13. ABCD	14. ABCD	15. ACD
16. BC	17. ABCD	18. ABC	19. ABD	20. ABCD
21. ABD	22. ACD	23. CD	24. ABD	25. BCD
26. ACD	27. BD	28. AC	29. CD	30. AC
31. ABCD	32. BCD	33. AB	34. ABC	35. ACD
36. BCD	37. BCD	38. ABD	39. BCD	40. ABD

重难点解析：

1. 选项BCD属于税收法律关系主体，其中征税主体包括税务机关和海关，纳税主体指纳税义务人。选项A属于税收法律关系的客体。

2. 关税、船舶吨税、进口环节代征的增值税、消费税由海关征收。

3. 选项A属于不动产租赁。

4. 选项A，转让外汇属于金融服务—金融商品转让服务。选项B，融资性售后回租属于金融服务—贷款服务。选项C，货币兑换服务属于金融服务—直接收费金融服务。选项D，财产保险服务属于金融服务—保险服务。

5. 选项A，物业管理单位收取的物业费属于经营收入，应缴纳增值税。选项C，要区分是保险人还是被保险人：保险人获得的保险费收入属于经营所得，缴纳增值税；被保险人获得的保险赔付不征收增值税。

6. 选项CD属于经营活动，缴纳增值税。

7. 外购用于内用（集体福利、个人消费）的需要进项税额转出，不视同销售。

8. 一般纳税人销售自产的下列货物，可以选择按照简易办法依照3%征收率计算缴纳增值税：①县级及县级以下小型水力发电单位生产的电力。②建筑用和生产建筑材料所用的砂、土、石料。③以自己采掘的砂、土、石料或其他矿物连续生产的砖、瓦、石灰（不含黏土实心砖、瓦）。④用微生物、微生物代谢产物、动物毒素、人或动物的血液或组织制成的生物制品。⑤自来水。⑥商品混凝土（仅限于以水泥为原料生产的水泥混凝土）。

11. 下列项目不属于价外费用：受托加工应征消费税的消费品所代收代缴的消费税；符合条件的代为收取的政府性基金或行政事业性收费；销售货物的同时代办保险而向购买方收取的保险费，以及向购买方收取的代购买方缴纳的车辆购置税、车辆牌照费等；以委托方名义开具发票代委托方收取的款项。

12. 购进的贷款服务、餐饮服务、居民日常服务和娱乐服务不得抵扣进项税额。

13. 增值税凭票扣税的：增值税“专用”发票、进口增值税“专用”缴款书、机动车销售统一发票、符合规定的国内旅客运输发票、扣缴义务人取得的税收缴款凭证。购进免税农产品计算抵扣的凭“农产品收购发票”或“农产品销售发票”，准予抵扣的进项税额＝买价×10%扣除率。

14. 一般纳税人发生下列应税行为可以选择适用简易计税方法计税，不允许抵扣进项税额：公共交通运输服务、电影放映服务、仓储服务、装卸搬运服务、收派服务和文化体育服务。应当简易办法计税的：寄售商店代销寄售物品、典当业销售死当物品。

15. 合法扣税凭证的种类：选项D增值税专用发票(含税控机动车销售统一发票)。选项C海关进口增值税专用缴款书。选项A农产品收购发票；农产品销售发票、符合规定的国内旅客运输发票等。纳税人购进的贷款服务、餐饮服务、居民日常服务和娱乐服务，不得抵扣进项税额，所以B选项不能抵扣进项税额。

16. 纳税人购进的贷款服务、餐饮服务、居民日常服务和娱乐服务，不得抵扣进项税额。

17. 选项ABCD均可选择适用简易计税方法计税。

18. 自然灾害属于非常损失，不属于增值税法中规定的非正常损失，其进项税额正常抵扣。

19. 婚姻介绍服务、医疗机构提供的医疗服务免征增值税。直接用于科学研究、科学实验和教学的进口仪器、设备免税。

20. 下列项目属于《增值税暂行条例》及其实施细则规定的免税项目：农业生产者销售自产农产品；避孕药品和用具；古旧图书；直接用于科学研究、科学试验和教学的进口仪器、设备；外国政府、国际组织无偿援助的进口物资和设备；由残疾人的组织直接进口供残疾人专用的物品；销售自己使用过的物品。自己使用过的物品，指其他个人自己使用过的物品。

21. 商业企业一般纳税人零售的烟、酒、食品、服装、鞋帽(不含劳保用品)、化妆品等消费品不得开具增值税专用发票。

22. 调味料酒不征收消费税。

23. 服装不属于应税消费品，选项A错误。卷烟批发企业销售卷烟至卷烟批发企业不征收消费税，选项B错误。

24. 白酒属于一般应税产品，在基本环节征收消费税(生产、委托加工、进口)。商场销售此处是指零售，选项C错误。

25. 消费税的征税范围不包括私人飞机。

26. 只有金银铂钻在零售环节征收(超豪华小汽车是零售环节加征)。

27. 小汽车和高档手机不属于消费税征税范围。

28. 选项AC，卷烟和白酒实行从量定额与从价定率相结合的复合计征办法征收消费税。选项B，黄酒实行从量定额办法计征消费税。选项D，小汽车实行从价定率办法计征消费税。

29. 雪茄烟：实行从价定率办法计征消费税；黄酒：实行从量定额办法计征消费税。

30. 选项BD,属于其他酒,采用从价定率办法计征消费税。

31. 金银首饰在零售环节征收消费税;其他应税消费品,在生产、进口、委托加工环节需要缴纳消费税。

32. 纳税人自产的应税消费品,用于连续生产应税消费品的,不征收消费税,选项A不征收。凡用于其他方面的,于移送使用时,照章缴纳消费税,选项BCD征收消费税。

33. 从量定额征收消费税的有:啤酒、黄酒、成品油(柴油属于成品油)。

34. 选项D,啤酒在零售环节不缴纳消费税。

35. 选项B,实木地板在生产、委托加工、进口环节缴纳消费税。实木地板的保养服务不属于消费税的征税范围。

36. 换取、投资、抵债,消费税按照最高销售价格计税。

37. 纳税人自产自用的应税消费品,用于连续生产应税消费品的,不纳税;用于其他方面的,于移送使用时纳税。用于其他方面,是指纳税人将自产自用的应税消费品用于生产非应税消费品、在建工程、管理部门、非生产机构、提供劳务、馈赠、赞助、集资、广告、样品、职工福利、奖励等方面。

38. 选项AC,委托加工的应税消费品,由受托方向机构所在地或者居住地的主管税务机关解缴消费税税款。选项B,进口货物,应当向报关地海关申报纳税。选项D,销售货物应向其机构所在地或者居住地主管税务机关申报缴纳增值税。

39. 纳税人委托加工应税消费品的,为纳税人提货的当天。

40. 烟叶不属于消费税应税消费品,选项AB错误。委托加工卷烟的业务中,委托加工单位为消费税纳税人,即甲公司,选项C正确,选项D错误。

三、判断题

1. √	2. √	3. √	4. ×	5. ×	6. √	7. √	8. ×	9. √	10. ×
11. ×	12. ×	13. ×	14. √	15. ×	16. √	17. ×	18. √	19. ×	20. √

重难点解析:

4. 被保险人获得的保险赔付不征增值税。

5. 以货币资金投资收取的固定利润或者保底利润,应按照“贷款服务”税目计缴增值税。

7. 2018年1月1日起,纳税人租入固定资产、不动产,既用于一般计税方法计税项目,又用于简易计税方法计税项目、免征增值税项目、个人消费、集体福利的,其进项税额准予从销项税额金额抵扣。

8. 个人销售自建自用住房,免征增值税。

9. 符合小微企业免税规定。

10. 增值税税收优惠规定,残疾人本人为社会提供的服务免征增值税。

11. 烟草批发企业之间销售卷烟，不缴纳消费税。

12. 雪茄烟适用从价定率计征消费税。

13. 高档手表采用“从价”计征方法计缴消费税。

15. 车辆停放服务、道路通行服务等按照不动产经营租赁服务缴纳增值税。

17. 带料加工的金银首饰，应按受托方销售同类金银首饰的销售价格确定计税依据征收消费税。

19. 纳税人委托加工应税消费品的，纳税义务发生时间为纳税人提货的当天。

四、不定项选择题

1. A	2. C	3. CD	4. ABD	5. C
6. AD	7. A	8. C	9. ABD	10. D
11. C	12. ABD	13. ABC	14. A	15. AD
16. B	17. AB	18. BC	19. D	20. B

重难点解析：

1. 计算增值税时，首先应当换算成不含税价格，这里 M 型彩电含增值税价款为 6 780 000元，所以先应换算成不含税价款再乘以相应税率。另外，包装物租金属于价外费用，在计算增值税时直接将包装物的租金换算为不含税的数额后作为计税依据计算增值税。这里告知的包装物租金为含税价，因此也需先换成不含税价再乘以相应税率。

2. 纳税人采用以旧换新的方式销售货物的(金银首饰除外)，应该按照新货物的同期销售价格确定销售额，所以不能扣掉旧彩电的折价，用排除法即可选出 C。N 型彩电销售单价为含税价，因此需要先换算成不含税价格，不含税销售价款总额＝不含税单价×销售数量。

3. 选项 A，员工因公出差，发生住宿费且取得增值税专用发票可以抵扣增值税，但是这里是组织旅游，因此不得抵扣。选项 B，购进的劳保用品取得的是普通发票，因此不得抵扣进项税额。选项 C，固定资产既用于不允许抵扣项目又用于抵扣项目的，该进项税准予全部抵扣。选项 D，取得了增值税专用发票，准予抵扣。

4. 外购用于“内用”的产品不属于视同销售，排除 C 选项。

5. 无偿为乙公司员工提供的晚宴服务视同销售，按照平均价格计算增值税。

6. “现代服务”包括：①研发和技术服务：6%。②信息技术服务：6%。③文化创意服务，设计，知识产权，广告，会展 6%。④物流辅助服务：6%。⑤租赁服务：动产 13%，不动产 9%。⑥鉴证咨询服务：6%。⑦广播影视服务：6%。⑧商务辅助服务(管理，人力资源，经纪代理等)：6%。⑨其他现代服务：6%。生活服务包括文化、体育、教育、医疗、旅游、娱乐、餐饮、住宿、日常。

7. 包装费属于价外费用，并入销售额价税分离。甲酒店当月销售商品增值税销项税额＝(180 800＋1 130)÷(1＋13％)×13％＝20 930(元)。

8. 购进免税农产品，凭“农产品收购发票”或“农产品销售发票”准予抵扣的进项税额＝买价×9％扣除率。上期留抵税额3 200元本期可以抵扣。

9. 试点纳税人提供旅游服务，可以选择以取得的全部价款和价外费用，扣除向旅游服务购买方收取并支付给其他单位或个人的住宿费、餐饮费、交通费、签证费、门票费和支付给其他接团旅游企业的旅游费用后的余额为销售额。

10. 支付本单位导游工资不可扣除。

13. 购进生产用小工具取得的是增值税普通发票，不得抵扣。

14. 采取预收货款方式销售货物，纳税义务发生时间为货物发出的当天。

15. 销售未使用的原材料的销项税额＝45 200÷(1＋13％)×13％＝5 200(元)；提供玩具设计服务的销项税额＝31 800÷(1＋6％)×6％＝1 800(元)。

16. 视同销售按纳税人最近时期同类货物的平均销售价格确定。当期增值税销项税额＝9 040×(1＋13％)×13％＝1 040(元)。

17. 从甲企业购进包装物取得增值税专用发票，可以抵扣进项税额，取得税务机关代开的专用发票，适用3％的征收率，所以选项AB正确。从乙企业购进包装物取得增值税普通发票，不可以抵扣进项税额，选项CD错误。

18. 采取预收货款方式销售货物，为货物发出的当天，但生产销售生产工期超过12个月的大型机械设备、船舶、飞机等货物，为收到预收款或者书面合同约定的收款日期的当天。所以本题的纳税义务发生时间为12月份，选项B正确。套装销售的增值税销项税额＝70×13％＝9.1(万元)，选项C正确。选项D，将自产香水赠送给员工，属于视同销售，应当缴纳增值税。

19. 纳税人用于换取生产资料和消费资料、投资入股和抵偿债务等方面的应税消费品，应当以纳税人同类应税消费品的最高销售价格作为计税依据计算消费税。所以将A牌香水投资入股＝50×3.2×15％＝24(万元)。

20. 不动产出租，适用9％的税率。

第六章　企业所得税与个人所得税法律制度

第一部分　内容概要

一、企业所得税法律制度

(一) 企业所得税纳税人

企业所得税的纳税人，是指在中华人民共和国境内的企业和其他取得收入的组织，不包括个人独资企业和合伙企业。企业所得税的纳税人具体分为居民企业和非居民企业两类。

(1) 居民企业，是指依法在中国境内成立，或者依照外国(地区)法律成立但实际管理机构在中国境内的企业。

(2) 非居民企业，是指依照外国(地区)法律成立且实际管理机构不在中国境内，但在中国境内设立机构、场所，或者在中国境内未设立机构、场所，但有来源于中国境内所得的企业。

(二) 企业所得税征税对象

居民企业负有无限纳税义务，应当就其来源于中国境内、境外的所得缴纳企业所得税。

非居民企业负有有限纳税义务，在中国境内设立机构、场所的非居民企业，应当就其所设机构、场所取得的来源于中国境内的所得，以及发生在中国境外但与其所设机构、场所有实际联系的所得，缴纳企业所得税；在中国境内未设立机构、场所的非居民企业，或者虽设立机构、场所但取得的所得与其所设机构、场所没有实际联系的，应当就其来源于中国境内的所得缴纳企业所得税。

(三) 企业所得税的税率

(1) 25%税率。该税率适用于居民企业，在中国境内设有机构、场所且所得与机构、场所有实际联系的非居民企业。

(2) 减按 20%。该税率适用于符合规定的小微企业。

(3) 减按 15%。该税率适用于(国家重点扶持的)高新技术企业、经认定的技术先进型服务企业。

(4) 减按 10%。该税率适用于在中国境内未设立机构、场所，或者虽设立机构、场所但取得的所得与其所设机构、场所没有实际联系的，就其来源于中国境内的所得的企业。

(四) 企业所得税应纳税所得额的计算

企业所得税应纳税所得额的计算公式具体如下：

应纳税所得额 = 收入总额 − 不征税收入 − 免税收入 − 各项扣除 − 以前年度亏损

应纳税额 = 应纳税所得额 × 适用税率 − 减免税额 − 抵免税额

1. 收入总额

企业收入总额是指以货币形式和非货币形式从各种来源取得的收入，具体包括销售货物收入，提供劳务收入，转让财产收入，股息、红利等权益性投资收益，利息收入，租金收入，特许权使用费收入，接受捐赠收入以及其他收入。

2. 不征税收入和免税收入

不征税收入包括：①财政拨款。②依法收取并纳入财政管理的行政事业性收费、政府性基金。③国务院规定的其他不征税收入。

免税收入包括：①国债利息收入。②符合条件的居民企业之间的股息、红利等权益性投资收益。③在中国境内设立机构、场所的非居民企业从居民企业取得与该机构、场所有实际联系的股息、红利等权益性投资收益。④符合条件的非营利组织取得的收入，但不包括非营利组织从事营利性活动取得的收入，国务院财政、税务主管部门另有规定的除外。

3. 税前扣除项目

企业实际发生的与取得收入有关的、合理的支出，包括成本、费用、税金、损失和其他支出，准予在计算应纳税所得额时扣除。

4. 扣除标准

税前主要扣除项目的扣除标准如下：

(1) 工资、薪金支出。企业发生的合理的工资、薪金支出，准予扣除。

(2) 职工福利费、工会经费、职工教育经费。具体扣除标准为：①企业发生的职工福利费支出，不超过工资、薪金总额14%的部分准予扣除。②企业拨缴的工会经费，不超过工资、薪金总额2%的部分准予扣除。③企业发生的职工教育经费支出，除另有规定外，不超过工资、薪金总额8%的部分准予扣除，超过部分准予在以后纳税年度结转扣除。

(3) 社会保险费。企业依照国务院有关主管部门或者省级人民政府规定的范围和标准为职工缴纳的基本养老保险费、基本医疗保险费、失业保险费、工伤保险费等基本社会保险费和住房公积金，准予扣除。

(4) 借款费用。①企业在生产经营活动中发生的合理的不需要资本化的借款费用，准予扣除。②企业为购置、建造固定资产、无形资产和经过12个月以上的建造才能达到预定可销售状态的存货发生借款的，在有关资产购置、建造期间发生的合理的借款费用，应当作为资本性支出计入有关资产的成本，并依照《企业所得税法实施条例》的有关规定扣除。

(5) 利息费用。非金融企业向非金融企业借款的利息支出，不超过按照金融企业同期同类贷款利率计算的数额的部分可据实扣除，超过部分不许扣除。

(6) 公益性捐赠。企业当年发生以及以前年度结转的公益性捐赠支出，不超过年度利润总额12%的部分，在计算应纳税所得额时准予扣除；超过年度利润总额12%的部分，准予结转以后三年内在计算应纳税所得额时扣除。企业在对公益性捐赠支出计算扣除时，应先扣除以前年度结转的捐赠支出，再扣除当年发生的捐赠支出。

(7) 业务招待费。企业发生的与生产经营活动有关的业务招待费支出，按照发生额的60%扣除，但最高不得超过当年销售(营业)收入的5‰。

(8) 广告费和业务宣传费。企业发生的符合条件的广告费和业务宣传费支出，除国务院财政、税务主管部门另有规定外，不超过当年销售(营业)收入15%的部分，准予扣除；超过部分，准予在以后纳税年度结转扣除。

(9) 保险费。①企业参加财产保险，按照规定缴纳的保险费，准予扣除。②除企业依照国家有关规定为特殊工种职工支付的人身安全保险费和国务院财政、税务主管部门规定可以扣除的其他商业保险费外，企业为投资者或职工支付的商业保险费，不得扣除。

(10) 租赁费。①以经营租赁方式租入固定资产发生的租赁费支出，按照租赁期限均匀扣除。经营性租赁是指所有权不转移的租赁。②以融资租赁方式租入固定资产发生的租赁费支出，按照规定构成融资租入固定资产价值的部分应当提取折旧费用分期扣除。

5. 不得扣除项目

在计算应纳税所得额时，下列支出不得扣除：

(1) 向投资者支付的股息、红利等权益性投资收益款项。

(2) 企业所得税税款。

(3) 税收滞纳金。具体是指纳税人违反税收法规，被税务机关处以的滞纳金。

(4) 罚金、罚款和被没收财物的损失。具体是指纳税人违反国家有关法律、法规规定，被有关部门处以的罚款，以及被司法机关处以的罚金和被没收的财物。

(5) 超过规定标准的捐赠支出。

(6) 赞助支出。具体是指企业发生的与生产经营活动无关的各种非广告性质支出。

(7) 未经核定的准备金支出。具体是指不符合国务院财政、税务主管部门规定的各项资产减值准备、风险准备等准备金支出。

(8) 企业之间支付的管理费、企业内营业机构之间支付的租金和特许权使用费，以及非银行企业内营业机构之间支付的利息，不得扣除。

(9) 与取得收入无关的其他支出。

6. 亏损弥补

企业某一纳税年度发生的亏损可以用下一年度的所得弥补，下一年度的所得不足以弥补的，可以逐年延续弥补，但最长不得超过5年。企业在汇总计算缴纳企业所得税时，其境外营业机构的亏损不得抵减境内营业机构的盈利。

(五) 资产的税务处理

这里主要介绍固定资产与无形资产的所得税处理。

1. 固定资产

(1) 不得计算折旧扣除的固定资产有:房屋、建筑物以外未投入使用的固定资产;以经营租赁方式租入的固定资产;以融资租赁方式租出的固定资产;已足额提取折旧仍继续使用的固定资产;与经营活动无关的固定资产;单独估价作为固定资产入账的土地;其他不得计算折旧扣除的固定资产。

(2) 固定资产按照直线法计算的折旧。企业应当自固定资产投入使用月份的次月起计算折旧;停止使用的固定资产,应当自停止使用月份的次月起停止计算折旧。

(3) 固定资产计算折旧的最低年限。①房屋、建筑物,为 20 年。②飞机、火车、轮船、机器、机械和其他生产设备,为 10 年。③与生产经营活动有关的器具、工具、家具等,为 5 年。④飞机、火车、轮船以外的运输工具,为 4 年。⑤电子设备,为 3 年。

2. 无形资产

(1) 无形资产不得计算摊销费用扣除的情况有:自行开发的支出已在计算应纳税所得额时扣除的无形资产;自创商誉;与经营活动无关的无形资产;其他不得计算摊销费用扣除的无形资产。

(2) 无形资产按照直线法计算的摊销费用。无形资产按照直线法计算的摊销费用准予扣除。无形资产的摊销年限不得低于 10 年。

(六) 企业所得税的征收管理

(1) 企业所得税的纳税期限。企业应当自月份或者季度终了之日起 15 日内预缴税款,自年度终了之日起 5 个月内汇算清缴。企业在年度中间终止经营活动的,应当自实际经营终止之日起 60 日内办理当期企业所得税汇算清缴。扣缴义务人代扣税款的,应当自代扣之日起 7 日内缴入国库。企业依法清算时,应当以清算期间作为一个纳税年度。

(2) 企业所得税的纳税地点。居民企业一般以企业登记注册地为纳税地点;但登记注册地在境外的,以实际管理机构所在地为纳税地点。非居民企业在中国境内设立机构、场所的,以机构、场所所在地为纳税地点;未设立机构、场所的,或者虽设立机构、场所但取得的所得与其所设机构、场所没有实际联系的非居民企业,以扣缴义务人所在地为纳税地点。

(3) 企业所得税的纳税申报。企业在纳税年度内无论盈利或者亏损,都应当依照《企业所得税法》规定的期限,向税务机关报送预缴企业所得税纳税申报表、年度企业所得税纳税申报表、财务会计报告和税务机关规定应当报送的其他有关资料。

二、个人所得税法律制度

(一) 个人所得税纳税人和所得来源的确定

1. 个人所得税纳税人

个人所得税纳税人,包括中国公民(含香港、澳门、台湾同胞)、个体工商户、个人独资企业投资者和合伙企业自然人合伙人等。依据住所和居住时间两个标准,分为居民个人和非居民个人。

(1) 居民个人是指在中国境内有住所，或无住所而一个纳税年度在中国境内居住累计满 183 天的个人。居民个人应就其来源于中国境内和境外的所得，履行全面纳税义务。

(2) 非居民个人是指在中国境内无住所又不居住，或者无住所而一个纳税年度在境内居住不满 183 天的个人。非居民个人只就其来源于中国境内的所得，履行有限纳税义务。

2. 所得来源的确定

除国务院财政、税务主管部门另有规定外，下列所得，不论支付地点是否在中国境内，均为来源于中国境内的所得：

(1) 因任职、受雇、履约等在中国境内提供劳务取得的所得。

(2) 将财产出租给承租人在中国境内使用而取得的所得。

(3) 许可各种特许权在中国境内使用而取得的所得。

(4) 转让中国境内的不动产等财产或者在中国境内转让其他财产取得的所得。

(5) 从中国境内企业、事业单位、其他组织以及居民个人取得的利息、股息、红利所得。

(二) 综合所得

1. 综合所得征税范围

(1) 工资、薪金所得，是指个人因任职或者受雇而取得的工资、薪金、奖金、年终加薪、劳动分红、津贴、补贴以及与任职或者受雇有关的其他所得。

(2) 劳务报酬所得，是指个人从事劳务取得的所得。

(3) 稿酬所得，是指个人因其作品以图书、报刊形式出版、发表而取得的所得。

(4) 特许权使用费所得，是指个人提供专利权、商标权、著作权、非专利技术以及其他特许权的使用权取得的所得；提供著作权的使用权取得的所得，不包括稿酬所得。

2. 综合所得应纳税额的计算

居民个人取得综合所得，按年计算个人所得税。有扣缴义务人的，由扣缴义务人按月或按次预扣预缴税款，年度应纳税额与年度预扣预缴税额不一致的，由居民个人于次年 3 月 1 日至 6 月 30 日办理综合所得年度汇算清缴，税款多退少补。

(1) 综合所得适用七级超额累进税率，其应纳税额的计算公式为：

应纳税额＝应纳税所得额×适用税率－速算扣除数

＝(每一纳税年度的收入额－费用 6 万元－专项扣除－专项附加扣除－依法确定的其他扣除)×适用税率－速算扣除数

专项扣除包括居民个人按照国家规定的范围和标准缴纳的基本养老保险、基本医疗保险、失业保险等社会保险费和住房公积金等。

专项附加扣除包括：①子女教育专项附加按每个子女每月 1 000 元的标准定额扣除。②继续教育专项附加在学历(学位)教育期间按每月 400 元定额扣除，同一学历(学位)继续教育的扣除期限不能超过 48 个月。纳税人接受技能人员职业资格继续教育、专业技术人员职业资格继续教育的支出，在取得相关证书的当年，按照 3 600 元定额扣除。③大病医疗专项附加按扣除医疗报销后个人负担累计超过 15 000 元的部分，在 80 000 元限额内据实扣除。④住房贷款利息专项附加按每月 1 000 元标准定额扣除，扣除期限最长不超过 240 个月。⑤住房租金专项附加按如下标准定额扣除：直辖市、省会（首府）城市、计划单列市以及国务院确定的其他城市，扣除标准为每月 1 500 元；除上述所列城市外，市辖区户籍人口超过 100 万的城市，扣除标准为每月 1 100 元；市辖区户籍人口不超过 100 万的城市，扣除标准为每月 800 元。⑥赡养老人专项附加按以下标准定额扣除：纳税人为独生子女的，按每月 2 000 元的标准定额扣除；纳税人为非独生子女的，由其与兄弟姐妹分摊每月 2 000 元的扣除额度，每人分摊的额度不能超过每月 1 000 元。

依法确定的其他扣除包括个人缴纳的符合国家规定的企业（职工）年金、个人购买符合国家规定的商业健康保险（扣除限额为每人每月 200 元）、税收递延型养老保险的支出及国务院规定可以扣除的其他项目。

(2) 综合所得预扣预缴个人所得税的计算。综合所得预扣预缴税款计算公式如表 6-1 所示。

表 6-1　综合所得预扣预缴税款计算公式

项目	公式
工资薪金所得	工资薪金所得按照累计预扣法计算预扣税款，适用七级超额累进税率，具体计算公式如下： 本期应预扣预缴税额 ＝（累计预扣预缴应纳税所得额 × 预扣率 － 速算扣除数）－ 累计减免税额 － 累计已预扣预缴税额 累计预扣预缴应纳税所得额 ＝ 累计收入 － 累计免税收入 － 累计减除费用 － 累计专项扣除 － 累计专项附加扣除 － 累计依法确定的其他扣除 累计减除费用 ＝ 5 000 × 截至本月纳税人在本单位的任职受雇月份
劳务报酬所得	劳务报酬所得应预扣预缴税额 ＝ 预扣预缴应纳税所得额 × 预扣率 － 速算扣除数 以每次收入额为预扣预缴应纳税所得额，即收入减除费用后的余额。减除费用标准为：每次收入不超过 4 000 元的，减除费用按 800 元计算；每次收入 4 000 元以上的，减除费用按 20%计算
稿酬所得	稿酬所得应预扣预缴税额 ＝ 预扣预缴应纳税所得额 × 20% 稿酬所得在劳务报酬、特许权使用费所得减除费用标准上，可以再减按 70%确定预扣预缴应纳税所得额
特许权使用费所得	特许权使用费所得应预扣预缴税额 ＝ 预扣预缴应纳税所得额 × 20% 预扣预缴应纳税所得额同劳务报酬所得

(三) 经营所得

1. 征税范围

(1) 个体工商户从事生产、经营活动取得的所得，个人独资企业投资人、合伙企业的个人合伙人来源于境内注册的个人独资企业、合伙企业生产、经营的所得。

(2) 个人依法从事办学、医疗、咨询以及其他有偿服务活动取得的所得。

(3) 个人对企业、事业单位承包经营、承租经营以及转包、转租取得的所得。

(4) 个人从事其他生产、经营活动取得的所得。

2. 经营所得应纳税额的计算

经营所得适用5%～35%的五级超额累进税率，具体计算公式为：

应纳税额＝应纳税所得额×适用税率－速算扣除数

＝(全年收入总额－成本、费用、税金、损失、其他支出及以前年度亏损)×适用税率－速算扣除数

应纳税所得额＝每一纳税年度收入总额－成本－费用－损失

(四) 利息、股息、红利所得

利息、股息、红利所得应纳税额的计算公式为：

应纳税额＝应纳税所得额×20%

＝每次收入额×20%(每次收入额不作扣减)

(五) 财产租赁所得

财产租赁所得应纳税额的计算公式为：

(1) 每次(月)收入不足4 000元

应纳税额＝[每次(月)收入额－财产租赁过程中缴纳的税费－由纳税人负担的租赁财产实际开支的修缮费用(以800元为限)－800元]×20%

(2) 每次(月)收入在4 000元以上

应纳税额＝[每次(月)收入额－财产租赁过程中缴纳的税费－由纳税人负担的租赁财产实际开支的修缮费用(以800元为限)]×(1－20%)×20%

对个人出租住房取得的所得暂减按10%的税率征收个人所得税。

(六) 财产转让所得

一般情况下财产转让所得应纳税额的计算公式为：

应纳税额＝应纳税所得额×适用税率＝(收入总额－财产原值－合理费用)×20%

(七) 偶然所得

偶然所得应纳税额的计算公式为：

应纳税额＝应纳税所得额×适用税率＝每次收入额×20%

(八) 征收管理

工资、薪金所得，劳务报酬所得，稿酬所得，特许权使用费所得，利息、股息、红利所得，财产租赁所得，财产转让所得及偶然所得实行个人所得税全员全额扣缴申报。由扣缴义务人

在代扣税款的次月15日内，向主管税务机关报送相关涉税信息资料。税务机关对扣缴义务人按规定扣缴的税款，按年付给2%的手续费。

依据《个人所得税法》规定，纳税人有下列情形之一的，应按规定办理自行纳税申报：取得综合所得需要办理汇算清缴，取得应税所得没有扣缴义务人，取得应税所得扣缴义务人未扣缴税款，取得境外所得，因移居境外注销中国户籍，非居民个人在中国境内从两处以上取得工资、薪金所得及国务院规定的其他情形。

取得综合所得且符合下列情形之一的纳税人，应当依法办理汇算清缴：从两处以上取得综合所得，且综合所得年收入额减除专项扣除后余额超过60 000元；取得劳务报酬所得、稿酬所得、特许权使用费所得中一项或多项所得，且综合所得年收入额减除专项扣除的余额超过60 000元；纳税年度内预缴税额低于应纳税额；纳税人申请退税。

需要办理汇算清缴的纳税人，应当在取得所得的次年3月1日至6月30日，向任职、受雇单位所在地主管税务机关办理纳税申报。纳税人有两处以上任职、受雇单位的，选择向其中一处任职、受雇单位所在地主管税务机关办理纳税申报；纳税人没有任职、受雇单位的，向户籍所在地或经常居住地主管税务机关办理纳税申报。

第二部分　练　习　题

一、单项选择题

1. 根据企业所得税法律制度的规定，下列有来源于中国境内所得的企业中，属于非居民企业的是（　　）。

A. 依法在中国境内成立，且实际管理机构在境内的甲公司

B. 依照外国法律成立，但实际管理机构在中国境内的丙公司

C. 依照外国法律成立，且实际管理机构在中国境外的丁公司

D. 依法在中国境内成立，但实际管理机构在境外的乙公司

2. 根据企业所得税法律制度的规定，下列各项中，不属于企业所得税纳税人的是（　　）。

A. 甲有限责任公司　　　　B. 乙事业单位

C. 丙个人独资企业　　　　D. 丁股份有限公司

3. 甲电子公司2020年9月销售一批产品，含增值税价格为45.2万元，由于购买数量多，甲电子公司给予购买方9折优惠，销售额和折扣额在同一张发票上分列列示，税率为13%。甲电子公司在计算企业所得税应纳税所得额时，应确认的产品销售收入为（　　）万元。

A. 36　　　　B. 40.7　　　　C. 40　　　　D. 50

4. 根据企业所得税法律制度的规定，下列关于确认收入实现时间的表述中，正确的是（　　）。

A. 权益性投资收益，按照投资方实际收到利润的日期确认收入的实现

B. 接受捐赠收入，按照合同约定的捐赠日期确认收入的实现

C. 利息收入，按照合同约定的债务人应付利息的日期确认收入的实现

D. 租金收入，按照出租人实际收到租金的日期确认收入的实现

5. 根据企业所得税法律制度，下列各项属于不征税收入的是（　　）。

A. 国债利息　　B. 违约金收入　　C. 股息收入　　D. 财政拨款

6. 根据企业所得税法律制度的规定，下列各项属于免税收入的是（　　）。

A. 财政拨款收入

B. 转让企业债券取得的收入

C. 企业购买国债取得的利息收入

D. 县级以上人民政府将国有资产无偿划入企业并指定专门用途并按规定进行管理的政府性基金

7. 根据企业所得税法律制度的规定，下列各项属于不征税收入的是（　　）。

A. 财政拨款　　B. 接受捐赠收入　　C. 销售货物收入　　D. 国债利息收入

8. 根据企业所得税法律制度的规定，下列关于确定收入实现的表述中，正确的是（　　）。

A. 权益性投资收益，按照投资方实际收到利润的日期确认收入的实现

B. 接受捐赠收入，按照合同约定的捐赠日期确认收入的实现

C. 租金收入，按照出租人实际收到租金的日期确认收入的实现

D. 利息收入，按照合同约定的债务人应付利息的日期确认收入的实现

9. 根据企业所得税法律制度的规定，下列各项中，在计算企业所得税应纳税所得额时，不得扣除的是（　　）。

A. 企业发生的合理的劳动保护支出

B. 企业发生的非广告性质赞助支出

C. 企业参加财产保险按照规定缴纳的保险费

D. 企业转让固定资产发生的费用

10. 根据企业所得税法律制度的规定，下列企业发生的税金中，在计算企业所得税所得额时不得扣除的是（　　）。

A. 车船税　　B. 允许抵扣的增值税

C. 印花税　　D. 城镇土地使用税

11. 甲公司2020年度取得销售货物收入1 000万元，发生的与生产经营活动有关的业务招待费支出为6万元，已知在计算企业所得税应纳税所得额时，业务招待费支出按照发生

额的60%扣除，但最高不得超过当年销售（营业）收入的5‰。甲公司在计算2020年度企业所得税应纳税所得额时，准予扣除的业务招待费支出为（　　）万元。

A. 6　　B. 5　　C. 4.97　　D. 3.6

12. 甲公司2020年度实现利润总额30万元，直接向受灾地区群众捐款6万元，通过公益性社会组织向贫困地区捐款4万元。已知公益性捐赠支出不超过年度利润总额的12%的部分，准予在计算应纳税所得额时扣除，超过部分准予结转以后3年内扣除。甲公司在计算2020年度企业所得税应纳税所得额时，准予扣除的捐赠额为（　　）万元。

A. 6　　B. 10　　C. 3.6　　D. 4

13. 根据企业所得税法律制度，保险企业发生的与其经营活动有关的手续费及佣金支出，企业所得税进行税前扣除的比例为（　　）。

A. 10%　　B. 12%　　C. 15%　　D. 18%

14. 根据企业所得税法律制度的规定，下列固定资产中，可以计提折旧扣除的是（　　）。

A. 以融资租赁方式租出的固定资产

B. 以经营租赁方式租入的固定资产

C. 已足额提取折旧仍继续使用的固定资产

D. 未投入使用的厂房

15. 甲公司为增值税小规模纳税人，2019年11月购入一台生产用机器设备，取得增值税普通发票注明金额为60万元、税额为7.8万元；支付安装费，取得增值税普通发票注明金额为2万元、税额为0.18万元。计算甲公司该台机器设备企业所得税计税基础的下列算式中，正确的是（　　）。

A. 60＋7.8＋2＋0.18＝69.98（万元）　　B. 60＋7.8＝67.8（万元）

C. 60＋7.8＋2＝69.8（万元）　　D. 60＋2＝62（万元）

16. 甲公司为居民企业，2020年度境内应纳税所得额1 000万元。来源于M国的应纳税所得额300万元，已在M国缴纳企业所得税税额60万元。已知企业所得税税率为25%，甲公司2020年度应缴纳企业所得税税额的下列算式中，正确的是（　　）。

A. (1 000＋300)×25%－60＝265（万元）

B. 1 000×25%－60＝190（万元）

C. 1 000×25%＝250（万元）

D. (1 000＋300)×25%＝325（万元）

17. 根据企业所得税法律制度的规定，企业从事下列项目的所得，减半征收企业所得税的是（　　）。

A. 花卉种植　　B. 谷物种植　　C. 中药材种植　　D. 蔬菜种植

18. 根据企业所得税法律制度的规定，符合条件的企业可以采取缩短折旧年限的方式计提固定资产折旧，但最低折旧年限不得低于税法规定折旧年限的一定比例。该比例为(　　)。

A. 30%　　B. 40%　　C. 50%　　D. 60%

19. 根据企业所得税法律制度的规定，企业应当自纳税年度终了之日起(　　)个月内，向税务机关报送年度企业所得税纳税申报表。

A. 4　　B. 3　　C. 6　　D. 5

20. 根据个人所得税法律制度的规定，在中国境内有住所的居民取得的下列所得中，属于综合所得的是(　　)。

A. 经营所得　　B. 劳务报酬

C. 利息、股息、红利所得　　D. 财产租赁所得

21. 出租汽车经营单位甲公司将出租车所有权转移给驾驶员李某，李某从事客货运营取得收入适用的个人所得税应纳税所得项目是(　　)。

A. 财产租赁所得　　B. 劳务报酬所得

C. 经营所得　　D. 工资、薪金所得

22. 在计算个人所得税时，个体工商户不得税前扣除的项目为(　　)。

A. 实际合理支出的员工工资　　B. 代他人负担的税款

C. 特殊工种从业人员的人身保险费　　D. 合理的劳动保护支出

23. 根据个人所得税法律制度的规定，证券经纪人从证券公司取得的佣金收入在计缴个人所得税时适用的税目是(　　)。

A. 经营所得　　B. 劳动报酬所得

C. 特许权使用费所得　　D. 工资、薪金所得

24. 根据个人所得税法律制度的规定，下列各项中，以一个月内取得的收入为一次的是(　　)。

A. 偶然所得　　B. 利息、股息、红利所得

C. 财产租赁所得　　D. 财产转让所得

25. 根据个人所得税法律制度的规定，个体工商户发生的下列支出中，在计算个人所得税应纳税所得额时不得扣除的是(　　)。

A. 非广告性的赞助支出

B. 合理的劳动保护支出

C. 实际支付给从业人员的合理的工资薪金支出

D. 按规定缴纳的财产保险费

26. 周某购买彩票中奖奖金 30 000 元。周某领奖时支付食宿费 400 元。已知偶然所得个人税税率为 20%。下列关于周某中奖奖金的算式正确的是(　　)。

A. (30 000 − 400) × 20%　　B. (30 000 − 400) × (1 − 20%) × 20%

C. 30 000 × 20%　　D. 30 000 × (1 − 20%) × 20%

27. 某居民个人卖房取得收入 160 万元，该房产买入时的价格为 120 万元，发生合理的税费 0.5 万元，已知财产转让所得个人所得税税率为 20%，以下关于个人所得税算式正确的是(　　)。

A. (160－0.5)×20%　　B. 160×(1－20%)×20%

C. (160－120)×20%　　D. (160－120－0.5)×20%

28. 张某出租住房取得租金收入 3 800 元，财产租赁缴纳税费 152 元，修缮费 600 元，已知个人出租住房暂减按 10%征收个人所得税，收入不超过 4 000 元，减除 800 元费用，下列关于张某当月租金收入应缴纳个人所得税税额的算式中，正确的是(　　)。

A. (3 800－800)×10%＝300(元)

B. 3 800×10%＝380(元)

C. (3 800－152－600－800)×10%＝224.8(元)

D. (3 800－152－600)×10%＝304.8(元)

29. 2019 年 12 月李某购买福利彩票取得一次中奖收入 50 000 元，将其中 20 000 元通过市教育局捐赠给农村义务教育。已知偶然所得个人所得税税率为 20%。下列关于李某当月中奖收入应缴纳个人所得税税额的算式中，正确的是(　　)。

A. (50 000－20 000)×20%＝6 000(元)

B. (50 000－20 000)×(1－30%)×20%＝4 200(元)

C. 50 000×20%＝10 000(元)

D. (50 000－20 000×30%)×20%＝8 800(元)

30. 2019 年 9 月王某出租自有住房取得租金收入 6 000 元，房屋租赁过程中缴纳税费 240 元，支付该房屋的修缮费 1 000 元，已知个人出租住房个人所得税税率暂减按 10%，每次收入 4 000 元以上的，减除 20%的费用。下列关于王某当月出租住房应缴纳个人所得税税额的算式中正确的是(　　)。

A. (6 000－240－800)×10%＝496(元)

B. (6 000－240－1 000)×(1－20%)×10%＝380.8(元)

C. (6 000－240－1 000)×10%＝476(元)

D. (6 000－240－800)×(1－20%)×10%＝396.8(元)

31. 2019 年 1 月周某在商场举办的有奖销售活动中获得奖金 4 000 元，周某领奖时支付交通费 30 元、餐费 70 元。已知偶然所得个人所得税税率为 20%，下列关于周某中奖奖金的所得税税额的算式中，正确的是(　　)。

A. (4 000－70)×20%＝786(元)　　B. (4 000－30－70)×20%＝780(元)

C. (4 000－30)×20%＝794(元)　　D. 4 000×20%＝800(元)

32. 根据个人所得税法律制度的规定，下列所得中，属于免税项目的是(　　)。

A. 提前退休取得的一次性补贴　　B. 退休人员从原任职单位取得的补贴

C. 内部退养取得的一次性收入　　D. 按国家统一规定发放的退休工资

33. 居民个人从境外取得所得，应在次年(　　)申报纳税。

A. 3月1日～6月30日　　B. 1月1日～2月28日

C. 1月1日～5月31日　　D. 3月1日～5月31日

34. 某非制造类企业2019年利润总额为200万元，当年发生研发活动的研发费用支出为20万元，税法规定研发费用可实行75%加计扣除政策。该企业2019年计算应纳税所得额时可以扣除的研发费用为(　　)万元。

A. 10　　B. 20　　C. 35　　D. 40

35. 某生产企业2019年销售货物取得收入1 500万元，出租一批货车取得收入18万元，取得投资收益30万元，企业当年发生广告费180万元，上年结转广告费46万元，该企业在计算2019年企业所得税应纳税所得额时，准予扣除的广告费金额是(　　)万元。

A. 227.7　　B. 226　　C. 225　　D. 232.2

二、多项选择题

1. 根据企业所得税法律制度的规定，下列各项中，属于来源于中国境内所得的有(　　)。

A. 甲国企业在中国境内提供咨询服务取得的收入

B. 乙国企业转让中国境内公司股权取得的收入

C. 丁国企业在中国境外为中国公司技术人员提供培训服务取得的收入

D. 丙国企业通过其代理商在中国境内销售货物取得的收入

2. 根据企业所得税法律制度的规定，下列依照中国法律在中国境内设立的企业，属于企业所得税纳税人的有(　　)。

A. 股份有限公司　　B. 有限责任公司　　C. 国有独资公司　　D. 个人独资企业

3. 根据企业所得税法律制度的规定，下列关于来源于中国境内、境外所得确定原则的表述中，正确的有(　　)。

A. 转让不动产所得，按照不动产所在地确定

B. 股息所得，按照分配所得的企业所在地确定

C. 销售货物所得，按照交易活动发生地确定

D. 提供劳动所得，按照劳务发生地确定

4. 根据企业所得税法律制度的规定，下列关于确定所得来源地的表述中，正确的有(　　)。

A. 提供劳务所得，按照劳务发生地确定

B. 销售货物所得，按照交易活动发生地确定

C. 不动产转让所得，按照转让不动产的企业所在地确定

D. 股息所得，按照分配股息的企业所在地确定

5. 根据企业所得税法律的规定，企业取得的下列收入中属于货币形式的有(　　)。

A. 债务的豁免　　B. 现金　　C. 应收账款　　D. 存货

6. 根据企业所得税法律制度的规定，下列收入中，应计入企业所得税收入总额的有(　　)。

A. 接受捐赠收入　　B. 特许权使用费收入

C. 利息收入　　D. 销售货物收入

7. 根据企业所得税法律制度的规定，下列关于收入确认的表述中，正确的有(　　)。

A. 销售商品需要安装和检验的，在收到款项时确认收入

B. 销售商品采用支付手续费方式委托代销的，在收到代销清单时确认收入

C. 销售商品采用预收款方式的，在收到预收款时确认收入

D. 销售商品采用托收承付方式的，在办妥托收手续时确认收入

8. 根据企业所得税法律制度的规定，下列各项中，在计算企业所得税应纳税所得额时，可以扣除的有(　　)。

A. 银行罚息　　B. 诉讼费用　　C. 违约金　　D. 税收滞纳金

9. 根据企业所得税法律制度的规定，企业缴纳的下列税金中，准予在计算企业所得税应纳税所得额时扣除的有(　　)。

A. 印花税　　B. 消费税　　C. 土地增值税　　D. 资源税

10. 根据企业所得税法律制度的规定，下列固定资产中，在计算企业所得税应纳税所得额时，不得计算折旧扣除的有(　　)。

A. 以融资租赁方式租出的固定资产

B. 未投入使用的房屋

C. 与经营活动无关的固定资产

D. 已足额提取折旧仍继续使用的固定资产

11. 根据企业所得税法律制度的规定，下列各项资产中，不可以计提折旧扣除的有(　　)。

A. 以经营租赁方式租出的房屋　　B. 未投入使用的厂房

C. 未投入使用的生产设备　　D. 以融资租赁方式租出的生产设备

12. 根据企业所得税法律制度的规定，下列固定资产折旧的处理中，不正确的有(　　)。

A. 甲企业 2020 年 3 月 5 日购进一台起重机，2020 年 4 月 5 日投入使用，应当自 2020 年 4 月起计算折旧

B. 丙企业 2020 年 4 月 1 日以融资租赁方式租出一架小型喷气式飞机，之后继续对该飞机计提折旧

C. 乙企业因生产经营调整，于 2020 年 10 月 1 日停止使用一批设备，应自 2020 年 11 月

起停止计算折旧

D. 丁企业 2020 年 9 月以经营租赁方式租入一辆大型巴士，在计算企业所得税时，对该巴士计提折旧

13. 根据企业所得税法律制度的规定，下列无形资产中，应当以该资产的公允价值和支付的相关税费为计税基础的有（　　）。

A. 接受捐赠取得的无形资产　　B. 通过债务重组取得的无形资产

C. 自行开发的无形资产　　D. 接受投资取得的无形资产

14. 根据企业所得税法律制度的规定，下列各项属于生产性生物资产的有（　　）。

A. 薪炭林　　B. 产畜　　C. 役畜　　D. 经济林

15. 根据企业所得税法律制度的规定，下列各项中，属于企业使用或者销售的存货的成本计算方法的有（　　）。

A. 加权平均法　　B. 先进先出法　　C. 个别计价法　　D. 后进先出法

16. 根据企业所得税法律制度的规定，下列各项中，属于长期待摊费用的有（　　）。

A. 租入固定资产的改建支出

B. 购入固定资产的支出

C. 固定资产的大修理支出

D. 已足额提取折旧的固定资产的改建支出

17. 下列固定资产中，在企业所得税前不得计算扣除折旧的有（　　）。

A. 未使用的厂房

B. 经营租赁方式租入的固定资产

C. 已足额提取折旧仍继续使用的固定资产

D. 与经营活动无关的固定资产

18. 根据企业所得税法律制度的规定，企业从事下列项目的所得中，免征企业所得税的有（　　）。

A. 林木种植　　B. 海水养殖　　C. 蔬菜种植　　D. 花卉种植

19. 根据企业所得税法律制度的规定，下列行业中，不适用研究开发费用税前加计扣除政策的（　　）。

A. 批发和零售业　　B. 住宿和餐饮业

C. 烟草制造业　　D. 租赁和商务服务业

20. 根据企业所得税法律制度的规定，下列支出中，可以在计算企业所得税应纳税所得额时加计扣除的有（　　）。

A. 安置残疾人员所支付的工资　　B. 广告费和业务宣传费

C. 研究开发费用　　D. 购置环保用设备所支付的价款

21. 根据企业所得税法律制度的规定，下列企业中，符合小型微利企业条件的是（　　）。

A. 乙运输公司，年度应纳税所得额130万元，从业人数55人，资产总额2 000万元

B. 丁旅游公司，年度应纳税所得额35万元，从业人数35人，资产总额600万元

C. 丙服装制造公司，年度应纳税所得额500万元，从业人数450人，资产总额8 000万元

D. 甲广告公司，年度应纳税所得额60万元，从业人数120人，资产总额500万元

22. 根据企业所得税法律制度的规定，下列关于企业所得税纳税期限的表述中，正确的有（　　）。

A. 企业所得税按年计征，分月或者分季预缴，年终汇算清缴，多退少补

B. 企业在1个纳税年度中间开业，使该纳税年度的实际经营不足12个月的，应当以其实际经营期为1个纳税年度

C. 企业依法清算时，应当以清算期作为1个纳税年度

D. 企业在纳税年度中间终止经营活动的，应当自实际经营终止之日起60日内，向税务机关办理当期企业所得税汇算清缴

23. 根据个人所得税法律制度规定，下列各项中，属于综合所得的有（　　）。

A. 工资薪金所得　　B. 财产租赁所得

C. 劳务报酬所得　　D. 财产转让所得

24. 根据个人所得税法律制度的规定，下列各项中，应按照“特许权使用费所得”税目计缴个人所得税的有（　　）。

A. 编辑在自己所任职的出版社出版专著所取得的收入

B. 商标权人许可他人使用自己的商标取得的收入

C. 作家公开拍卖自己的小说手稿原件取得的收入

D. 专利权人许可他人使用自己的专利取得的收入

25. 根据个人所得税法律制度的规定，下列各项中，应按照“工资、薪金所得”税目计缴个人所得税的有（　　）。

A. 个人在公司任职，同时兼任董事取得的董事费收入

B. 杂志社的编辑在本单位杂志上发表作品取得的所得

C. 出租车驾驶员采取单车承包方式承包出租汽车经营单位的出租车，从事客货运营取得的收入

D. 出版社的专业作者撰写的作品，由本社以图书形式出版而取得的稿费收入

26. 根据个人所得税法律的规定，下列各项中，属于专项附加扣除的有（　　）。

A. 子女教育　　B. 继续教育　　C. 赡养老人　　D. 子女抚养

27. 根据个人所得税法律制度的规定，下列各项中，属于专项附加扣除的有（　　）。

A. 继续教育　　B. 住房贷款利息　　C. 赡养老人　　D. 大病医疗

28. 根据个人所得税法律制度的规定，下列个体工商户的支出中，在计算个人所得税应

纳税所得额时，不得扣除的有（　　）。

A. 业主的工资薪金支出

B. 个人所得税税款

C. 在生产经营活动中因自然灾害造成的损失

D. 税收滞纳金

29. 根据个人所得税法律制度的规定，下列情形中，纳税人应当按照规定办理个人所得税自行纳税申报的有（　　）。

A. 王某从英国取得所得

B. 林某从出版社取得劳务报酬所得，其年收入额减去专项扣除的余额共 8 万元

C. 法国人李某从境内两家公司取得工资、薪金所得

D. 张某因移居境外注销中国户籍

30. 根据个人所得税法律制度，下列各项中，应当按照“工资、薪金所得”项目征收个人所得税的有（　　）。

A. 劳动分红

B. 家庭成员的副食品补贴

C. 差旅费津贴

D. 以误餐补助名义发给职工的补助

三、判断题

1. 在中国境内设立机构、场所的非居民企业取得的发生在中国境外但与其所设机构、场所有实际联系的所得无须缴纳企业所得税。（　　）

2. 在中国境内设立机构、场所且取得的所得与其所设机构、场所有实际联系的非居民企业，适用的企业所得税税率为 20%。（　　）

3. 计算企业所得税收入总额时，以分期收款方式销售货物，以发货日期来确认收入。（　　）

4. 在计算企业所得税应纳税所得额时，利息收入按照债务人实际支付利息的日期确认收入的实现。（　　）

5. 企业对外投资期间，投资资产的成本在计算企业所得税应纳税所得额时不得扣除。（　　）

6. 企业种植蔬菜、粮食，免征企业所得税。（　　）

7. 企业从事海水养殖项目的所得，免征企业所得税。（　　）

8. 甲企业按照国家规定享受 3 年内免缴企业所得税的优惠待遇，甲企业在这 3 年内无须办理企业所得税的纳税申报。（　　）

9. 在中国境内无住所的约翰 2020 年 3 月 1 日来中国工作，2020 年 12 月 31 日离境，约翰为 2020 年度中国个人所得税的非居民纳税人。（　　）

10. 退职人员再任职取得的收入，免征个人所得税。（　　）

11. 中国境内有住所，或者无住所而1个纳税年度内在境内居住满183天的个人，属于我国个人所得税的居民纳税人。（　　）

12. 作者去世后其财产继承人的遗作稿酬免征个人所得税。（　　）

13. 职工的误餐补助属于工资薪酬性质的补贴收入，应计算个人所得税。（　　）

14. 个人出版书画作品取得的所得，应按“劳务报酬所得”税目计缴个人所得税。（　　）

15. 偶然所得按次计征个人所得税。（　　）

16. 个人通过网络收购玩家的虚拟货币，加价后向他人出售取得的收入，不征收个人所得税。（　　）

17. 企业按照国家有关法律规定宣告破产，企业职工从该破产企业取得的一次性安置收入，免于征收个人所得税。（　　）

18. 个体工商户在减税免税期间也应该申报纳税。（　　）

19. 综合所得，包括工资、薪金所得，劳务报酬所得，财产转让所得，特许权使用费所得四项。（　　）

20. 纳税人为独生子女的，按照每年12 000元（每月1 000元）的标准定额扣除赡养老人的专项附加扣除。（　　）

四、不定项选择题

（一）甲公司为居民企业，主要从事施工设备的生产和销售业务。2020年有关经营情况如下：

（1）国债利息收入40万元，从未上市的居民企业乙公司取得股息25.2万元。

（2）直接向某养老院捐赠10万元，向市场监督管理部门缴纳罚款6万元。

（3）实际发生未形成无形资产计入当期损益的新产品研究开发费用194万元。

（4）经事务所审计发现甲公司接受捐赠原材料一批，取得增值税专用发票注明金额20万元、税额2.6万元，甲公司将接受的捐赠收入直接记入“资本公积”账户。

（5）全年利润总额1 522万元，预缴企业所得税税款280万元。

已知：企业所得税税率为25%；新产品研究开发费用，在按照规定据实扣除的基础上，按照研究开发费用的100%加计扣除。

要求：根据上述资料，不考虑其他因素，分析回答下列小题。

1. 计算甲公司2020年度企业所得税应纳税所得额时，应纳税调增的是（　　）。

A. 直接向某养老院捐赠10万元

B. 国债利息收入40万元

C. 向市场监督管理部门缴纳罚款6万元

D. 从未上市的居民企业乙公司取得股息25.2万元

2. 下列关于甲公司2020年度新产品研究开发费用企业所得税纳税调整的表述中，正确的是(　　)。

A. 纳税调减 194 万元　　B. 纳税调减 145.5 万元

C. 纳税调增 145.5 万元　　D. 纳税调增 194 万元

3. 下列关于甲公司 2020 年度接受捐赠原材料企业所得税纳税调整的表述中，正确的是(　　)。

A. 纳税调增 22.6 万元　　B. 纳税调减 22.6 万元

D. 纳税调增 20 万元　　C. 纳税调减 20 万元

4. 下列关于甲公司 2020 年度应补缴企业所得税税款的算式中，正确的是(　　)。

A. (1 522＋40－25.2－10＋6＋194－20)×25%－280＝146.7(万元)

B. (1 522－40－25.2＋10＋6－194×100%＋22.6)×25%－280＝45.35(万元)

C. (1 522－40－25.2＋10－6－194－22.6)×25%－280＝31.05(万元)

D. (1 522＋40＋25.2＋10－6＋194×100%＋20)×25%－280＝171.3(万元)

(二) 甲公司为居民企业，登记注册地在 W 市，企业所得税按季预缴，主要从事建筑材料生产和销售业务。2020 年有关经营情况如下：

(1) 建筑材料销售收入 5 000 万元，生产设备出租收入 60 万元，国债利息收入 1.5 万元，存款利息收入 0.8 万元，存货盘盈 0.2 万元。

(2) 发生的合理的劳动保护费支出 2 万元，因生产经营需要向金融企业借款利息支出 3 万元，直接向某大学捐款 1 万元，缴纳诉讼费 1.7 万元。

(3) 购置符合规定的安全生产专用设备一台，该设备投资额 45 万元，当年即投入使用。

(4) 全年利润总额为 280 万元。

已知：企业所得税税率为 25%；符合规定的安全生产专用设备的投资额的 10%可以从企业当年的应纳税额中抵免。

要求：根据上述资料，不考虑其他因素，分析回答下列小题。

5. 甲公司的下列收入中，在计算 2020 年度企业所得税应纳税所得额时，应计入收入总额的是(　　)。

A. 存货盘盈 0.2 万元　　B. 存款利息收入 0.8 万元

C. 生产设备出租收入 60 万元　　D. 国债利息收入 1.5 万元

6. 甲公司的下列支出中，在计算 2020 年度企业所得税应纳税所得额时，不得扣除的是(　　)。

A. 向金融企业借款利息支出 3 万元　　B. 合理的劳动保护费支出 2 万元

C. 诉讼费用 1.7 万元　　D. 直接向某大学捐赠 1 万元

7. 下列关于甲公司 2020 年度企业所得税应纳税所得额纳税调整表述中，正确的是(　　)。

A. 国债利息纳税调增 1.5 万元　　B. 国债利息纳税调减 1.5 万元

C. 直接向大学捐款纳税调增 1 万元　　　　D. 直接向大学捐款纳税调减 1 万元

8. 下列关于甲公司 2020 年度企业所得税应纳税额的算式中正确的是(　　)。

A. (280－1.5＋1)×25%－45×10%＝65.375(万元)

B. (280－1.5－0.8－0.2＋3＋1.7)×25%－45÷(1－10%)×10%＝65.55(万元)

C. (280－1.5－0.2＋1＋1.7－45×10%)×25%＝69.125(万元)

D. (280－60－0.8＋2＋3－45)×25%×(1－10%)＝40.32(万元)

(三) 甲公司为增值税一般纳税人,2020 年度的经营情况如下:

(1) 取得手机销售收入 8 000 万元,提供专利权的使用权取得收入 100 万元。

(2) 确实无法偿付的应付款项 6 万元。

(3) 接受乙公司投资,取得投资款 2 000 万元。

(4) 当年 3 月因生产经营活动借款 300 万元,其中向金融企业借款 250 万元,期限 6 个月,年利率为 6%;向非金融企业丙公司借款 50 万元,期限六个月,年利率 10%;利息均已支付。

(5) 参加财产保险,按规定向保险公司缴纳保险费 5 万元。

(6) 计提坏账准备金 15 万元。

(7) 发生合理的会议费 30 万元。

(8) 发生非广告性质的赞助支出 20 万元。

(9) 通过市民政部门用于公益事业的捐赠支出 80 万元,直接向某小学捐赠 9 万元,向贫困户王某捐赠 2 万元。

(10) 全年利润总额 750 万元。

已知:公益性捐赠支出,在年度利润总额 12%以内的部分,准予在计算应纳税所得额时扣除。

要求:根据上述资料,不考虑其他因素,回答下列小题。

9. 根据资料,下列选项中,可以计入收入总额的是(　　)。

A. 收到乙公司的投资款 2 000 万元

B. 手机销售收入 8 000 万元

C. 提供专利权的使用权取得收入 100 万元

D. 确实无法偿付的应付款项 6 万元

10. 在计算甲公司 2020 年度企业所得税应纳税所得额时,准予扣除的利息支出下列计算公式中正确的是(　　)。

A. 250×6%÷12×6＝7.5(万元)

B. 250×6%÷12×6＋50×10%÷12×6＝10(万元)

C. 250×10%÷12×6＋50×10%÷12×6＝15(万元)

D. 250×6%÷12×6＋50×6%÷12×6＝9(万元)

11. 下列各项中，在计算甲公司2020年度企业所得税应纳税所得额时，不得扣除的是(　　)。

A. 发生的合理的会议费30万元　　B. 向保险公司缴纳的保险费5万元

C. 计提的坏账准备金15万元　　D. 非广告性质的赞助支出20万元

12. 甲公司在计算甲公司2020年度企业所得税应纳税所得额时，准予扣除的捐赠支出为(　　)万元。

A. 91　　B. 89　　C. 80　　D. 90

(四) 甲企业为居民企业，2020年发生部分经济事项如下：

(1) 销售产品收入4 000万元，出租办公楼租金收入240万元；信息技术服务费收入80万元。

(2) 用产品换取原材料，该批产品不含增值税售价70万元。

(3) 实发合理工资薪金总额2 000万元，发生职工福利费300万元，职工教育经费60万元，工会经费24万元。

(4) 支付诉讼费4万元，工商行政部门罚款6万元，母公司管理费136万元，直接捐赠给贫困地区小学14万元。

(5) 缴纳增值税180万元，消费税38万元，资源税12万元，城市维护建设税和教育费附加23万元。

要求：根据上述资料，分别回答下列问题。

13. 下列业务中，在计算企业所得税应纳税所得额时，应当计入收入总额的是(　　)。

A. 销售产品收入4 000万元　　B. 出租办公楼租金收入240万元

C. 信息技术服务费收入80万元　　D. 用产品换取原材料70万元

14. 下列税费中，在计算企业所得税应纳税所得额时，准予扣除的是(　　)。

A. 增值税180万元　　B. 消费税38万元

C. 资源税12万元　　D. 城市维护建设税和教育费附加23万元

15. 下列支出中，在计算企业所得税应纳税所得额时，准予全额扣除的是(　　)。

A. 职工教育经费60万元　　B. 工会经费24万元

C. 职工福利费300万元　　D. 工资薪金总额2 000万元

16. 下列支出中，在计算企业所得税应纳税所得额时，不得扣除的是(　　)。

A. 工商行政部门罚款6万元　　B. 母公司管理费136万元

C. 诉讼费4万元　　D. 直接捐赠给贫困地区小学14万元

(五) 中国公民陈某为国内某大学教授。2020年1～4月有关收支情况如下：

(1) 1月转让一套住房，取得含增值税销售收入945 000元。该套住房原值840 000元，系陈某2019年8月购入。本次转让过程中，发生合理费用5 000元。

(2) 2月获得当地教育部门颁发的区(县)级教育方面的奖金10 000元。

(3) 3月转让从公开发行市场购入的上市公司股票 6 000 股，取得股票转让所得 120 000元。

(4) 4月在甲电信公司购话费获赠价值 390 元的手机一部；获得乙保险公司给付的保险赔款 30 000 元。

假设陈某 2020 年其他收入及相关情况如下：

(1) 工资、薪金所得 190 000 元，专项扣除 40 000 元。

(2) 劳务报酬所得 8 000 元，稿酬所得 5 000 元。

已知：财产转让所得个人所得税税率为 20%，个人将购买不足 2 年的住房对外销售的，按照 5%的征收率全额缴纳增值税。综合所得，每一纳税年度减除费用 60 000 元；劳务报酬所得、稿酬所得以收入减除 20%的费用后的余额为收入额；稿酬所得的收入减按 70%计算。

个人所得税税率(节选)如表 6-2 所示。

表 6-2 个人所得税税率表(节选)

综合所得适用

级数	全年应纳税所得额	税率	速算扣除数
1	不超过 36 000 元	3%	0
2	超过 36 000 元不超过 144 000 元的部分	10%	2 520

要求：根据上述资料，不考虑其他因素，分析回答下列小题。

17. 计算陈某 1 月转让住房应缴纳个人所得税税额的下列算式中，正确的是(　　)。

A. [945 000 ÷ (1 + 5%) − 840 000 − 5 000] × 20% = 11 000(元)

B. 945 000 − 840 000 × 20% = 21 000(元)

C. (945 000 − 840 000 − 5 000) × 20% = 20 000(元)

D. [945 000 ÷ (1 + 5%) − 840 000] × 20% = 12 000(元)

18. 计算陈某 1 月转让住房应纳增值税税额的下列式中，正确的是(　　)。

A. 945 000 × 5% = 47 250(元)

B. [945 000 − 840 000 ÷ (1 + 5%)] × 5% = 5 000(元)

C. 945 000 ÷ (1 + 5%) × 5% = 45 000(元)

D. (945 000 − 840 000) × 5% = 5 250(元)

19. 陈某的下列所得中，不纳个人所得税的是(　　)。

A. 区(县)级教育方面的奖金 10 000 元　　B. 获赠价值 390 元的手机

C. 股票转让所得 120 000 元　　D. 获得的保险赔款 30 000 元

20. 下列关于陈某 2020 年综合所得应缴纳个人所得税的算式中，正确的是(　　)。

A. [190 000 + 8 000 × (1 − 20%) + 5 000 × (1 − 20%) × 70% − 60 000 − 40 000] × 10% − 2 520 = 7 400(元)

B. (190 000－60 000－40 000)×10%－2 520＋8 000×(1－20%)×3%＋5 000×70%×3%＝6 756(元)

C. (190 000－60 000－40 000)×10%－2 520＋8 000×(1－20%)×3%＋5 000×(1－20%)×70%×3%＝6 756(元)

D. (190 000＋8 000＋5 000×70%－60 000－40 000)×10%－2 520＝7 630(元)

第三部分　参考答案

一、单项选择题

1. C	2. C	3. A	4. C	5. D	6. C	7. A	8. D	9. B	10. B
11. D	12. C	13. D	14. D	15. A	16. A	17. A	18. D	19. D	20. B
21. C	22. B	23. B	24. C	25. A	26. C	27. D	28. C	29. A	30. D
31. D	32. D	33. A	34. C	35. B					

重难点解析：

1. 非居民企业是指依照外国(地区)法律、法规成立且实际管理机构不在中国境内，但在中国境内设立机构、场所的，或者在中国境内未设立机构场所，但有来源于中国境内所得的企业。

2. 选项C征收个人所得税。

3. 企业为促进商品销售而在商品价格上给予价格折扣属于商业折扣，商品销售涉及商业折扣的，应该扣除折扣额作为商品的销售额，故应确认收入＝45.2÷(1＋13%)×90%＝36(万元)。

4. 选项A，权益性投资收益，按照被投资方作出利润分配决定的日期确认收入的实现。选项B，接受捐赠收入，按照实际收到捐赠资产的日期确认收入的实现。选项D，租金收入，按照合同约定的承租人应付租金的日期确认收入的实现。

5. 选项A属于免税收入。选项B为应税收入。选项C，如果是从符合条件的非上市居民企业取得的股息红利免税，从符合条件的上市居民企业取得的持有期间超过12个月免税，不足12个月不免税。

6. 选项A属于不征税收入。选项B属于应税收入，应缴纳企业所得税。选项C属于免税收入。选项D属于不征税收入。

7. 不征税收入是指从性质和根源上不属于企业营利性活动带来的经济利益、不作为应纳税所得额组成部分的收入。包括财政拨款；依法收取并纳入财政管理的行政事业性收费、政府性基金等。

8. 选项B，接受捐赠收入，按照“实际收到”捐赠资产的日期确认收入的实现。选项C，租金收入，按照“合同约定”的承租人应付租金的日期确认收入的实现。选项A，股息、红利等权益性投资收益，除国务院财政、税务主管部门另有规定外，按照被投资方作出利润分配决定的日期确认收入的实现。

9. 在计算企业所得税应纳税所得额时，不得扣除的项目有：向投资者支付的股息、红利等权益性投资收益款项；企业所得税税款；税收滞纳金；罚金、罚款和被没收财物的损失。但是纳税人按照经济合同规定支付的违约金(包括银行罚息)、罚款和诉讼费用，准予在税前扣除；超过规定标准的捐赠支出；非广告性质的赞助支出；未经核定的准备金支出；企业之间支付的管理费、企业内营业机构之间支付的租金和特许权使用费，以及非银行企业内营业机构之间支付的利息，不得扣除。

10. 选项ACD在计算应纳税所得额时允许扣除。

11. 企业发生的与其生产、经营活动有关的业务招待费支出，按照发生额的60%扣除，但最高不得超过当年销售(营业)收入的5‰。业务招待费扣除限额1＝1 000×5‰＝5(万元)，业务招待费扣除限额2＝6×60%＝3.6(万元)。在税前准予扣除的业务招待费为3.6万元。

12. 直接捐赠的6万元不得扣除；通过公益性社会组织捐赠的4万元，扣除限额＝30×12%＝3.6(万元)，准予扣除的捐赠额为3.6万元。

13. 自2019年1月1日起，保险企业发生的与其经营活动有关的手续费及佣金支出，企业所得税进行税前扣除的比例提高至18%。

14. 下列固定资产不得计算折旧扣除；房屋、建筑物以外未投入使用的固定资产；以经营租赁方式租入的固定资产；以融资租赁方式租出的固定资产；已足额提取折旧仍继续使用的固定资产；与经营活动无关的固定资产；单独估价作为固定资产入账的土地；其他不得计算折旧扣除的固定资产。

15. 外购固定资产，以购买价款和支付的相关税费以及直接归属于使该资产达到预定用途发生的企业支出为计税基础。

16. 境外所得抵免限额＝300×25%＝75(万元)。大于在境外已缴纳的所得税税额60万元，需要在我国补税。在我国应缴纳的企业所得税用境内外总所得减去实际在境外已交的所得税，应缴纳的企业所得税＝(1 000＋300)×25%－60＝265(万元)。

17. 企业从事花卉、茶以及其他饮料作物和香料作物的种植，海水养殖、内陆养殖的所得，减半征收企业所得税。

19. 企业应当自年度终了之日起5个月内，向税务机关报送年度企业所得税纳税申报表，并汇算清缴，结清应缴应退税款。

20. 综合所得包括工资薪金所得、劳务报酬所得、稿酬所得和特许权使用费所得。

21. 出租车归个人即李某所有，挂靠出租汽车经营单位的按照经营所得计征个税。

22. 个体工商户代其从业人员或者他人负担的税款，不得税前扣除。

23. 证券经纪人从证券公司取得的佣金收入，按照“劳务报酬所得”项目缴纳个人所得税。

24. 财产租赁所得，以一个月内取得的收入为一次。

25. 从业人员工资可以扣除,财产保险费可以扣除,合理的劳动保护支出可以扣除。

26. 偶然所得以每次取得的收入全额征税,不得扣除购买彩票、领奖的交通食宿支出。

27. 财产转让的计税依据为:应纳税所得额=转让财产收入-原值-合理费用。

28. 财产租赁所得,按照每次(月)收入不足4 000元的,应纳税额=[每次(月)收入额-财产租赁过程中缴纳的税费-由纳税人负担的租赁财产实际开支的修缮费用(800元为上限)-800元]×20%。

29. 偶然所得以每次取得的收入全额征税,不得扣除购买彩票、领奖的交通食宿支出。题目中通过市教育局捐赠给农村义务教育支出允许税前全额扣除。

30. 对个人出租住房取得的所得暂减按10%的税率征收个人所得税。财产租赁所得,每次(月)收入在4 000元以上的,应纳税额=[每次(月)收入额-财产租赁过程中缴纳的税费-由纳税人负担的租赁财产实际开支的修缮费用(800元为限)]×(1-20%)×10%。王某应缴纳的个人所得税=(6 000-240-800)×(1-20%)×10%=396.8(元)。

31. 个人的获奖所得按照"偶然所得"项目计征个人所得税;偶然所得按照每次收入额计征个人所得税,没有相关减除规定;偶然所得适用的个人所得税税率为20%。

32. 按国家统一规定发给干部、职工的退休工资,免征个人所得税。

33. 居民个人从中国境外取得所得的,应当在取得所得的次年3月1日至6月30日内申报纳税。

34. 加计扣除是指按照税法规定在实际发生数额的基础上,再加成一定比例,作为计算应纳税所得额时的扣除数额的一种税收优惠措施。本题中的企业当年研发费用实际为20万元,就可按35万元(20×175%)数额在税前进行扣除。

35. 根据规定,企业发生的符合条件的广告费和业务宣传费,除国务院财政、税务主管部门另有规定外,不超过当年销售(营业)收入15%的部分,准予扣除;超过的部分,准予在以后纳税年度结转扣除。广告费和业务宣传费的扣除限额=销售(营业)收入×15%=(1 500+18)×15%=227.7(万元),当年实际发生额180万元与上年结转的广告费46万元共226万元,小于了扣除限额227.7万元,当年准予在企业所得税前扣除的广告费金额为226万元。

二、多项选择题

1. ABD	2. ABC	3. ABCD	4. ABD	5. ABC
6. ABCD	7. BD	8. ABC	9. ABCD	10. ACD
11. CD	12. ABD	13. ABD	14. ABCD	15. ABC
16. ACD	17. BCD	18. AC	19. ABCD	20. AC
21. ABD	22. ABCD	23. AC	24. BCD	25. ABC
26. ABC	27. ABCD	28. ABD	29. ABCD	30. AD

重难点解析：

1. 选项C，在境外提供的劳务收入是在境外取得的所得。

2. 企业所得税纳税人包括各类企业、事业单位、社会团体、民办非企业单位和从事经营活动的其他组织。依照中国法律成立的个人独资企业、合伙企业，不属于企业所得税纳税义务人，不缴纳企业所得税。

3. 企业所得税所得来源地的确定：销售货物所得，按照交易活动发生地确定；提供劳务所得，按照劳务发生地确定；转让财产所得，不动产转让所得按照不动产所在地确定，动产转让所得按照转让动产的企业或者机构、场所所在地确定；权益性投资资产转让所得按照被投资企业所在地确定；股息、红利等权益性投资所得，按照分配所得的企业所在地确定；利息所得、租金所得、特许权使用费所得，按照负担、支付所得的企业或者机构、场所所在地确定，或者按照负担、支付所得的个人的住所地确定；其他所得，由国务院财政、税务主管部门确定。

4. 选项C，不动产转让所得，按照不动产所在地确定所得来源地。

5. 货币形式的收入包括现金、存款、应收账款、应收票据、准备持有至到期的债券以及债务的豁免等。

6. 收入总额包括：销售货物收入、提供劳务收入、转让财产收入、股息、红利等权益性投资收益、利息收入、租金收入、特许权使用费收入、接受捐赠收入、其他收入。

7. 选项C，销售商品采取预收款方式的，在发出商品时确认收入。选项A，销售商品需要安装和检验的，在购买方接受商品以及安装和检验完毕时确认收入。如果安装程序比较简单，可在发出商品时确认收入。

8. “银行罚息”“违约金”“诉讼费”可以扣除。

9. 选项ABCD均可计入税金及附加在当期扣除。

10. “新房子可扣，新设备不可扣”。

11. 选项C，房屋、建筑物以外未投入使用的固定资产不得计提折旧扣除。选项D，以融资租赁方式租出的固定资产，不得计提折旧扣除。

12. 企业以经营租赁方式租入的固定资产、以融资租赁方式租出的固定资产不得计算折扣扣除。企业应当自固定资产投入使用月份的次月起计算折旧；停止使用的固定资产，应当自停止使用月份的次月起停止计算折旧。

13. 通过选项A捐赠、选项D投资、非货币性资产交换、选项B债务重组等方式取得的无形资产，以该资产的公允价值和支付的相关税费为计税基础；选项C自行开发的无形资产，以开发过程中该资产符合资本化条件后至达到预定用途前发生的支出为计税基础。

14. 生产性生物资产，包括经济林、薪炭林、产畜和役畜等。

15. 企业使用或者销售的存货的成本计算方法，可以在先进先出法、加权平均法、个别计价法中选用一种。

16. 长期待摊费用是指企业发生的应在1个年度以上或几个年度进行摊销的费用。在计算应纳税所得额时，企业发生的下列支出，作为长期待摊费用，按照规定摊销的，准予扣除：已足额提取折旧的固定资产的改建支出，按照固定资产预计尚可使用年限分期摊销。租入固定资产的改建支出，按照合同约定的剩余租赁期限分期摊销。固定资产的大修理支出，按照固定资产尚可使用年限分期摊销。

17. 下列固定资产不得计算折旧扣除：选项B房屋、建筑物以外未投入使用的固定资产；以经营租赁方式租入的固定资产；以融资租赁方式租出的固定资产；选项C已足额提取折旧仍继续使用的固定资产；选项D与经营活动无关的固定资产；单独估价作为固定资产入账的土地；其他不得计算折旧扣除的固定资产。其他的固定资产计提的折旧是可以扣除的。

18. 花卉、茶以及其他饮料作物和香料作物的种植，海水养殖、内陆养殖减半征收。

19. 不适用税前加计扣除政策：烟草制造业、住宿和餐饮业、批发和零售业、房地产业、租赁和商务服务业、娱乐业、财政部和国家税务总局规定的其他行业。

20. 加计扣除优惠有两个项目，选项C研究开发费用和选项A安置残疾人员所支付的工资；购置环节保护设备所支付的价款可以“抵减应纳税额”，不是加计扣除。

21. 符合条件的小型微利企业，是指从事国家非限制和禁止行业，并符合年度应纳税所得额不超过300万元、从业人数不超过300人、资产总额不超过5 000万元三个条件的企业。

23. 属于个人所得税综合所得的有：工资薪金所得、劳务报酬所得、稿酬所得、特许权使用费所得。

24. 杂志社的编辑、记者在本单位杂志上发表作品取得的所得按照“工资薪金”计算缴纳个人所得税。出版社的专业作者撰写、编写或翻译的作品，由本社以图书形式出版而取得的稿费收入，应按“稿酬所得”项目计算缴纳个人所得税。

25. 选项D，按“稿酬所得”税目计缴个人所得税。

26. 专项附加扣除包括：子女教育、继续教育、大病医疗、住房贷款利息、住房租金、赡养老人。

28. 不得扣除项目包括：个人所得税税款；税收滞纳金；罚金、罚款和被没收财物的损失；不符合扣除规定的捐赠支出；赞助支出；用于个人和家庭的支出；与取得生产经营收入无关的其他支出；国家税务总局规定不准扣除的支出(例如，未经核准计提的各种准备金)。

29. 纳税人需要办理纳税申报的7种情况：取得劳务报酬所得、稿酬所得、特许权使用费所得中一项或者多项所得，且综合所得年收入额减去专项扣除的余额超过6万元的需要年终办理汇算清缴；取得应税所得没有扣缴义务人；取得应税所得，扣缴义务人未扣缴税款；取得境外所得；因移居境外注销中国户籍；非居民个人在中国境内从两处以上取得工资、薪金所得；国务院规定的其他情形。

30. 根据个人所得税税法规定：劳动分红和年终加薪不分种类和取得情况，一律按工薪所得交税，故选项A应选。工资薪金所得项目中，有一些不计人征税项目的所得和免税所得，其中不计入征税项目的所得有：①独生子女补贴。②执行公务员工资制度未纳入基本工资总额的补贴、津贴差额和家属成员的副食品补贴。③托儿补助费。④差旅费津贴、误餐补助，但对以误餐补助名义的发给职工的补助要征税，故选项D应选。

三、判断题

1. ×	2. ×	3. ×	4. ×	5. √	6. √	7. ×	8. ×	9. ×	10. ×
11. √	12. ×	13. ×	14. ×	15. √	16. ×	17. √	18. √	19. ×	20. ×

重难点解析：

1. 在中国境内设立机构、场所的非居民企业取得的发生在中国境外但与其所设机构、场所有实际联系的应在我国缴纳企业所得税。

2. 在中国境内设立机构、场所且取得的所得与其所设机构、场所有实际联系的非居民企业，适用的企业所得税税率为25%。

3. 以分期收款方式销售货物的，按照合同约定的收款日期确认收入的实现。

4. 利息收入按照合同约定的债务人应付利息的日期确认收入。

7. 企业从事海水养殖、内陆养殖取得的所得，减半征收企业所得税。

8. 纳税人享受减税、免税待遇的，在减税、免税期间应当按照规定办理纳税申报。

9. 在中国境内无住所的约翰于2020年3月1日来中国工作，2020年12月31日离境。新税法规定，只要在一年内在中国境内住满183天的个人即构成中国税收居民纳税人。在2020年，约翰在一年内在中国境内住满183天，为中国税收居民纳税人。

10. 退职人员再任职取得的收入，在减除按税法规定的费用扣除标准后，按“工资、薪金所得”项目缴纳个人所得税。

11. 在中国境内有住所，或者无住所而一个纳税年度内在境内居住满183天的个人，属于我国个人所得税的居民纳税人，从中国境内和境外取得的所得，都依照规定在我国缴纳个人所得税。

12. 作者去世后，财产继承人取得的遗作稿酬，征收个人所得税。

13. 不属于工资、薪金所得的项目具体包括：独生子女补贴；执行公务员工资制度未纳入基本工资总额的补贴、津贴差额和家属成员的副食品补贴；托儿补助费；差旅费津贴、误餐补助（但是注意：单位以误餐补助名义发放给职工的补助、津贴不包括在内）。

14. 个人将其书画文学作品以图书、报刊方式出版、发表而取得的所得是“稿酬所得”。

16. 个人通过网络收购玩家的虚拟货币，加价后向他人出售取得的收入，属于个人所得税应税所得，应按照“财产转让所得”项目计算缴纳个人所得税。

18. 纳税人享受减税、免税待遇的，在减免税期间应当按照规定办理纳税申报。

19. 综合所得，包括工资、薪金所得，劳务报酬所得，稿酬所得，特许权使用费所得四项。

20. 纳税人为独生子女的，按照每年24 000元（每月2 000元）的标准定额扣除赡养老人的专项附加扣除。

四、不定项选择题

1. AC	2. A	3. A	4. B	5. BCD
6. D	7. BC	8. A	9. ABCD	10. D
11. CD	12. C	13. ABCD	14. BCD	15. ABD
16. ABD	17. A	18. C	19. BCD	20. A

重难点解析：

1. 国债利息收入免税，需纳税调减。向市场监管部门缴纳的罚款，按税法规定不得税前扣除，需要纳税调增。居民企业的股息收入暂免征收企业所得税，需纳税调减。

2. 实际发生未形成无形资产计入当期损益的新产品研究开发费用194万元，未形成固定资产的研发费用在原扣除的基础上加计扣除100%，需纳税调减194×100%＝194万元。

3. 接受捐赠应将材料价值及其相关税费金额计入营业外收入，确认为当期所得，缴纳企业所得税。

接受捐赠的会计分录：

借：原材料　20

　应交税费——应交增值税(进项税额)　2.6

　贷：营业外收入　22.6

但会计上记在了“资本公积”，故应该纳税调增。

5. 存货盘盈冲减管理费用，不计入收入。

6. 直接捐赠不可以税前扣除。

7. 国债利息免税纳税调减，直接捐赠不可以税前扣除纳税调增。

8. 考核企业所得税计算的间接法。应纳税所得额＝会计利润总额±纳税调整项目金额，国债利息收入1.5万元免税收入，故调减。直接向某大学的捐赠在税法上不得扣除，故调增，应纳税所得额＝280－1.5－1。企业购置并实际使用规定的环境保护、节能节水、安全生产等专用设备的，该专用设备的投资额的10%可以从企业当年的应纳税额中抵免(此条件可以直接锁定答案A)。

9. 选项A属于接受捐赠收入。选项B属于销售货物收入。选项C属于特许权使用费收入。选项D属于其他收入。

10. 甲公司为非金融企业，其借款对象区分金融企业和非金融企业。甲公司与金融企业借款准予扣除，甲公司与非全融企业丙公司借款按照不超过金融企业同期同类贷款利率部分准予扣除。

11. 未经核定的准备金支出、赞助支出不得在计算应纳税所得额时扣除。

12. 税法扣除限额＝750×12%＝90(万元)。甲公司直接向某小学捐赠9万元和向贫困户王某捐赠2万元不得扣除。按本期发生通过市民政部门用于公益事业的捐赠支出80万元进行扣除。

13. 选项ABCD均属于收入总额。特别注意选项D,视同销售产品,应计入收入总额。

14. 利用排除法,准予在企业所得税税前扣除的税金不包括缴纳的增值税和预缴的企业所得税,故排除A选项。

15. 选项A,职工教育经费税前扣除限额＝2 000×8%＝160(万元),实际发生额(60万元)未超过扣除限额,准予税前全额扣除。选项B,工会经费税前扣除限额＝2 000×2%＝40(万元)。实际发生额(24万元)未超过扣除限额,准予税前全额扣除。选项C,职工福利费税前扣除限额＝2 000×14%＝280(万元),实际发生额(300万元)超过了扣除限额,税前只能扣除280万元。选项D,企业发生的合理的工资薪金支出,准予税前全额扣除。

16. 选项A,罚金、罚款和被没收的财物,税前不得扣除。选项B,企业之间支付的管理费,税前不得扣除。选项C,纳税人按照经济合同规定支付的违约金(包括银行罚息)罚款和诉讼费用,税前准予扣除。选项D,纳税人"直接"向受赠人的捐赠不允许税前扣除。

17. 陈某转让住房取得收入属于财产转让所得,应缴纳个人所得税税额的计算公式为:应按税额＝[收入金额(不含增值税)－原值－合理费用]×税率＝[945 000÷(1＋5%)－840 000－5 000]×20%＝11 000(元)。

18. 个人将购买不足2年的住房对外销售的,按照5%的征收率全额纳增值税,陈某2019年8月购入住房不足2年,于2020年1月转让,因此按5%征收,即应纳增值税税额945 000－(1＋5%)×5%＝45 000(元)。计算增值税时不能扣除房产原值,需要与个人所得税进行区分。

19. 省级人民政府、国务院部委和中国人民解放军军以上单位,以及外国组织、国际组织颁发的科学、教育、技术、文化、卫生、体育、环境保护等方面的奖金免征个税,选项A错误。企业向个人销售商品提供服务的同时给予赠品,不征个税。保险赔款免税。

20. 应纳税所得额＝190 000＋8 000×(1－20%)＋5 000×(1－20%)×70%－60 000－40 000＝99 200(元)。其中每一纳税年度减除费用60 000元,劳务报酬所得、稿酬所得以收入减除20%的费用后的余额为收入额,稿酬所得再额外打7折,专项扣除40 000元。算出99 200元查表定级距,故选项A正确。

第七章　其他税收法律制度

第一部分　内容概要

一、资源税法律制度

(一) 资源税纳税人

资源税的纳税人，是指在中华人民共和国领域及管辖海域开采《资源税暂行条例》规定的矿产品或者生产盐(以下简称“开采或者生产应税产品”)的单位和个人。

(二) 资源税征税范围

我国目前资源税的征税范围仅涉及矿产品和盐两大类，具体包括：原油、天然气、煤炭、其他非金属矿、金属矿及海盐。

(三) 资源税应纳税额的计算

1. 税目

现行资源税税目包括原油、天然气、煤炭等非金属矿和金矿、铁矿等金属矿，以及海盐等资源品目。

2. 税率

资源税采用比例税率和定额税率两种形式。

3. 计税依据

资源税以纳税人开采或者生产应税产品的销售额或者销售数量为计税依据。

4. 应纳税额的计算

(1) 实行从价定率计征办法的应税产品，资源税应纳税额按销售额和比例税率计算：

应纳税额 = 应税产品的销售额 × 适用的比例税率

(2) 实行从量定额计征办法的应税产品，资源税应纳税额按销售数量和定额税率计算：

应纳税额 = 应税产品的销售数量 × 适用的定额税率

(3) 扣缴义务人代扣代缴资源税应纳税额的计算：

代扣代缴应纳税额 = 收购未税矿产品的数量 × 适用的定额税率

二、城镇土地使用税法律制度

（一）城镇土地使用税纳税人

城镇土地使用税的纳税人，是指在税法规定的征税范围内使用土地的单位和个人。

（二）城镇土地使用税征税范围

城镇土地使用税的征税范围是税法规定的纳税区域内的土地。

（三）城镇土地使用税应纳税额的计算

1. 税率

城镇土地使用税采用定额税率。

（1）大城市（非农业人口 50 万人以上）税额为每平方米年税额 1.5～30 元。

（2）中等城市（非农业人口为 20 万人～50 万人）税额为每平方米年税额 1.2～24 元。

（3）小城市（非农业人口 20 万人以下）税额为每平方米年税额 0.9～18 元。

（4）县城、建制镇、工矿区税额为每平方米年税额 0.6～12 元。

2. 计税依据

（1）凡由省级人民政府确定的单位组织测定土地面积的，以测定的土地面积为准。

（2）尚未组织测定，但纳税人持有政府部门核发的土地使用证书的，以证书确定的土地面积为准。

（3）尚未核发土地使用证书的，应由纳税人据实申报土地面积，并据以纳税，待核发土地使用证书后再作调整。

3. 应纳税额的计算

城镇土地使用税是以纳税人实际占用的土地面积为计税依据，按照规定的适用税额计算征收。

年应纳税额 ＝ 实际占用应税土地面积（平方米）× 适用税额

三、房产税法律制度

（一）房产税纳税人

房产税的纳税人，是指在我国城市、县城、建制镇和工矿区内拥有房屋产权的单位和个人。

（二）房产税征税范围

房产税的征税范围为城市、县城、建制镇和工矿区的房屋。

（三）房产税应纳税额的计算

1. 从价计征的房产税

（1）税率。我国现行房产税采用比例税率。从价计征的，税率为 1.2%。

(2) 计税依据。从价计征的房产税,是以房产余值为计税依据。房产税依照房产原值一次减除10%～30%后的余值计算缴纳。具体扣减比例由省、自治区、直辖市人民政府确定。

(3) 应纳税额的计算。

$$从价计征的房产税应纳税额 = 应税房产原值 \times (1 - 扣除比例) \times 1.2\%$$

2. 从租计征的房产税

(1) 税率。我国现行房产税采用比例税率。从租计征的,税率为12%。

(2) 计税依据。房产出租的,以房屋出租取得的租金收入为计税依据,计缴房产税。计征房产税的租金收入不含增值税。

(3) 应纳税额的计算。

$$从租计征的房产税应纳税额 = 租金收入 \times 12\%(或 4\%)$$

四、契税法律制度

(一) 契税纳税人

契税的纳税人,是指在我国境内承受土地、房屋权属转移的单位和个人。

(二) 契税征税范围

契税的征税范围主要包括:国有土地使用权出让、土地使用权转让、房屋买卖、房屋赠与、房屋交换及其他转移土地、房屋权属的形式。

(三) 契税应纳税额的计算

1. 税率

契税采用比例税率,实行3%～5%的幅度税率。

2. 计税依据

(1) 国有土地使用权出让、土地使用权出售、房屋买卖,以成交价格作为计税依据。

(2) 土地使用权赠与、房屋赠与,由征收机关参照土地使用权出售、房屋买卖的市场价格核定。

(3) 土地使用权交换、房屋交换,以交换土地使用权、房屋的价格差额为计税依据。

(4) 以划拨方式取得土地使用权,经批准转让房地产时应补交的契税,以补交的土地使用权出让费用或土地收益作为计税依据。

3. 应纳税额的计算

契税应纳税额依照省、自治区、直辖市人民政府确定的适用税率和税法规定的计税依据计算征收。其计算公式为:

$$契税应纳税额 = 计税依据 \times 税率$$

五、土地增值税法律制度

（一）土地增值税纳税人

土地增值税的纳税人为转让国有土地使用权、地上建筑物及其附着物（以下简称“转让房地产”）并取得收入的单位和个人。

（二）土地增值税征税范围

（1）土地增值税只对转让国有土地使用权的行为征税，对出让国有土地的行为不征税。

（2）土地增值税对转让地上建筑物及其他附着物产权的行为征税。

（3）土地增值税只对有偿转让的房地产征税，对以继承、赠与等方式无偿转让的房地产，不予征税。

（三）土地增值税应纳税额的计算

1. 税率

土地增值税实行四级超率累进税率：

（1）增值额未超过扣除项目金额50%的部分，税率为30%。

（2）增值额超过扣除项目金额50%、未超过扣除项目金额100%的部分，税率为40%。

（3）增值额超过扣除项目金额100%、未超过扣除项目金额200%的部分，税率为50%。

（4）增值额超过扣除项目金额200%的部分，税率为60%。

2. 计税依据

土地增值税的计税依据是纳税人转让房地产所取得的增值额。转让房地产的增值额，是纳税人转让房地产的收入减除税法规定的扣除项目金额后的余额。土地增值额的大小，取决于转让房地产的收入额和扣除项目金额两个因素。

3. 应纳税额的计算

土地增值税按照纳税人转让房地产所取得的增值额和规定的税率计算征收。

$$\text{土地增值税的应纳税额} = \sum(\text{每级距的增值额} \times \text{适用税率})$$

由于分步计算比较繁琐，一般可以采用速算扣除法计算，具体计算步骤为：

（1）计算增值额。

$$\text{增值额} = \text{房地产转让收入} - \text{扣除项目金额}$$

（2）计算增值率。

$$\text{增值率} = \text{增值额} \div \text{扣除项目金额} \times 100\%$$

（3）确定适用税率。按照计算出的增值率，从土地增值税税率表中确定适用税率。

（4）计算应纳税额。

$$\text{土地增值税应纳税额} = \text{增值额} \times \text{适用税率} - \text{扣除项目金额} \times \text{速算扣除系数}$$

六、车船税法律制度

(一) 车船税纳税人

车船税的纳税人,是指在中华人民共和国境内属于《车船税法》所附《车船税税目税额表》规定的车辆、船舶(以下简称“车船”)的所有人或者管理人。

从事机动车第三者责任强制保险业务的保险机构为机动车车船税的扣缴义务人。

(二) 车船税征收范围

车船税的征税范围是指在中华人民共和国境内属于车船税法所规定的应税车辆和船舶,具体包括:依法应当在车船登记管理部门登记的机动车辆和船舶;依法不需要在车船登记管理部门登记的在单位内部场所行驶或者作业的机动车辆和船舶。

(三) 车船税应纳税额的计算

1. 税目

车船税的税目分为 6 大类,包括乘用车、商用车、挂车、其他车辆、摩托车和船舶。

2. 税率

车船税采用定额税率,又称固定税额,具体税率见教材《车船税税目税额表》。

3. 计税依据

车船税以车船的计税单位数量为计税依据。《车船税法》按车船的种类和性能,分别确定每辆、整备质量每吨、净吨位每吨和艇身长度每米为计税单位。其计税依据具体如下:

(1) 乘用车、商用客车和摩托车,以辆数为计税依据。

(2) 商用货车、挂车、专用作业车和轮式专用机械车,以整备质量吨位数为计税依据。

(3) 机动船舶,以净吨位数为计税依据。

(4) 游艇以艇身长度为计税依据。

4. 应纳税额的计算

(1) 乘用车、客车和摩托车。

$$应纳税额 = 辆数 \times 适用年基准税额$$

(2) 货车、挂车、专用作业车和轮式专用机械车。

$$应纳税额 = 整备质量吨位数 \times 适用年基准税额$$

(3) 机动船舶。

$$应纳税额 = 净吨位数 \times 适用年基准税额$$

(4) 拖船和非机动驳船。

$$应纳税额 = 净吨位数 \times 适用年基准税额 \times 50\%$$

(5) 游艇。

$$应纳税额 = 艇身长度 \times 适用年基准税额$$

七、印花税法律制度

（一）印花税纳税人

订立、领受在中华人民共和国境内具有法律效力的应税凭证，或者在中华人民共和国境内进行证券交易的单位和个人，为印花税的纳税人，应当依法缴纳印花税。

（二）印花税征税范围

我国经济活动中发生的经济凭证种类繁多、数量巨大，现行印花税采取正列举形式，只对法律规定中列举的凭证征收，没有列举的凭证不征税。

（三）印花税应纳税额的计算

1. 税率

印花税的税率有比例税率和定额税率两种形式。具体见教材《印花税税目税率表》。

2. 计税依据

印花税的计税依据，按照下列方法确定：

（1）应税合同的计税依据，为合同列明的价款或者报酬，不包括增值税税款；合同中价款或者报酬与增值税税款未分开列明的，按照合计金额确定。

（2）应税产权转移书据的计税依据，为产权转移书据列明的价款，不包括增值税税款；产权转移书据中价款与增值税税款未分开列明的，按照合计金额确定。

（3）应税营业账簿的计税依据，为营业账簿记载的实收资本（股本）、资本公积合计金额。

（4）应税权利、许可证照的计税依据，按件确定。

（5）证券交易的计税依据，为成交金额。

3. 应纳税额的计算

（1）应税合同的应纳税额计算公式为：

$$应纳税额 = 价款或者报酬 \times 适用税率$$

（2）应税产权转移书据的应纳税额计算公式为：

$$应纳税额 = 价款 \times 适用税率$$

（3）应税营业账簿的应纳税额计算公式为：

$$应纳税额 = 实收资本（股本）、资本公积合计金额 \times 适用税率$$

（4）证券交易的应纳税额计算公式为：

$$应纳税额 = 成交金额或者依法确定的计税依据 \times 适用税率$$

（5）应税权利、许可证照的应纳税额计算公式为：

$$应纳税额 = 应税凭证件数 \times 定额税率$$

八、其他相关税收法律制度

（一）城市维护建设税和教育费附加法律制度

1. 城市维护建设税

1）城市维护建设税纳税人

城市维护建设税的纳税人，是指在我国境内缴纳增值税、消费税的单位和个人。

2）城市维护建设税的税率

（1）税率的具体规定。城市维护建设税实行差别比例税率。纳税人所在地在市区的，税率为7%；纳税人所在地不在市区的，税率为5%。

（2）适用税率的确定。由受托方代扣代缴、代收代缴增值税、消费税的单位和个人，其代扣代缴、代收代缴的城市维护建设税按受托方所在地适用税率执行。流动经营等无固定纳税地点的单位和个人，在经营地缴纳增值税、消费税的，其城市维护建设税的缴纳按经营地适用税率执行。

3）城市维护建设税的计税依据

城市维护建设税的计税依据为纳税人实际缴纳的增值税、消费税税额，以及出口货物、劳务或者跨境销售服务、无形资产增值税免抵税额。

4）城市维护建设税应纳税额的计算

$$\text{应纳税额} = \text{实际缴纳的增值税、消费税税额和出口货物、劳务或者跨境销售服务、无形资产增值税免抵税额} \times \text{适用税率}$$

2. 教育费附加

（1）教育费附加的征收范围。教育费附加的征收范围为税法规定征收增值税、消费税的单位和个人。包括外商投资企业、外国企业及外籍个人。

（2）教育费附加的计征依据。教育费附加以纳税人实际缴纳的增值税、消费税税额之和为计征依据。

（3）教育费附加的征收比率。现行教育费附加征收比率为3%。

（4）教育费附加应纳税额的计算：

$$\text{应纳教育费附加} = \text{实际缴纳增值税、消费税税额之和} \times \text{征收比率}$$

（二）关税法律制度

1. 关税纳税人

（1）贸易性商品的纳税人是经营进出口货物的收、发货人，具体包括：①外贸进出口公司。②工贸或农贸结合的进出口公司。③其他经批准经营进出口商品的企业。

（2）物品的纳税人包括：①入境旅客随身携带的行李、物品的持有人。②各种运输工具上服务人员入境时携带自用物品的持有人。③馈赠物品以及其他方式入境个人物品的所有人。④个人邮递物品的收件人。

(3) 接受纳税人委托办理货物报关等有关手续的代理人,可以代办纳税手续。

2. 关税课税对象和税目

(1) 关税的课税对象是进出境的货物、物品。凡准许进出口的货物,除国家另有规定的以外,均应由海关征收进口关税或出口关税。对从境外采购进口的原产于中国境内的货物,也应按规定征收进口关税。

(2) 关税的税目、税率都由《海关进出口税则》规定。它包括三个主要部分:归类总规则、进口税率表、出口税率表,其中归类总规则是进出口货物分类的具有法律效力的原则和方法。

3. 关税税率

关税的税率分为进口税率和出口税率两种。其中,进口税率又分为普通税率、最惠国税率、协定税率、特惠税率、关税配额税率和暂定税率。进出口货物应当依照《海关进出口税则》规定的归类原则归入合适的税号,按照适用的税率征税。

4. 关税计税依据

我国对进出口货物征收关税,主要采取从价计征的办法,以商品价格为标准征收关税。因此,关税主要以进出口货物的完税价格为计税依据。

5. 关税应纳税额的计算

(1) 从价税计算方法。

应纳税额 = 应税进(出)口货物数量 × 单位完税价格 × 适用税率

(2) 从量税计算方法。

应纳税额 = 应税进口货物数量 × 关税单位税额

(3) 复合税计算方法。

应纳税额 = 应税进口货物数量 × 关税单位税额 + 应税进口货物数量 × 单位完税价格 × 适用税率

(4) 滑准税计算方法。对实行滑准税率的进口商品应纳关税税额的计算方法与从价税的计算方法相同。

(三) 环境保护税

1. 环境保护税纳税人

环境保护税的纳税人为在中华人民共和国领域和中华人民共和国管辖的其他海域,直接向环境排放应税污染物的企业事业单位和其他生产经营者。

2. 环境保护税征税范围

环境保护税的征税范围是《环境保护税法》所附《环境保护税税目税额表》《应税污染物和当量值表》规定的大气污染物、水污染物、固体废物和噪声等应税污染物。

3. 环境保护税税率及计税依据

环境保护税实行定额税率。具体税率及计税依据见教材《环境保护税税目税额表》。

4. 环境保护税应纳税额的计算

(1) 应税大气污染物的应纳税额＝污染当量数×具体适用税额

(2) 应税水污染物的应纳税额＝污染当量数×具体适用税额

(3) 应税固体废物的应纳税额＝固体废物排放量×具体适用税额

(4) 应税噪声的应纳税额＝超过国家规定标准的分贝数对应的具体适用税额

(四) 车辆购置税

1. 车辆购置税纳税人

在中华人民共和国境内购置汽车、有轨电车、汽车挂车、排气量超过150毫升的摩托车(以下统称应税车辆)的单位和个人，为车辆购置税的纳税人。

2. 车辆购置税征收范围

车辆购置税的征收范围包括汽车、有轨电车、汽车挂车、排气量超过150毫升的摩托车。

3. 车辆购置税税率

车辆购置税采用比例税率，税率为10%。

4. 车辆购置税计税依据

车辆购置税的计税依据为应税车辆的计税价格。

(1) 纳税人购买自用应税车辆的计税价格，为纳税人实际支付给销售者的全部价款，不包括增值税税款。

(2) 纳税人进口自用应税车辆的计税价格，为关税完税价格加上关税和消费税。

计税价格 = 关税完税价格 + 关税 + 消费税

(3) 纳税人自产自用应税车辆的计税价格，按照纳税人生产的同类应税车辆的销售价格确定，不包括增值税税款。

(4) 纳税人以受赠、获奖或者其他方式取得自用应税车辆的计税价格，按照购置应税车辆时相关凭证载明的价格确定，不包括增值税税款。

(5) 纳税人申报的应税车辆计税价格明显偏低，又无正当理由的，由税务机关依照《中华人民共和国税收征收管理法》的规定核定其应纳税额。

5. 车辆购置税应纳税额的计算

车辆购置税实行从价定率的方法计算应纳税额，其计算公式为：

应纳税额 = 计税依据 × 税率

进口应税车辆应纳税额 = (关税完税价格 + 关税 + 消费税) × 税率

(五) 耕地占用税

1. 耕地占用税纳税人

耕地占用税的纳税人为在我国境内占用耕地建设建筑物、构筑物或者从事非农业建设的单位和个人。

2. 耕地占用税征税范围

耕地占用税的征税范围包括纳税人为建设建筑物、构筑物或从事其他非农业建设而占用的国家所有和集体所有的耕地。

3. 耕地占用税税率

耕地占用税实行定额税率。根据不同地区的人均耕地面积和经济发展情况实行有地区差别的幅度税额标准，具体税率见教材《耕地占用税平均税额表》。

4. 耕地占用税计税依据

耕地占用税以纳税人实际占用的耕地面积为计税依据，按照规定的适用税额标准计算应纳税额，一次性缴纳。实际占用的耕地面积，包括经批准占用的耕地面积和未经批准占用的耕地面积。

5. 耕地占用税应纳税额的计算

耕地占用税应纳税额的计算公式为：

$$应纳税额 = 实际占用耕地面积(平方米) \times 适用税率$$

(六) 烟叶税

(1) 烟叶税纳税人。烟叶税的纳税人为在中华人民共和国境内收购烟叶的单位。

(2) 烟叶税征税范围。烟叶税的征税范围包括晾晒烟叶、烤烟叶。

(3) 烟叶税税率。烟叶税实行比例税率，税率为20%。

(4) 烟叶税计税依据。烟叶税的计税依据是纳税人收购烟叶实际支付的价款总额，包括纳税人支付给烟叶生产销售单位和个人的烟叶收购价款和价外补贴。其中，价外补贴统一按烟叶收购价款的10%计算。价款总额的计算公式为：

$$价款总额 = 收购价款 \times (1 + 10\%)$$

(5) 烟叶税应纳税额的计算公式为：

$$应纳税额 = 价款总额 \times 税率 = 收购价款 \times (1 + 10\%) \times 税率$$

(七) 船舶吨税

(1) 船舶吨税纳税人。对自中国境外港口进入中国境内港口的船舶(以下简称“应税船舶”)征收船舶吨税(以下简称“吨税”)，以应税船舶负责人为纳税人。

(2) 船舶吨税税目税率。我国现行吨税税率见教材《吨税税目税率表》。

(3) 船舶吨税计税依据。吨税以船舶净吨位为计税依据。

(4) 船舶吨税应纳税额的计算。吨税按照船舶净吨位和吨税执照期限征收，应税船舶负责人在每次申报纳税时，可以按照《吨税税目税率表》选择申领一种期限的吨税执照。应纳税额的计算公式为：

$$应纳税额 = 应税船舶净吨位 \times 适用税率$$

第二部分 练习题

一、单项选择题

1. 根据房产税法律制度的规定，下列房屋中，不属于房产税征税范围的是（　　）。

A. 建制镇的房屋　　B. 农村的房屋

C. 县城的房屋　　D. 城市的房屋

2. 下列出租住房的行为，不分用途一律减按 4%的税率征收房产税的是（　　）。

A. 企业出租在农村的住房　　B. 个人出租在城市的住房

C. 事业单位出租在县城的住房　　D. 社会团体出租在工矿区的住房

3. 2020 年甲公司的房产原值为 1 000 万元，已计提折旧 400 万元，已知从价房产税税率为 1.2%，当地规定的房产税扣除比例为 30%，下列关于甲公司当年应缴纳房产税税额的算式中，正确的是（　　）。

A. (1 000－400)×(1－30%)×1.2%＝5.04(万元)

B. (1 000－400)×1.2%＝7.2(万元)

C. 1 000×(1－30%)×1.2%＝8.4(万元)

D. 1 000×1.2%＝12(万元)

4. 甲公司委托某施工企业建造一幢办公楼，工程于 2019 年 12 月完工，2020 年 1 月办妥(竣工)验收手续，4 月付清全部工程价款。根据房产税法律制度的规定，甲公司对此幢办公楼房产税的纳税义务发生时间是（　　）。

A. 2019 年 12 月　　B. 2020 年 1 月　　C. 2020 年 2 月　　D. 2020 年 4 月

5. 根据契税法律制度的规定，下列各项中，不征收契税的是（　　）。

A. 王某与李某互换房屋并向李某补偿差价款 10 万元

B. 张某受赠房屋

C. 夏某购置商品房

D. 周某抵押房屋

6. 根据契税法律制度的规定，下列行为中，应征收契税的是（　　）。

A. 甲公司出租地下停车场　　B. 乙公司购买办公楼

C. 丙公司将房屋抵押给银行　　D. 丁公司承租仓库

7. 根据契税法律制度的规定，下列各项中，属于契税纳税人的是（　　）。

A. 受让土地使用权的单位　　B. 出租房屋的个人

C. 承租房屋的个人　　D. 转让土地使用权的单位

8. 2020 年 2 月周某以 150 万元价格出售自有住房一套，购进价格 200 万元住房一套。

已知契税适用税率为5%，下列关于周某上述行为应缴纳契税税额的算式中，正确的是（　　）。

A. 150×5%+200×5%=17.5（万元）　　B. 150×5%=7.5（万元）

C. 200×5%-150×5%=2.5（万元）　　D. 200×5%=10（万元）

9. 根据土地增值税法律制度的规定，下列各项中，属于土地增值税纳税人的是（　　）。

A. 出售房屋的企业　　B. 购买房屋的个人

C. 出租房屋的个人　　D. 购买房屋的企业

10. 根据土地增值税法律制度的规定，下列行为中，属于土地增值税征税范围的是（　　）。

A. 房地产的继承　　B. 房地产的转让

C. 房地产的重新评估　　D. 房地产的出租

11. 根据土地增值税法律制度的规定，下列各项中，在计算土地增值税计税依据时不允许扣除的是（　　）。

A. 在转让房地产时缴纳的城市维护建设税

B. 纳税人为取得土地使用权所支付的地价款

C. 土地征用及拆迁补偿费

D. 超过贷款期限的利息部分

12. 根据城镇土地使用税法律制度的规定，下列城市用地中，不属于城镇土地使用税免税项目的是（　　）。

A. 市政街道公共用地　　B. 国家机关自用的土地

C. 企业生活区用地　　D. 公园自用的土地

13. 根据城镇土地使用税法律制度的规定，下列用地中，免于缴纳城镇土地使用税的是（　　）。

A. 港口的码头用地　　B. 水电站的发电厂房用地

C. 火电厂厂区围墙内的用地　　D. 邮政部门坐落在县城内的土地

14. 甲房地产开发企业开发一住宅项目，实际占地面积12 000平方米，建筑面积24 000平方米，容积率为2.0，甲房地产开发企业缴纳的城镇土地使用税的计税依据为（　　）平方米。

A. 24 000　　B. 12 000　　C. 36 000　　D. 18 000

15. 根据车船税法律制度规定，下列各项中，属于非机动驳船计税依据的是（　　）。

A. 辆数　　B. 净吨位数　　C. 艇身长度　　D. 整备质量吨位数

16. 根据车船税法律制度规定，下列各项中，不属于车船税征税范围的是（　　）。

A. 摩托车　　B. 拖拉机　　C. 游艇　　D. 挂车

17. 甲公司2020年拥有机动船舶10艘，每艘净吨位为150吨，非机动驳船5艘，每艘净吨位为80吨，已知机动船舶使用年基准税额为每吨3元，计算甲公司当年应缴纳车船税税额的下列计算式中，正确的是（　　）。

A. $10\times150\times3\times50\%+5\times80\times3=3\ 450$（元）

B. $(10\times150+5\times80)\times3=5\ 700$（元）

C. $10\times150\times3+5\times80\times3\times50\%=5\ 100$（元）

D. $(10\times150+5\times80)\times3\times50\%=2\ 850$（元）

18. 2020年7月，甲公司开发住宅社区，经批准共占用耕地150 000平方米，其中800平方米兴建幼儿园，5 000平方米修建学校。已知耕地占用税适用税率为30元/平方米。下列关于甲公司应缴纳耕地占用税税额的算式中，正确的是（　　）。

A. $150\ 000\times30=4\ 500\ 000$（元）

B. $(150\ 000-800-5\ 000)\times30=4\ 326\ 000$（元）

C. $(150\ 000-5\ 000)\times30=4\ 350\ 000$（元）

D. $(150\ 000-800)\times30=4\ 476\ 000$（元）

19. 根据印花税法律制度的规定，下列合同中，应征收印花税的是（　　）。

A. 金融机构与小型微利企业订立的借款合同

B. 农民销售自产农产品订立的买卖合同

C. 发电厂与电网之间签订的购售电合同

D. 代理单位与委托单位之间签订的委托代理合同

20. 根据印花税法律制度的规定，下列各项中，以件数为印花税计税依据的是（　　）。

A. 记载资金的营业账簿　　B. 著作权转让书据

C. 不动产权证书　　D. 财产保险合同

21. 甲公司向乙公司租赁2台起重机并签订租赁合同，合同注明起重机总价值为80万元，租期为2个月，每台每月租金2万元。已知租赁合同适用印花税税率为1‰。根据印花税法律制度的规定，甲公司和乙公司签订该租赁合同共计应缴纳印花税（　　）元。

A. 40　　B. 80　　C. 160　　D. 800

22. 2020年12月甲钢铁厂产生炉渣200吨，其中60吨贮存在符合国家和地方环境保护标准的设施中，100吨综合利用且符合国家和地方环境保护标准，其余的直接倒弃于周边空地。已知炉渣环境保护税税率为25元/吨。下列关于甲钢铁厂当月所产生炉渣应缴纳环境保护税税额的算式中，正确的是（　　）。

A. $200\times25=5\ 000$（元）　　B. $(200-60-100)\times25=1\ 000$（元）

C. $(200-100)\times25=2\ 500$（元）　　D. $(200-60)\times25=3\ 500$（元）

23. 根据关税法律制度的规定，下列关税应纳税额计算方法中，关税税率随着进口商品价格的变动而反方向变动的是（　　）。

A. 从价税计算方法　　B. 复合税计算方法

C. 滑准税计算方法　　　　　　　　　　D. 从量税计算方法

24. 根据关税法律制度的规定，原产地不明的进口货物适用的关税税率是(　　)。

A. 普通税率　　　B. 协定税率　　　C. 特惠税率　　　D. 最惠国税率

25. 境内一单位将一批货物运往境外加工，出境时向海关报明价值 1 000 元，支付境外加工费 600 元、料件费 500 元；支付复运进境的运输费 500 元和保险费 100 元。该货物适用关税税率 10%，则该单位应缴纳的进口关税为(　　)元。

A. 110　　　B. 170　　　C. 250　　　D. 390

26. 根据环境保护税法律制度的规定，下列各项中，不属于环境保护税征税范围的是(　　)。

A. 固体废物　　　B. 光污染　　　C. 水污染　　　D. 噪声

27. 根据资源税法律制度的规定，下列各项中，不属于资源税征税范围的是(　　)。

A. 开采的原煤　　　　　　　　　　B. 以未税原煤加工的洗选煤

C. 以空气加工生产的液氧　　　　　D. 开采的天然气

28. 根据资源税法律制度的规定，下列关于资源税纳税义务发生时间的表述中，不正确的是(　　)。

A. 自产自用应税资源品目的，为移送适用应税产品的当天

B. 销售应税资源品目采取预收货款结算方式的，为收讫销售款的当天

C. 扣缴义务人代扣代缴资源税税款的，为支付首笔货款或开具应支付货款凭据的当天

D. 销售应税资源品目采取分期收款结算方式的，为销售合同规定的收款日期的当天

29. 根据资源税法律制度的规定，下列各项中，按照固定税额从量征收资源税的是(　　)。

A. 天然气　　　B. 粘土　　　C. 煤炭　　　D. 原油

30. 2020 年 9 月，甲矿场自采铅锌矿原矿对外销售，取得不含税收入 600 万元，铅锌矿征税对象为精矿，税率 3%，换算比为 1.5，当月应纳资源税的算式为(　　)。

A. $600 \times 3\%$　　　　　　　　B. $600 \div 1.5 \times 3\%$

C. $600 \times (1 - 1 \div 1.5) \times 3\%$　　　D. $600 \times 1.5 \times 3\%$

31. 根据城市维护建设税法律制度的规定，下列关于城市维护建设税税收优惠的表述中，不正确的是(　　)。

A. 对增值税实行先征后退办法的，除另有规定外，不予退还随增值税附征的城市维护建设税

B. 对增值税实行即征即退办法的，除另有规定外，不予退还随增值税附征的城市维护建设税

C. 海关对进口产品代征的增值税，不征收城市维护建设税

D. 对出口产品退还增值税的，可同时退还已缴纳的城市维护建设税

32. 2020年12月甲企业向税务机关应缴纳增值税30万元，实际缴纳20万元；向税务机关应缴纳消费税28万元，实际缴纳12万元，已知教育费附加征收比率为3%。下列关于甲企业当月应当缴纳教育费附加的算式中，正确的是（　　）。

A. 28×3%=0.84（万元）　　B. (30+28)×3%=1.74（万元）

C. (20+12)×3%=0.96（万元）　　D. 30×3%=0.9（万元）

33. 根据车辆购置税法律制度的规定，下列各项中，免征车辆购置税的是（　　）。

A. 个人购买自用的汽车　　B. 个人受赠自用的摩托车

C. 外国驻华使馆购买自用的汽车　　D. 企业自产自用的汽车

34. 根据车辆购置税法律制度的规定，下列费用中，计入车辆购置税价外费用的是（　　）。

A. 保管费　　B. 车辆购置税

C. 车辆牌照费　　D. 代办保险而向购买方收取的保险费

35. 甲企业进口自用小汽车一辆，海关审定的关税完税价格为60万元，缴纳关税15万元，消费税25万元，已知车辆购置税税率为10%。下列关于甲企业进口小汽车应缴纳车辆购置税税额的算式中，正确的是（　　）。

A. (60+25)×10%=8.5（万元）　　B. 60×10%=6（万元）

C. (60+15+25)×10%=10（万元）　　D. (60+15)×10%=7.5（万元）

36. 在人均耕地低于0.5亩的地区，省、自治区、直辖市可以根据当地经济发展情况，适当提高耕地占用税的适用税额，但提高的部分不得超过规定适用税额的（　　）。

A. 10%　　B. 30%　　C. 40%　　D. 50%

37. 根据烟叶税法律制度的规定，下列各项中，属于烟叶税纳税人的是（　　）。

A. 生产烟叶的个人　　B. 收购烟叶的单位

C. 销售香烟的单位　　D. 消费香烟的个人

38. 根据船舶吨税法律制度的规定，应税船舶负责人应当自海关填发吨税缴款凭证之日起（　　）日内缴纳税款。

A. 3　　B. 10　　C. 15　　D. 30

39. 根据船舶吨税法律制度的规定，下列船舶中，不予免征船舶吨税的是（　　）。

A. 捕捞渔船　　B. 非机动驳船　　C. 养殖渔船　　D. 军队专用船舶

40. 船舶吨税应当向（　　）缴纳。

A. 海关　　B. 税务机关　　C. 航道管理机关　　D. 海事管理机关

二、多项选择题

1. 根据房产税法律制度的规定，下列各项中，不缴纳房产税的有（　　）。

A. 老年服务机构自用的房产　　B. 个人拥有的市区经营性用房

C. 名胜古迹自用的办公用房　　D. 国家机关自用的房产

2. 根据土地增值税法律制度的规定，下列行为中，应征收土地增值税的有(　　)。

A. 企业转让国有土地使用权　　B. 政府出让国有土地使用权

C. 企业出售不动产　　D. 个人出租不动产

3. 下列各项中，属于土地增值税核定征收情形的有(　　)。

A. 依照法律、行政法规的规定应当设置但未设置账簿的

B. 擅自销毁账簿或者拒不提供纳税资料的

C. 虽设置账簿，但账目混乱或者成本资料、收入凭证、费用凭证残缺不全的

D. 申报的计税依据明显偏低，又无正当理由的

4. 根据城镇土地使用税法律制度的规定，下列关于城镇土地使用税纳税义务发生时间的表述中，正确的有(　　)。

A. 纳税人购置新建商品房，自房屋交付使用之次月起，缴纳城镇土地使用税。

B. 纳税人以出让方式有偿取得土地使用权，应从合同约定交付土地使用时间的次月起缴纳城镇土地使用税

C. 纳税人新征用的耕地，自批准征用之日起满 1 年时才开始缴纳城镇土地使用税

D. 纳税人新征用的非耕地，自批准征用次月起缴纳城镇土地使用税

5. 根据车船税法律制度的规定，下列车船中，以“辆数”为计税依据的有(　　)。

A. 商用货车　　B. 机动船舶　　C. 摩托车　　D. 商用客车

6. 根据车船税法律制度的规定，下列关于车船税纳税地点的表述中，正确的有(　　)。

A. 依法不需要办理登记的车船，纳税地点为车船的所有人或者管理人所在地

B. 纳税人自行申报纳税的车船，纳税地点为车船登记地的主管税务机关所在地

C. 需要办理登记的车船，纳税地点为车船所在地

D. 扣缴义务人未代收代缴税款的车船，纳税地点为扣缴义务人所在地

7. 根据印花税法律制度的规定，下列合同和凭证中，免征印花税的有(　　)。

A. 无息借款合同　　B. 仓储合同

C. 抢险救灾物资运输结算凭证　　D. 租赁合同

8. 根据印花税法律制度的规定，下列各项中，属于印花税纳税人的有(　　)。

A. 各类电子应税凭证的签订人　　B. 立据人

C. 立账簿人　　D. 立合同人

9. 根据关税法律制度的规定，下列各项中，属于进口关税税率的有(　　)。

A. 普通税率　　B. 协定税率　　C. 特惠税率　　D. 最惠国税率

10. 根据关税法律制度的规定，下列进口货物中，实行从价加从量复合税率计征进口关税的有(　　)。

A. 摄影机　　B. 广播用录像机　　C. 啤酒　　D. 放像机

11. 根据关税法律制度的规定，下列各项中，属于法定减免关税的有（　　）。

A. 进出境运输工具装载的途中必需的燃料、物料和饮食用品

B. 外国政府无偿赠送的物资

C. 无商业价值的广告品

D. 无商业价值的货样

12. 根据环境保护税法律制度的规定，下列各项中，属于环境保护税征税范围的有（　　）。

A. 噪声　　B. 固体废物　　C. 大气污染物　　D. 水污染物

13. 下列各项中，应计入资源税销售额的有（　　）。

A. 收取的价款　　B. 收取的包装费

C. 收取的增值税销项税额　　D. 收取的违约金

14. 根据资源税法律制度的规定，下列各项中，免征资源税的有（　　）。

A. 开采原油过程中用于加热的原油　　B. 开采原油过程中用于修井的原油

C. 开采后出口的原油　　D. 开采后销售的原油

15. 根据资源税法律制度的规定，下列资源税纳税环节的表述中，正确的有（　　）。

A. 纳税人以自产原矿加工金锭销售的，在金锭销售环节缴纳资源税

B. 纳税人自产原矿加工金精矿销售的，在原矿移送环节缴纳资源税

C. 纳税人自产原矿销售的，在原矿移送环节缴纳资源税

D. 纳税人以自产原矿加工金锭自用，在金锭自用环节缴纳资源税

16. 根据车辆购置税法律制度的规定，下列各项中，属于车辆购置税征税范围的是（　　）。

A. 汽车　　B. 电动自行车　　C. 汽车挂车　　D. 有轨电车

17. 根据耕地占用税法律制度的规定，下列各项中，免征耕地占用税的有（　　）。

A. 医院内职工住房占用耕地　　B. 军事设施占用耕地

C. 城区内机动车道占用耕地　　D. 公立学校教学楼占用耕地

18. 根据烟叶税法律制度的规定，下列各项中，属于烟叶税征收范围的有（　　）。

A. 烟丝　　B. 卷烟　　C. 烤烟叶　　D. 晾晒烟叶

19. 有关我国烟叶税的特点，下列说法正确的有（　　）。

A. 烟叶税实行比例税率

B. 烟叶税在烟叶收购环节征收

C. 纳税人应当自烟叶验收入库之日起 30 日内申报缴纳烟叶税

D. 烟叶税由税务机关征收

20. 下列各项中，属于免征船舶吨税的船舶有（　　）。

A. 应纳税额在人民币 100 元以下的船舶

B. 吨税执照期满后 24 小时内不上下客货的船舶

C. 捕捞、养殖渔船

D. 军队专用的船舶

三、判断题

1. 房产产权未确定以及租典纠纷未解决的，暂不征收房产税。（　　）

2. 房地产开发企业建造的商品房在出售前，不征收房产税，但对出售前房地产开发企业已使用或出租、出售的房产应按规定征收房产税。（　　）

3. 张某将个人拥有产权的房屋出典给李某，则李某为该房屋房产税的纳税人。（　　）

4. 赵某拥有一套四合院，原一直用于居住，2020 年 6 月转为经营民宿旅游，则赵某应于 2020 年 7 月起缴纳房产税。（　　）

5. 根据契税法律制度的规定，城镇居民第一次购买商品房免征契税。（　　）

6. 张某转让位于市区的一套自有房产，该交易涉及的契税应由张某申报缴纳。（　　）

7. 契税的纳税期限为自纳税义务发生之日起 15 日内。（　　）

8. 纳税人建造普通标准住宅出售，增值额超过扣除项目金额 20%的，应按全部增值额计算缴纳土地增值税。（　　）

9. 土地增值税纳税人转让房地产的，只有取得了货币收入才需要缴纳土地增值税。（　　）

10. 纳税人购置新建商品房，自房屋交付使用当月缴纳城镇土地使用税。（　　）

11. 拥有土地使用权的纳税人不在土地所在地的，由代管人或实际使用人缴纳城镇土地使用税。（　　）

12. 甲公司购入一栋大楼作为办公用房，已办理完所有权转移手续，但尚未取得房产证和土地使用证，则甲公司可暂不缴纳城镇土地使用税，待核发土地使用权证书后再进行补缴。（　　）

13. 甲钢铁厂依法不需要在车船登记管理部门登记的，在单位内部场所行驶的机动车辆，属于车船税的征税范围。（　　）

14. 非机动驳船按照发动机功率每千瓦折合净吨位 0.67 吨。（　　）

15. 纳税人签订的商品房销售合同应按照“产权转移书据”税目计缴印花税。（　　）

16. 在国外书立、领受，但在国内使用的应税凭证，其使用人为纳税人。（　　）

17. 进口货物成交过程中，卖方付给进口人的正常回扣，在计算进口货物定税价格时不得从成交价格中扣除。（　　）

18. 到岸价格是指货价加上货物运抵我国关境内输入地点起卸后的包装费、运费、保险费和其他劳务等费用构成的一种价格。（　　）

19. 无商业价值的广告品及货样，经海关审核无误后可以免征关税。（　　）

20. 企业事业单位和其他生产经营者向依法设立的污水集中处理、生活垃圾集中处理场

所排放应税污染物的，不缴纳相应污染物的环境保护税。 （ ）

21. 海盐属于资源税征税范围。 （ ）

22. 纳税人将开采的原煤自用于连续生产洗选煤的，在原煤移送使用环节缴纳资源税。 （ ）

23. 对实际开采年限在15年以上的衰竭期矿山开采的矿产资源，资源税减征40%。 （ ）

24. 对于由减免增值税、消费税而发生退税的，已征收的城市维护建设税不予退还。 （ ）

25. 耕地占用税的纳税人为在我国境内占用耕地建房或者从事非农业建设的单位，不包括个人。 （ ）

26. 在人均耕地低于1.5亩的地区，省、自治区、直辖市可以根据当地经济发展情况，适当提高耕地占用税的适用税额，但提高部分不得超过适用税额的50%。 （ ）

27. 建设直接为农业生产服务的生产设施占用税法规定的农用地的，不征收耕地占用税。 （ ）

28. 烟叶税的纳税人为种植烟叶的单位和个人。 （ ）

29. 烟叶税在烟叶收购环节征收。 （ ）

30. 吨税纳税义务发生时间为应税船舶进入境内港口的当日，应税船舶在吨税执照期满后尚未离开港口的，无需申领新的吨税执照，但是需要自上一执照期满的次日起续缴吨税。 （ ）

第三部分 参考答案

一、单项选择题

1. B	2. B	3. C	4. C	5. D	6. B	7. A	8. D	9. A	10. B
11. D	12. C	13. A	14. B	15. B	16. B	17. C	18. B	19. C	20. C
21. C	22. B	23. C	24. A	25. B	26. B	27. C	28. B	29. B	30. D
31. D	32. C	33. C	34. A	35. C	36. D	37. B	38. C	39. B	40. A

重难点解析：

1. 房产税的纳税人，是指在我国城市、县城、建制镇和工矿区内拥有房屋产权的单位和个人，不包括农村。

2. 个人出租住房，不分用途，按4%的税率征收房产税。选项A，房产税征税范围不包括农村。选项CD，需要限定用途，即按市场价格向个人出租用于居住的住房按4%的税率计征房产税，否则按12%计税。

3. 已提折旧不得从原值中扣除。从价计征的房产税应纳税额=应税房产原值×(1-扣除比例)×1.2%。

4. 纳税人委托施工企业建设的房屋，从办理验收手续之次月起，缴纳房产税。

5. 选项ABC，在我国境内承受土地、房屋权属转移的单位和个人，应照章缴纳契税。承受包括受让、购买、受赠以及交换。选项D，土地、房屋典当、继承、分拆、抵押以及出租等行为，不属于契税的征税范围。

6. 契税以在我国境内转移土地、房屋权属的行为作为征税对象；土地、房屋权属未发生转移的，不征收契税。选项AD均属租赁行为，不发生土地、房屋权属转移。选项C抵押时房屋权属不发生变动，如果丙公司无力清偿银行欠款，银行实现其抵押权，即将丙公司的房屋用于"抵债"时，房屋权属发生变动，承受方应缴纳契税。

7. 出租不涉及契税的缴纳，是由于没有房屋权属的转移，因此选项BC错误。契税应为承受方缴纳，故选项A正确，选项D错误。

8. 契税的纳税人，是指在我国境内承受土地、房屋权属转移的单位和个人。

9. 选项BD应缴纳契税。选项C房屋出租不交契税也不交土地增值税，因为不涉及权属的转移。

10. 继承、出租以及重新评估不征收土地增值税，因此选项ACD错误。房产的转让征收土地增值税，选项B正确。

11. 对于超过贷款期限的利息部分在计算土地增值税时不允许扣除。

12. 企业生活区用地属于经营用地，征收城镇土地使用税。

14. 城镇土地使用税的计税依据是纳税人实际占用的土地面积。

16. 车船税征税范围中"其他车辆"不包括拖拉机，因此拖拉机不属于车船税的征税范围。

17. 非机动驳船的车船税税额按照机动船舶税额的50%计算。

18. 军事设施、学校、幼儿园、社会福利机构、医疗机构占用耕地，免征耕地占用税。

19. 选项A，金融机构与小型微利企业订立的借款合同，免征印花税。选项B，农民、农民专业合作社、农村集体经济组织、村民委员会购买农业生产资料或者销售自产农产品订立的买卖合同和农业保险合同，免征印花税。选项C，电网与用户之间签订的供用电合同不征印花税，发电厂与电网之间签订的购售电合同，按照购销合同缴纳印花税。选项D，代理单位与委托单位之间签订的委托代理合同，不征收印花税。

20. 应税营业账簿的计税依据为营业账簿记载的实收资本(股本)、资本公积合计金额，故选项A错误。应税产权转移书据的计税依据为产权转移书据列明的价款，不包括增值税税款，若产权转移书据中价款与增值税税款未分别列明的，按照合计金额确定，故选项B错误。财产保险合同中的保险费为计税依据，故选项D错误。不动产权证书、营业执照、商标注册证、专利证书均为按件贴花，单位税额为每件5元。

21. 租期内全部租金＝2×2×2＝8(万元)，租赁合同应当以凭证所载租金作为计税依据，又由于签订合同的各方当事人都是印花税的纳税人，因此，该租赁合同双方当事人甲公司和乙公司共计应缴纳印花税＝8×10 000×1‰×2＝160(元)。

22. 企业事业单位和其他生产经营者在符合国家和地方环境保护标准的设施、场所贮存或者处置固体废物的，不属于直接向环境排放污染物，不缴纳相应污染物的环境保护税；纳税人综合利用的固体废物，符合国家和地方环境保护标准的，暂予免征环境保护税。因此甲企业应纳环境保护税＝(200－60－100)×25＝1 000(元)。

23. 滑准税是指关税的税率随着进口商品价格的变动而反方向变动的一种税率形式，即价格越高，税率越低，税率为比例税率。

24. 对原产于未与我国共同适用最惠国条款的世界贸易组织成员国或地区，未与我国订有相互给予最惠国待遇、关税优惠条款贸易协定的特殊关税优惠条款贸易协定的国家或者地区的进口货物，以及原产地不明的货物，按照普通税率征税。

25. 运往境外加工的货物，出境时已向海关报明，并在海关规定期限内复运进境的，以境内加工费和料件费以及复运进境的运输费及相关费用的保险费审查确定完税价格；如果无法确定，则可以用原出境货物在境外支付的工缴费加上运抵中国关境输入地点起卸前的包装费、运输费、保险费和其他劳务费等作为完税价格。应缴纳的关税＝(600＋500＋500＋100)×10%＝170(元)。

26. 环境保护税的征收范围包括大气污染物、水污染物、固体废物、工业噪声，不包括光污染。

27. 液氧、空气均不属于资源税的应税产品。

28. 纳税人销售应税资源品目采取预收货款结算方式的，纳税义务发生时间为发出应税产品的当天。

29. 对非金属矿中的粘土、砂石，采用从量定额方法征收资源税。

30. 征税对象为精矿的，销售原矿时，将原矿销售额换算为精矿销售额。

31. 对出口产品退还增值税、消费税的，不退还已缴纳的城市维护建设税。

32. 教育费附加的计税依据为实际缴纳的增值税与消费税之和。

33. 外国驻华使馆、领事馆和国际组织驻华机构及其有关人员自用的车辆，免税。

34. 价外费用是指销售方价外向购买方收取的基金、集资费、违约金、手续费、包装费、优质费、运输装卸费、保管费以及其他各种性质的价外收费。但不包括销售方代办保险而向购买方收取的保险费，以及向购买方收取的代购买方缴纳的车辆购置税、车辆牌照费。

35. 进口应税车辆应纳税额＝计税依据×税率＝(关税完税价格＋关税＋消费税)×税率

＝(60＋15＋25)×10%＝10(万元)

37. 烟叶税的纳税人为在中华人民共和国境内收购烟叶的单位。

39. 拖船和非机动驳船按照相同净吨位船舶税率的50%计征。

二、多项选择题

1. ACD	2. AC	3. ABCD	4. ABCD	5. CD
6. ABD	7. AC	8. ABCD	9. ABCD	10. ABD
11. ABCD	12. ABCD	13. ABD	14. AB	15. AD
16. ACD	17. BD	18. CD	19. ABD	20. BCD

重难点解析：

2. 选项AB，土地增值税只对转让国有土地使用权的行为征税，对出让国有土地使用权的行为不征税。选项C，房地产的出售，产权发生转移，征收土地增值税。选项D，房地产的出租，产权未发生转移，不征收土地增值税。

4. 选项B，纳税人以出让或转让方式有偿取得土地使用权的，应由受让方从合同约定交付土地时间的次月起缴纳城镇土地使用税；合同未约定交付时间的，由受让方从合同签订的次月起缴纳城镇土地使用税。

5. 选项A，商用货车以"整备质量吨位数"为计税依据。选项B，机动船舶以"净吨位数"为计税依据。

6. 车船税的纳税地点为车船的登记地或者车船税扣缴义务人所在地，故选项C错误。

7. 选项BD属于应税合同，应照章征收印花税。

8. 印花税的纳税人包括：立合同人；立账簿人；立据人；领受人；使用人；各类电子应税凭证的签订人。

10. 选项C实行从量计征关税。

12. 环境保护税的征税范围是法定的大气污染物、水污染物、固体废物和噪声等应税污染物。

14. 选项AB，开采原油过程中用于加热、修井的原油免税。选项CD，开采后出口和销售的原油正常纳税。

15. 纳税人销售自采原矿或者自采原矿加工的金精矿、粗金，在原矿或者金精矿、粗金销售时缴纳资源税，在移送使用时不缴纳资源税。

16. 车辆购置税的应税车辆包括：汽车、汽车挂车、有轨电车、排气量超过150毫升的摩托车。选项B电动自行车不属于车辆购置税的征税范围。

17. 免征耕地占用税的有：军事设施、学校、幼儿园、社会福利机构、医疗机构。医疗机构内职工住房占用耕地的，按照当地适用税额缴纳耕地占用税。

18. 烟叶税的征税范围包括晾晒烟叶和烤烟叶，烟丝和卷烟不属于烟叶税的征税范围。

19. 烟叶税纳税人应当于纳税义务发生月终了之日起15日内申报并缴纳税款。

20. 应纳税额在人民币50元以下的船舶免征船舶吨税，故选项A错误。

三、判断题

1. ×	2. √	3. √	4. ×	5. ×	6. ×	7. ×	8. √	9. ×	10. ×
11. √	12. ×	13. √	14. ×	15. √	16. √	17. ×	18. ×	19. √	20. √
21. √	22. ×	23. ×	24. ×	25. ×	26. ×	27. √	28. ×	29. √	30. ×

重难点解析：

1. 产权未确定以及租典纠纷未解决的，房产代管人或者使用人为纳税人。

3. 房产税法律制度规定，房屋出典的，承典人为房产税的纳税人。

4. 纳税人将原有房产用于生产经营，从生产经营之月起缴纳房产税。

5. 城镇职工按规定第一次购买公有住房的，免征契税。

6. 契税应由受让方缴纳。

7. 契税的纳税期限为自纳税义务发生之日起10日内。

9. 土地增值税中涉及的收入包括货币、实物和其他收入。

10. 纳税人购置新建商品房，自房屋交付使用之次月起，缴纳城镇土地使用税。

12. 尚未核发土地使用证书的，应由纳税人据实申报土地面积，并据以纳税，待核发土地使用证书后再作调整。

14. 拖船按照发动机功率每千瓦折合净吨位0.67吨。

17. 根据关税法律制度的规定，卖方付给进口人的正常回扣，应从成交价格中扣除。

18. 到岸价格是指货价加上货物运抵我国关境内输入地点起卸前的包装费、运费、保险费和其他劳务等费用构成的一种价格。

22. 纳税人将开采的原煤自用于连续生产洗选煤的，在原煤移送使用环节不缴纳资源税；将开采的原煤加工为洗选煤销售的，以洗选煤销售额乘以折算率作为应税煤炭销售额，计算缴纳资源税。

23. 对实际开采年限在15年以上的衰竭期矿山开采的矿产资源，资源税减征30%。

24. 对于由减免增值税、消费税而发生退税的，可同时退还已征收的城市维护建设税。

25. 耕地占用税的纳税人为在我国境内占用耕地建设建筑物、构筑物或者从事非农业建设的单位或者个人。

26. 在人均耕地低于0.5亩的地区，省、自治区、直辖市可以根据当地经济发展情况，适当提高耕地占用税的适用税额，但提高部分不得超过适用税额的50%。

28. 烟叶税的纳税人为在中华人民共和国境内收购烟叶的单位。

30. 吨税纳税义务发生时间为应税船舶进入境内港口的当日，应税船舶在吨税执照期满后尚未离开港口的，应当申领新的吨税执照，自上一执照期满的次日起续缴吨税。

第八章　税收征收管理法律制度

第一部分　内容概要

一、税收征收管理法概述

（一）税收征收管理法的概念

税收征收管理法，是指调整税收征收与管理过程中所发生的社会关系的法律规范的总称。

（二）税收征收管理法的适用范围

凡依法由税务机关征收的各种税收的征收管理，均适用《征管法》。

（三）征纳双方的权利和义务

1. 征税主体的权利和义务

(1) 征税主体的职权。征税主体的职权主要包括：税收立法权；税务管理权；税款征收权；税务检查权；税务行政处罚权及其他职权。

(2) 征税主体的义务。征税主体的职责主要包括：宣传税收法律法规，普及纳税知识；依法保守秘密；加强队伍建设；秉公执法，忠于职守等。

2. 纳税主体的权利和义务

(1) 纳税主体的权利。纳税主体的权利主要包括：知情权；要求保密权；依法享受税收优惠权；申请退还多缴税款权；申请延期申报权；纳税申报方式选择权；申请延期缴纳税款权；索取有关税收凭证的权利；委托税务代理权；陈述权；税收法律救济权；税收监督权。

(2) 纳税主体的义务。纳税主体的义务主要包括：按期办理税务登记，及时核定应纳税种、税目；依法设置账簿、保管账簿和有关资料以及依法开具、使用、取得和保管发票的义务；财务会计制度和会计核算软件备案的义务；按照规定安装、使用税控装置的义务；按期、如实办理纳税申报的义务；按期缴纳或解缴税款的义务；接受税务检查的义务；代扣、代收税款的义务；及时提供信息的义务；报告其他涉税信息的义务。

二、税务管理

（一）税务管理的概念

税务管理，是指税收征收管理机关为了贯彻执行国家税收法律制度，加强税收工作，协调征税关系而对纳税人和扣缴义务人实施的基础性的管理制度和管理行为。

(二) 税务登记

税务登记是税务机关对纳税人的基本情况及生产经营项目进行登记管理的一项基本制度,是整个税收征收管理的起点。

1. 税务登记申请人

(1) 从事生产经营的纳税人,包括企业,企业在外地设立的分支机构和从事生产、经营的场所,个体工商户和从事生产、经营的事业单位,都应当办理税务登记。

(2) 非从事生产经营但依照规定负有纳税义务的单位和个人:前述规定以外的纳税人,除国家机关、个人和无固定生产经营场所的流动性农村小商贩外,也应当办理税务登记。

(3) 扣缴义务人:根据税收法律、行政法规的规定,负有扣缴税款义务的扣缴义务人除国家机关以外,应当办理扣缴税款登记。

2. 税务登记主管机关

县以上(含本级,下同)税务局(分局)是税务登记的主管机关,负责税务登记的设立登记、变更登记、注销登记以及非正常户处理、报验登记等有关事项。

县以上税务局(分局)按照国务院规定的税收征收管理范围,实施属地管理,办理税务登记。有条件的城市,可以按照“各区分散受理、全市集中处理”的原则办理税务登记。

3. “多证合一”登记制度改革

五证合一登记制度中的五证包括:工商营业执照;组织机构代码证;税务登记证;社会保险登记证;统计登记证。

(三) 账簿和凭证管理

1. 账簿的设置

纳税人、扣缴义务人应按照有关法律、行政法规和国务院财政、税务主管部门的规定设置账簿,根据合法、有效凭证记账,进行核算。

(1) 从事生产、经营的纳税人应当自领取营业执照或者发生纳税义务之日起15日内,按照国家有关规定设置账簿。

(2) 生产、经营规模小又确无建账能力的纳税人,可以聘请经批准从事会计代理记账业务的专业机构或者经税务机关认可的财会人员代为建账和办理账务。聘请上述机构或者人员有实际困难的,经县以上税务机关批准,可以按照税务机关的规定,建立收支凭证粘贴簿、进货销货登记簿或者使用税控装置。

(3) 扣缴义务人应当自税收法律、行政法规规定的扣缴义务发生之日起10日内,按照所代扣、代收的税种,分别设置代扣代缴、代收代缴税款账簿。

2. 纳税人财务会计制度及其处理办法

(1) 纳税人使用计算机记账的,纳税人建立的会计电算化系统应当符合国家有关规定,并能正确、完整核算其收入或者所得。

(2) 纳税人、扣缴义务人的财务、会计制度或者财务、会计处理办法与国务院或者国务院财政、税务主管部门有关税收的规定抵触的,依照国务院或者国务院财政、税务主管部门有关税收的规定计算应纳税款、代扣代缴和代收代缴税款。

(3) 账簿、会计凭证和报表,应当使用中文。民族自治地方可以同时使用当地通用的一种民族文字。外商投资企业和外国企业可以同时使用一种外国文字。

3. 账簿、凭证等涉税资料的保存

账簿、记账凭证、报表、完税凭证、发票、出口凭证以及其他有关涉税资料应当保存 10 年。账簿、记账凭证、完税凭证及其他有关资料不得伪造、变造或者擅自损毁。

(四) 发票管理

1. 发票的类型

(1) 增值税专用发票,包括增值税专用发票和机动车销售统一发票。

(2) 增值税普通发票,包括增值税普通发票(折叠票)、增值税电子普通发票和增值税普通发票(卷票)。

(3) 其他发票,包括农产品收购发票、农产品销售发票、门票、过路(过桥)费发票、定额发票、客运发票和二手车销售统一发票等。

2. 发票的开具

(1) 销售商品、提供服务以及从事其他经营活动的单位和个人,对外发生经营业务收取款项,收款方向付款方开具发票;但下列情况下,由付款方向收款方开具发票:①收购单位和扣缴义务人支付个人款项。②国家税务总局认为其他需要由付款方向收款方开具发票。

(2) 任何单位和个人不得有下列虚开发票行为:①为他人、为自己开具与实际经营业务情况不符的发票。②让他人为自己开具与实际经营业务情况不符的发票。③介绍他人开具与实际经营业务情况不符的发票。

3. 发票的使用和保管

(1) 任何单位和个人应当按照发票管理规定使用发票,不得有下列行为:①转借、转让、介绍他人转让发票、发票监制章和发票防伪专用品。②知道或者应当知道是私自印制、伪造、变造、非法取得或者废止的发票而受让、开具、存放、携带、邮寄、运输。③拆本使用发票。④扩大发票使用范围。⑤以其他凭证代替发票使用。

(2) 开具发票的单位和个人应当按照税务机关的规定存放和保管发票,不得擅自损毁。已经开具的发票存根联和发票登记簿,应当保存 5 年。保存期满,报经税务机关查验后销毁。

4. 发票的检查

税务机关在发票管理中有权进行下列检查:①检查印制、领购、开具、取得、保管和缴销发票的情况。②调出发票查验。③查阅、复制与发票有关的凭证、资料。④向当事各方询问与发票有关的问题和情况。⑤在查处发票案件时,对与案件有关的情况和资料,可以记录、录音、录像、照相和复制。

(五) 纳税申报

(1) 纳税申报的内容。纳税人、扣缴义务人的纳税申报或者代扣代缴、代收代缴税款报告表的主要内容包括税种、税目；应纳税项目或者应代扣代缴、代收代缴税款项目；计税依据；扣除项目及标准；适用税率或者单位税额；应退税项目及税额、应减免税项目及税额；应纳税额或者应代扣代缴、代收代缴税额；税款所属期限、延期缴纳税款、欠税、滞纳金等。

(2) 纳税申报的方式。纳税申报的方式主要有自行申报、邮寄申报、数据电文申报和其他方式。

三、税款征收与税务检查

(一) 税款征收的方式

税款征收方式包括查账征收、查定征收、查验征收、定期定额征收。

(二) 应纳税额的核定

1. 核定应纳税额的情形

核定应纳税额的情形包括：①依照法律、行政法规的规定可以不设置账簿的。②按规定应当设置但未设置账簿的；擅自销毁账簿或者拒不提供纳税资料的。③虽设置账簿，但账目混乱或者成本资料、收入凭证、费用凭证残缺不全，难以查账的。④发生纳税义务，未按照规定的期限办理纳税申报，经税务机关责令限期申报，逾期仍不申报的。⑤纳税人申报的计税依据明显偏低，又无正当理由的。

2. 核定应纳税额的方法

核定应纳税额的方法包括：①参照当地同类行业或者类似行业中经营规模和收入水平相近的纳税人的税负水平核定。②按照营业收入或者成本加合理的费用和利润的方法核定。③按照耗用的原材料、燃料、动力等推算或者测算核定。④按照其他合理方法核定。

(三) 税款征收措施

税款征收措施具体包括：责令缴纳、责令提供纳税担保、采取税收保全措施、采取强制执行措施和阻止出境。

(四) 税务检查

1. 税务机关在税务检查中的职权和职责

(1) 税务机关有权进行税务检查包括检查纳税人的账簿、记账凭证、报表和有关资料等。

(2) 依法采取税收保全或强制执行措施。

(3) 税务机关调查税务违法案件时，对与案件有关的情况和资料，可以记录、录音、录像、照相和复制。

(4) 税务机关依法进行税务检查时，有权向有关单位和个人调查纳税人、扣缴义务人和其他当事人与纳税或者代扣代缴、代收代缴税款有关的情况。

(5) 税务机关派出的人员进行税务检查时，应当出示税务检查证和税务检查通知书，并有责任为被检查人保守秘密；未出示税务检查证和税务检查通知书的，被检查人有权拒绝检查。

2. 被检查人的义务

(1) 纳税人、扣缴义务人必须接受税务机关依法进行的税务检查，如实反映情况，提供有关资料，不得拒绝、隐瞒。

(2) 税务机关依法进行税务检查，向有关单位和个人调查纳税人、扣缴义务人和其他当事人与纳税或者代扣代缴、代收代缴税款有关的情况时，有关单位和个人有义务向税务机关如实提供有关资料及证明材料。

四、税务行政复议

(一) 税务行政复议的概念

税务行政复议，是指纳税人和其他税务当事人对税务机关的税务行政行为不服，依法向上级税务机关提出申诉，请求上一级税务机关对原具体行政行为的合理性、合法性作出审议；复议机关依法对原行政行为的合理性、合法性作出裁决的行政司法活动。

(二) 税务行政复议范围

申请人对税务机关下列具体行政行为不服的，可以提出行政复议申请：税务机关作出的征税行为；行政许可、行政审批行为；发票管理行为；税收保全措施、强制执行措施；行政处罚行为；税务机关不依法履行职责的行为；资格认定行为；不依法确认纳税担保行为；政府公开信息工作中的具体行政行为；纳税信用等级评定行为；税务机关通知出入境管理机关阻止出境行为；税务机关作出的其他具体行政行为。

(三) 税务行政复议管辖

1. 复议管辖的一般规定

(1) 对各级税务局的具体行政行为不服的，向其上一级税务局申请行政复议。

(2) 对计划单列市税务局的具体行政行为不服的，向国家税务总局申请行政复议。

(3) 对税务所(分局)、各级税务局的稽查局的具体行政行为不服的，向其所属税务局申请行政复议。

(4) 对国家税务总局的具体行政行为不服的，向国家税务总局申请行政复议。对行政复议决定不服，申请人可以向人民法院提起行政诉讼，也可以向国务院申请裁决。国务院的裁决为最终裁决。

2. 复议管辖的特殊规定

(1) 对两个以上税务机关以共同的名义作出的具体行政行为不服的，向共同上一级税务机关申请行政复议；对税务机关与其他行政机关以共同的名义作出的具体行政行为不服的，向其共同上一级行政机关申请行政复议。

（2）对被撤销的税务机关在撤销以前所作出的具体行政行为不服的，向继续行使其职权的税务机关的上一级税务机关申请行政复议。

（3）对税务机关作出逾期不缴纳罚款加处罚款的决定不服的，向作出行政处罚决定的税务机关申请行政复议。但是对已处罚款和加处罚款都不服的，一并向作出行政处罚决定的税务机关的上一级税务机关申请行政复议。

（四）税务行政复议申请与受理

1. 税务行政复议申请

（1）申请时限。申请人可以在知道税务机关作出具体行政行为之日起 60 日内提出行政复议申请。

（2）复议前置。申请人对复议范围中征税行为不服的，应当先向复议机关申请行政复议，对行政复议决定不服的，可以再向人民法院提起行政诉讼。

（3）复议诉讼选择。申请人对复议范围中税务机关作出的征税行为以外的其他具体行政行为不服的，可以申请行政复议，也可以直接向人民法院提起行政诉讼。

（4）先交罚款和加处罚款。申请人对税务机关作出逾期不缴纳罚款加处罚款的决定不服，应当先缴纳罚款和加处罚款，再申请行政复议。

（5）申请形式。申请人申请行政复议，可以书面申请，也可以口头申请。

2. 税务行政复议受理

（1）复议机关收到行政复议申请后，应当在 5 日内进行审查，决定是否受理。对符合规定的行政复议申请，自行政复议机构收到之日起即为受理，应当书面告知申请人。对不符合规定的行政复议申请，决定不予受理，并书面告知申请人。

（2）对应当先向复议机关申请行政复议，对行政复议决定不服再向人民法院提起行政诉讼的具体行政行为，复议机关决定不予受理或者受理以后超过行政复议期限不作答复的，申请人可以自收到不予受理决定书之日起或者行政复议期满之日起 15 日内，依法向人民法院提起行政诉讼。

（3）申请人向复议机关申请行政复议，复议机关已经受理的，在法定行政复议期限内申请人不得向人民法院提起行政诉讼；申请人向人民法院提起行政诉讼，人民法院已经依法受理的，不得申请行政复议。

（4）行政复议期间具体行政行为不停止执行。但有下列情形之一的，可以停止执行：①被申请人认为需要停止执行的。②复议机关认为需要停止执行的。③申请人申请停止执行，复议机关认为其要求合理，决定停止执行的。④法律规定停止执行的。

（五）税务行政复议审查和决定

1. 税务行政复议审查

（1）复议工作人员。行政复议机构审理行政复议案件，应当由 2 名以上行政复议工作人员参加。

(2) 书面审查。行政复议原则上采用书面审查的办法,但是申请人提出要求或者行政复议机构认为有必要时,应当听取申请人、被申请人和第三人的意见,并可以向有关组织和人员调查了解情况。

(3) 听证。对重大、复杂的案件,申请人提出要求或者行政复议机构认为必要时,可以采取听证的方式审理。听证应当公开举行,但是涉及国家秘密、商业秘密或者个人隐私的除外。行政复议听证人员不得少于2人,听证主持人由行政复议机构指定。

(4) 行政复议机关应当全面审查被申请人的具体行政行为所依据的事实证据、法律程序、法律依据和设定的权利义务内容的合法性、适当性。

(5) 撤回复议申请。申请人在行政复议决定作出以前撤回行政复议申请的,经行政复议机构同意,可以撤回。申请人撤回行政复议申请的,不得再以同一事实和理由提出行政复议申请。但是,申请人能够证明撤回行政复议申请违背其真实意思表示的除外。

(6) 改变原具体行政行为。行政复议期间被申请人改变原具体行政行为的,不影响行政复议案件的审理。但是,申请人依法撤回行政复议申请的除外。

(7) 审查具体行政行为的依据。行政复议机关审查被申请人的具体行政行为时,认为其依据不合法。本机关有权处理的,应当在30日内依法处理;无权处理的,应当在7日内按照法定程序逐级转送有权处理的国家机关依法处理。处理期间,中止对具体行政行为的审查。

2. 税务行政复议决定

行政复议机构应当对被申请人的具体行政行为提出审查意见,经复议机关负责人批准,按照下列规定作出行政复议决定:

(1) 具体行政行为认定事实清楚,证据确凿,适用依据正确,程序合法,内容适当的。决定维持。

(2) 被申请人不履行法定职责的,决定其在一定期限内履行。

(3) 具体行政行为有下列情形之一的,决定撤销、变更或者确认该具体行政行为违法:①主要事实不清、证据不足的。②适用依据错误的。③违反法定程序的。④超越或者滥用职权的。⑤具体行政行为明显不当的。

(4) 被申请人不按照规定提出书面答复,提交当初作出具体行政行为的证据、依据和其他有关材料的,视为该具体行政行为没有证据、依据,决定撤销该具体行政行为。

五、税收法律责任

(一) 税务管理相对人实施税收违法行为的法律责任

1. 违反税务管理规定的法律责任

(1) 纳税人有下列行为之一的,由税务机关责令限期改正,可以处2 000元以下的罚款;

情节严重的,处 2 000 元以上 1 万元以下的罚款:①未按照规定设置、保管账簿或者保管记账凭证和有关资料的。②未按照规定将财务、会计制度或者财务、会计处理办法和会计核算软件报送税务机关备查的。③未按照规定将其全部银行账号向税务机关报告的。④未按照规定安装、使用税控装置,或者损毁或者擅自改动税控装置的。

(2) 扣缴义务人未按照规定设置、保管代扣代缴、代收代缴税款账簿或者保管代扣代缴、代收代缴税款记账凭证及有关资料的,由税务机关责令限期改正,可以处 2 000 元以下的罚款;情节严重的,处 2 000 元以上 5 000 元以下的罚款。

(3) 纳税人未按照规定的期限办理纳税申报和报送纳税资料的,或者扣缴义务人未按照规定的期限向税务机关报送代扣代缴、代收代缴税款报告表和有关资料的,由税务机关责令限期改正,可以处 2 000 元以下的罚款;情节严重的,处 2 000 元以上 1 万元以下的罚款。

(4) 纳税人、扣缴义务人编造虚假计税依据的,由税务机关责令限期改正,并处 5 万元以下的罚款。

(5) 非法印制、转借、倒卖、变造或者伪造完税凭证的,由税务机关责令改正,处 2 000 元以上 1 万元以下的罚款;情节严重的,处 1 万元以上 5 万元以下的罚款;构成犯罪的,依法追究刑事责任。

(6) 银行和其他金融机构未依照税收征管法的规定在从事生产、经营的纳税人的账户中登录税务登记证件号码,或者未按规定在税务登记证件中登录从事生产、经营的纳税人的账户账号的,由税务机关责令其限期改正,处 2 000 元以上 2 万元以下的罚款;情节严重的,处 2 万元以上 5 万元以下的罚款。

(7) 扣缴义务人应扣未扣、应收而不收税款的,由税务机关向纳税人追缴税款,对扣缴义务人处应扣未扣、应收未收税款 50%以上 3 倍以下的罚款。

(8) 税务代理人违反税收法律、行政法规,造成纳税人未缴或者少缴税款的,除由纳税人缴纳或者补缴应纳税款、滞纳金外,对税务代理人处纳税人未缴或者少缴税款 50%以上 3 倍以下的罚款。

2. 逃税行为的法律责任

(1) 纳税人采取伪造、变造、隐匿、擅自销毁账簿、记账凭证,或者在账簿上多列支出或者不列、少列收入,或者经税务机关通知申报而拒不申报或者进行虚假的纳税申报的手段,不缴或者少缴应纳税款的,由税务机关追缴其不缴或者少缴的税款、滞纳金,并处不缴或者少缴的税款 50%以上 5 倍以下的罚款。

(2) 纳税人采取欺骗、隐瞒手段进行虚假纳税申报或者不申报,逃避缴纳税款数额较大并且占应纳税额 10%以上的,处 3 年以下有期徒刑或者拘役,并处罚金;数额巨大并且占应纳税额 30%以上的,处 3 年以上 7 年以下有期徒刑,并处罚金。对多次实施前述行为,未经处理的,按照累计数额计算。

3. 欠税行为的法律责任

纳税人欠税的，由税务机关追缴欠缴的税款、滞纳金，并处欠缴税款50%以上5倍以下的罚款；构成犯罪的，依法追究刑事责任。

4. 抗税行为的法律责任

对抗税行为，除由税务机关追缴其拒缴的税款、滞纳金外，依法追究刑事责任。情节轻微、未构成犯罪的，由税务机关追缴其拒缴的税款、滞纳金，并处拒缴税款1倍以上5倍以下的罚款。

5. 骗税行为的法律责任

纳税人有骗税行为，由税务机关追缴其骗取的退税款，并处骗取税款1倍以上5倍以下的罚款；构成犯罪的，依法追究刑事责任；对骗取国家出口退税款的，税务机关可以在规定期间内停止为其办理出口退税；为纳税人、扣缴义务人非法提供银行账户、发票、证明或者其他方便，骗取国家出口退税款的，税务机关除没收其违法所得外，可以处未缴、少缴或者骗取的税款1倍以下的罚款。

6. 纳税人、扣缴义务人不配合税务检查的法律责任

税务检查期间，纳税人、扣缴义务人发生不配合税务机关进行税务检查的下列行为，由税务机关责令改正，可以处1万元以下的罚款；情节严重的，处1万元以上5万元以下的罚款。

7. 重大税收违法失信案件信息公布

(1) 公布信息的案件范围。骗取国家出口退税款；以暴力、威胁方法拒不缴纳税款；虚开增值税专用发票或者虚开用于骗取出口退税、抵扣税款的其他发票；虚开普通发票100份或者金额40万元以上；私自印制、伪造、变造发票，非法制造发票防伪专用品，伪造发票监制章等。

(2) 公布的案件信息内容。对法人或者其他组织，公布其名称，统一社会信用代码或者纳税人识别号等；对自然人，公布其姓名、性别、身份证号码；主要违法事实；走逃（失联）情况；适用的相关法律依据；税务处理、税务行政处罚等情况；实施检查的单位等。

(二) 税务行政主体实施税收违法行为的法律责任

(1) 税务人员徇私舞弊，对依法应当移交司法机关追究刑事责任的不移交，情节严重的，依法追究刑事责任。

(2) 税务人员利用职务上的便利，收受或者索取纳税人、扣缴义务人财物或者牟取其他不正当利益，构成犯罪的，依法追究刑事责任；未构成犯罪的，依法给予行政处分。

(3) 税务人员徇私舞弊或者玩忽职守，不征或者少征应征税款，致使国家税收遭受重大损失，构成犯罪的，依法追究刑事责任；未构成犯罪的，依法给予行政处分。

(4) 税务人员滥用职权，故意刁难纳税人、扣缴义务人的，调离税收工作岗位，并依法给予行政处分。

(5) 税务人员对控告、检举税收违法行为的纳税人、扣缴义务人以及其他检举人进行打击报复的,依法给予行政处分;构成犯罪的,依法追究刑事责任。

第二部分 练 习 题

一、单项选择题

1. 根据税收征收管理法律制度的规定,下列各项中,不属于纳税主体权利的是(　　)。

A. 税收立法权　　B. 要求保密权

C. 纳税申报方式选择权　　D. 知情权

2. 根据税收征收管理法律制度的规定,下列各项中,属于纳税人享有的权利是(　　)。

A. 委托代征权　　B. 税收立法权　　C. 税收监督权　　D. 税务管理权

3. 根据税收征收管理法律制度的规定,下列组织和人员中,不用办理税务登记的是(　　)。

A. 某股份公司　　B. 某企业在外地设立的分支机构

C. 某文化出版社　　D. 在集贸市场流动卖菜的农村菜农

4. 根据税收征收管理法律制度的规定,从事生产、经营的纳税人应当自领取营业执照或者发生纳税义务之日起(　　)日内,按照国家有关规定设置账簿。

A. 7　　B. 10　　C. 15　　D. 30

5. 扣缴义务人应当在法定扣缴义务发生之日起(　　)内,按所代扣、代收的税种,分别设置代扣代缴、代收代缴税款账簿。

A. 10　　B. 15　　C. 30　　D. 60

6. 根据税收征收管理法律制度的规定,开具发票的单位和个人应当依照税务机关的规定存放和保管发票,已经开具的发票存根联和发票登记簿应当至少保存(　　)年。

A. 5　　B. 10　　C. 15　　D. 20

7. 根据税收征收管理法律制度的规定,下列关于发票开具、使用和保管的表述中,正确的是(　　)。

A. 销售货物开具发票时,可按付款方要求变更品名和金额

B. 经单位财务负责人批准后,可拆本使用发票

C. 已经开具的发票存根联保存期满后,开具发票的单位可直接销毁

D. 收购单位向个人支付收购款项时,由付款方向收款方开具发票

8. 根据税收征收管理法律制度的规定,下列关于纳税申报方式的表述中,不正确的是(　　)。

A. 邮寄申报以税务机关收到的日期为实际申报日期

B. 数据电文方式的申报日期以税务机关计算机网络系统收到该数据电文的时间为准

C. 实行定期定额缴纳税款的纳税人，可以实行简易申报、简并征期等方式申报纳税

D. 自行申报是指纳税人、扣缴义务人按照规定的期限自行直接到主管税务机关办理纳税申报手续

9. 根据税收征收管理法律制度的规定，下列关于纳税申报的表述中，正确的是（　　）。

A. 纳税人享受减税待遇的，在减税期间无须办理纳税申报

B. 纳税人在纳税期内没有应纳税款的，也应当按照规定办理纳税申报

C. 纳税人享受免税待遇的，在免税期间无须办理纳税申报

D. 经核准延期办理纳税申报的，在纳税期内无须预缴税款

10. 根据税收征收管理法律制度的规定，下列税款征收方式中，适用于纳税人财务制度不健全，生产经营不固定，零星分散、流动性大的税源是（　　）。

A. 定期定额征收　　B. 查定征收　　C. 查验征收　　D. 查账征收

11. 甲公司为大型国有企业，财务会计制度健全，能够如实核算和提供生产经营情况，并能正确计算应纳税款和如实履行纳税义务，其使用的税款征收方式是（　　）。

A. 定期定额征收　　B. 查定征收　　C. 查验征收　　D. 查账征收

12. 根据税收征收管理法律制度的规定，下列各项中，属于税款征收措施的是（　　）。

A. 查账征收　　B. 税务行政复议　　C. 税收保全　　D. 自行申报

13. 根据税收征收管理法律制度的规定，下列各项中，不适用税收保全措施的财产是（　　）。

A. 纳税人的古董　　B. 纳税人的别墅

C. 纳税人的豪华小汽车　　D. 纳税人的家庭唯一普通住房

14. 根据税收征收管理法律制度的规定，税务机关可以采取的税款征收措施不包括（　　）。

A. 责令缴纳　　B. 责令提供纳税担保

C. 取消税收优惠　　D. 采取税收保全措施

15. 按照规定甲公司最晚应于 2020 年 5 月 15 日缴纳应纳税款，甲公司迟迟未缴纳，主营税务机关责令其于当年 6 月 30 日前缴纳，并加收滞纳金，甲公司最终于 7 月 14 日缴纳税款。关于主管税务机关对甲公司加收滞纳金的起止时间的下列表述中，正确的是（　　）。

A. 2020 年 6 月 15 日至 2020 年 7 月 15 日

B. 2020 年 6 月 30 日至 2020 年 7 月 15 日

C. 2020 年 5 月 16 日至 2020 年 7 月 14 日

D. 2020 年 7 月 1 日至 2020 年 7 月 14 日

16. 根据税收征收管理法律制度的规定，纳税人未按照规定期限缴纳税款的，税务机关可责令限期缴纳，并从滞纳之日起，按日加收滞纳税款（　　）的滞纳金。

A. 万分之一　　B. 万分之三　　C. 万分之五　　D. 万分之七

17. 根据税收征收管理法律制度的规定，下列情形中，税务机关可以责令纳税人提供纳税担保的是（　　）。

A. 纳税人同税务机关在纳税上发生争议而未缴清税款，需要申请行政复议的

B. 纳税人按照规定应设置账簿而未设置的

C. 纳税人开具与实际经营业务情况不符的发票

D. 纳税人对税务机关作出逾期不缴纳罚款加处罚款的决定不服，需要申请行政复议的

18. 根据税收征收管理法律制度的规定，下列费用中，不属于纳税担保范围的是（　　）。

A. 罚款　　B. 税款

C. 税收滞纳金　　D. 实现税款、滞纳金的费用

19. 根据税收征收管理法律制度的规定，下列各项中，不属于纳税担保方式的是（　　）。

A. 保证　　B. 扣押　　C. 质押　　D. 抵押

20. 税务机关在查阅甲公司公开披露的信息时发现，其法定代表人周某有一笔财产转让收入未申报缴纳个人所得税，要求周某补缴 80 万元，滞纳金 3.8 万元。周某未结清应纳税款、滞纳金的情况下，拟出国且未提供纳税担保，税务机关知晓后对周某可以采取的税款征收措施是（　　）。

A. 查封豪宅住所　　B. 冻结银行存款

C. 查封股票交易账户　　D. 通知出境管理机关阻止出境

21. 税务机关采取税款保全措施的期限一般最长不得超过（　　）。

A. 3 个月　　B. 6 个月　　C. 1 年　　D. 3 年

22. 根据税收征收管理法律制度的规定，税务机关依法采取强制执行措施时，对个人及其所扶养家属维持生活必需的住房和用品，不在强制执行措施的范围之内。对单价在（　　）元以下的其他生活用品，不采取强制执行措施。

A. 5 000　　B. 10 000　　C. 15 000　　D. 20 000

23. 纳税人未在规定期限内进行纳税申报，经税务机关责令限期申报，逾期仍未申报。根据税收征收管理法律制度的规定，税务机关有权对纳税人采取的税款征收措施是（　　）。

A. 采取税收保全措施　　B. 责令提供纳税担保

C. 拍卖纳税人财产　　D. 核定其应纳税额

24. 根据税收征收管理法律制度的规定，下列关于税务行政复议审查的表述中，不正确的是（　　）。

A. 对重大案件，申请人提出要求或者行政复议机构认为必要时，可以采取听证方式审理

B. 行政复议机构审理行政复议案件，应当由 2 名以上行政复议人员参加

C. 对国家税务总局的具体行政行为不服申请行政复议的案件，由国务院提出书面答复

D. 行政复议原则上采用书面审查的办法

25. 根据税收征收管理法律制度的规定，下列关于税务行政复议管辖的表述中，不正确的是（　　）。

A. 对税务局的稽查局的具体行政行为不服的，向其所属税务局申请行政复议

B. 对计划单列市税务局的具体行政行为不服的，向其所在省的省税务局申请行政复议

C. 对市辖区税务局的具体行政行为不服的，向市税务局申请行政复议

D. 对国家税务总局的具体行政行为不服的，向国家税务总局申请行政复议

26. 根据税收征收管理法律制度的规定，纳税人对税务机关的（　　）行政行为不服时，应当先申请行政复议，对行政复议决定不服的，可以再向人民法院提起行政诉讼。

A. 税收保全　　B. 代开发票　　C. 税款征收　　D. 资格认定

27. 根据税收征收管理法律制度的规定，纳税人发生的下列行为中，属于逃税行为的是（　　）。

A. 以暴力、威胁方法，拒不缴纳税款的

B. 在账簿上多列支出、少列收入，少缴应纳税款的

C. 未按照规定的期限办理纳税申报和报送纳税资料的

D. 假报出口，骗取国家出口退税款的

28. 纳税人、扣缴义务人以暴力、威胁方法，拒不缴纳税款的行为，属于（　　）。

A. 骗税行为　　B. 抗税行为　　C. 逃税行为　　D. 欠税行为

29. 根据税收征收管理法律制度的规定，纳税人有骗税行为，由税务机关追缴其骗取的退税款，并处骗取税款（　　）的罚款。

A. 1 倍以上 5 倍以下　　B. 5 倍以上 10 倍以下

C. 10 倍　　D. 10 倍以上 15 倍以下

30. 纳税人欠缴应纳税款，采取转移或者隐匿财产的手段，妨碍税务机关追缴欠缴的税款，欠缴税款金额（　　）以上的，构成重大税收违法失信案件。

A. 10 万元　　B. 40 万元　　C. 50 万元　　D. 100 万元

二、多项选择题

1. 根据税收征收管理法律制度的规定，下列各项中，属于税务机关税务检查职权的有（　　）。

A. 检查扣缴义务人代扣代缴、代收代缴税款账簿、记账凭证和有关资料

B. 检查纳税人托运、邮寄应税商品、货物或者其他财产的有关单据

C. 检查纳税人存放在生产、经营场所应纳税的货物

D. 检查纳税人的账簿、记账凭证、报表和有关资料

2. 根据税收征收管理法律制度的规定，下列各项中，属于税务机关派出人员在税务检查中应履行职责的有（　　）。

A. 出示税务检查通知书

B. 出示税务机关组织机构代码证

C. 为被检查人保守秘密

D. 出示税务检查证

3. 依据税收征收管理法律制度的规定，下列各项中，可以不办理税务登记的有（　　）。

A. 国家机关

B. 企业在外地设立的分支机构

C. 无固定生产经营场所的流动性农村小商贩

D. 负有个人所得税纳税义务的自然人

4. 下列证件中，属于“五证合一”的有（　　）。

A. 组织机构代码证

B. 工商营业执照

C. 税务登记证

D. 纳税清缴凭证

5. 根据税收征收管理法律制度的规定，下列各项中，属于税务机关发票管理权限的有（　　）。

A. 检查印制、领购、开具、取得、保管和缴销发票的情况

B. 查阅、复制与发票有关的凭证、资料

C. 调出发票查验

D. 向当事各方询问与发票有关的问题和情况

6. 根据税收征收管理法律制度的规定，下列关于发票开具和保管的表述中，符合法律规定的有（　　）。

A. 不得为他人开具与实际经营业务不符的发票

B. 已经开具的发票存根联和发票登记簿应当保存 3 年

C. 取得发票时，不得要求变更品名和金额

D. 开具发票的单位和个人应当建立发票使用登记制度，设置发票登记簿

7. 根据税收征收管理法律制度的规定，下列各项中，属于纳税申报方式的有（　　）。

A. 邮寄申报　B. 自行申报　C. 简易申报　D. 数据电文申报

8. 根据税收征收管理法律制度的规定，下列各项中，属于税款征收方式的有（　　）。

A. 查账征收　B. 查定征收　C. 查验征收　D. 定期定额征收

9. 下列选项中，可以实行定期定额征收税款征收方式的有（　　）。

A. 刚刚成立的小微企业

B. 个体工商户

C. 流动商贩

D. 个人独资企业

10. 根据税收征收管理法律制度的规定，下列纳税申报方式中，符合规定的有（　　）。

A. 甲企业在规定的申报期限内，自行到主管税务机关指定的办税服务大厅申报

B. 经税务机关批准，乙企业以网络传输方式申报

C. 经税务机关批准，丙企业使用统一的纳税申报专用信封，通过邮局交寄

D. 实行定期定额缴纳税款的丁个体工商户，采用简易申报方式申报

11. 根据税收征收管理法律制度的规定，下列情形中，税务机关有权核定纳税人应纳税额的有(　　)。

A. 纳税人按照法律、行政法规的规定应当设置但未设置账簿的

B. 纳税人虽设置账簿，但账目混乱难以查账的

C. 纳税人申报的计税依据明显偏低，但有正当理由的

D. 纳税人发生纳税义务，未按照规定的期限办理纳税申报的

12. 下列关于税务机关核定应纳税额的方法中正确的有(　　)。

A. 参照当地类似行业中经营规模和收入水平相近的纳税人的税负水平核定

B. 按照营业收入加利润的方法核定

C. 按照耗用的原材料、燃料、动力等推算或者测算核定

D. 税务机关可以同时采用选项 A、B、C 三种方法核定

13. 根据税收征收管理法律制度的规定，下列情形中，税务机关有权责令纳税人提供税收担保的有(　　)。

A. 税务机关有根据认为从事生产、经营的纳税人有逃避纳税义务行为的

B. 欠缴税款、滞纳金的纳税人或者其法定代表人需要出境的

C. 纳税人同税务机关在纳税上发生争议而未缴清税款，需要申请行政复议的

D. 未按照规定的期限办理纳税申报，经税务机关责令限期申报，逾期仍不申报的

14. 根据税收征收管理法律制度的规定，纳税担保范围包括(　　)。

A. 税款　　B. 罚款

C. 滞纳金　　D. 实现税款的费用

15. 根据税收征收管理法律制度的规定，下列各项中，属于税收保全措施的有(　　)。

A. 拍卖纳税人的价值相当于应纳税款的财产

B. 责令纳税人提供纳税担保

C. 书面通知纳税人开户银行冻结纳税人的金额相当于应纳税款的存款

D. 扣押纳税人的价值相当于应纳税款的商品

16. 根据税收征收管理法律制度的规定，税务机关在税款征收中可以根据不同情况采取相应的税款征收措施，下列各项中，属于税款征收措施的有(　　)。

A. 罚款　　B. 责令缴纳

C. 阻止出境　　D. 责令提供纳税担保

17. 根据税收征收管理法律制度的规定，税务机关在实施税务检查时，可以采取的措施有(　　)。

A. 检查纳税人的会计资料

B. 检查纳税人货物存放地的应纳税商品

C. 检查纳税人托运、邮寄应纳税商品的单据、凭证

D. 到车站检查旅客自带物品

18. 甲公司所在地因暴雨引发山洪，受此影响甲公司当月没有进行纳税申报，甲公司主管税务机关认为，甲公司应向税务机关提出申请，经税务机关核准后才能延期申报，遂决定处以甲公司 2 000 元罚款，甲公司不服，拟提起税务行政复议，则下列说法中错误的有（　　）。

A. 甲公司因不可抗力原因，不能按期办理纳税申报，可以延期办理，并于不可抗力消除后立即向税务机关报告

B. 税务机关对甲公司作出 2 000 元罚款的决定正确

C. 甲公司提起税务行政复议应先交纳罚款

D. 甲公司提起税务行政复议应先提供担保

19. 根据税收征收管理法律制度的规定，纳税人对税务机关的下列行政行为不服时，可以申请行政复议的有（　　）。

A. 罚款　　B. 确认适用税率

C. 加收滞纳金　　D. 制定具体贯彻落实税收法规的规定

20. 下列属于税法规定中纳税人采取的逃税手段的有（　　）。

A. 伪造变造账簿、记账凭证　　B. 以暴力拒不缴纳税款

C. 隐匿、擅自销毁账簿和记账凭证　　D. 转移或者隐匿财产

三、判断题

1. 海关征收关税，适用《税收征收管理法》。（　　）

2. 我国同外国缔结的有关税收的条约、协定同《税收征收管理法》有不同规定的，依照条约、协定的规定办理。（　　）

3. 企业在外地设立从事生产、经营的场所不需要办理税务登记。（　　）

4. 账簿、记账凭证、报表、完税凭证、发票、出口凭证以及其他有关涉税资料应当保存 10 年。（　　）

5. 已开具的发票，税务机关有权调出查验；空白发票，税务机关无权调出查验。（　　）

6. 销售商品、提供服务以及从事其他经营活动的单位和个人，对外发生经营业务收取款项，应当由付款方向收款方开具发票。（　　）

7. 个体工商户享受减税、免税待遇的，在减税、免税期间应当按照规定办理纳税申报。（　　）

8. 纳税人在纳税期内没有应纳税款，可以不办理纳税申报。（　　）

9. 甲企业按照国家规定享受年内免缴企业所得税的优惠待遇，甲企业在这年内不需办理企业所得税的纳税申报。（　　）

10. 纳税人享受免税待遇的，在免税期间无需办理纳税申报。（　　）

11. 经核准延期办理纳税申报、报送事项的，应当在纳税期内按照上期实际缴纳的税额或者税务机关核定的税额预缴税款，并在核准的延期内办理税款结算。（　）

12. 对生产经营规模较小、产品零星、税源分散、会计账册不健全，但能控制原材料或进销货的小型厂矿和作坊，税务机关可以采用查账征收的方式征收税款。（　）

13. 纳税人发生纳税义务，未按照规定的期限办理纳税申报，经税务机关责令限期申报，逾期仍不申报，税务机关有权核定其应纳税额。（　）

14. 税务机关有权对个人及其所扶养家属维持生活必需的住房和用品采取强制执行措施。（　）

15. 纳税人财务制度不健全、生产经营不固定、零星分散、流动性大的税源应当采取查验征收方式核定其应纳税额。（　）

16. 纳税担保人未按照规定的期限缴纳所担保的税款，税务机关可责令其限期缴纳应纳税款。逾期仍未缴纳的，税务机关有权采取其他税款征收措施。（　）

17. 某个体工商户无力提供纳税担保，其妻子名下有一套价值相当于应纳税款的豪华别墅，则经市税务局局长批准，税务机关采取税收保全措施，可以查封该套别墅。（　）

18. 李某欠缴税款 3 000 元，由税务机关责令限期缴纳，逾期仍未缴纳，为防止国家税款流失，税务机关扣押了其一批价值 3 600 元的商品，准备依法进行变卖，以变卖所得抵缴税款。（　）

19. 发生纳税义务，未按照规定的期限办理纳税申报，经税务机关责令限期申报，逾期仍不申报的，税务机关可以采取税收强制执行措施。（　）

20. 欠缴税款的纳税人或者其法定代表人在出境前未按规定结清应纳税款、滞纳金或者提供纳税担保的，税务机关可以通知出境管理机关阻止其出境。（　）

21. 税务机关调查税务违法案件时，对与案件有关的情况和资料，可以记录、录音、录像、照相和复制。

22. 纳税人对税务检查人员未出示税务检查证和税务检查通知书的，有权拒绝检查。（　）

23. 税务机关派出的人员进行税务检查时，应当出示税务检查证和税务检查通知书。（　）

24. 税务机关不依法开具完税凭证的行为属于税务行政复议的范围。（　）

25. 对国家税务总局的具体行政行为不服的，向国务院申请行政复议。（　）

26. 税务行政复议决定自作出之日起发生法律效力。（　）

27. 税收法律责任分为行政责任和刑事责任两种。（　）

28. 纳税人编造虚假计税依据的，由税务机关责令限期改正，并处以罚款。（　）

29. 纳税人对税务机关作出逾期不缴纳罚款加处罚款的决定不服，申请行政复议前应先缴纳罚款和加处罚款。（　）

30. 纳税人有骗税行为，由税务机关追缴其骗取的退税款并按规定处罚款，构成犯罪的依法追究刑事责任。（　）

第三部分　参考答案

一、单项选择题

1. A	2. C	3. D	4. C	5. A	6. A	7. D	8. A	9. B	10. C
11. D	12. C	13. D	14. C	15. C	16. C	17. A	18. A	19. B	20. D
21. B	22. A	23. D	24. C	25. B	26. C	27. B	28. B	29. B	30. A

重难点解析：

2. 选项 ABD 属于征税主体的职权。

3. 除国家机、个人和无固定生产经营场所的流动性农村小商贩外，凡是从事生产经营、负有纳税义务的纳税人，均应当办理税务登记。

7. 选项 A，取得发票时，不得要求变更品名和金额。选项 B，禁止拆本使用发票。选项 C，保存期满，应报经税务机关查验后销毁。

8. 选项 A，邮寄申报以寄出的邮戳日期为实际申报日期。

9. 选项 AC，纳税人享受减税、免税待遇的，在减税、免税期间应当按照规定办理纳税申报。选项 D，经核准延期办理纳税申报、报送事项的，应当在纳税期内按照上期实际缴纳的税额或者税务机关核定的税额预缴税款，并在核准的延期内办理税款结算。

12. 选项 A，属于税款征收方式。选项 B，属于税务争议纠纷的解决途径。选项 D，属于纳税申报方式。

13. 个人及其所扶养家属维持生活必需的住房和用品，不在税收保全措施的范围之内。个人及其所扶养家属维持生活必需的住房和用品不包括机动车辆、金银饰品、古玩字画、豪华住宅或者一处以外的住房。

15. 加收滞纳金的起止时间为自税款法定缴纳期限届满次日起至纳税人、扣缴义务人实际缴纳或者解缴税款之日止。

17. 选项 B，属于税务机关有权核定其应纳税额的情形。选项 C，属于虚开发票。选项 D，向作出行政处罚决定的税务机关申请行政复议，不需要提供纳税担保。

19. 选项 B，扣押、查封、冻结存款属于税收保全措施。

20. 欠缴税款的纳税人或者其法定代表人在出境前未按规定结清应纳税款、滞纳金或者提供纳税担保的，税务机关可以通知出境管理机关阻止其出境。

23. 纳税人发生纳税义务，未按照规定的期限办理纳税申报，经税务机关责令限期申报，逾期仍未申报的，主管税务机关可以核定其应纳税额。

24. 对国家税务总局的具体行政行为不服申请行政复议的案件，由国家税务总局提出书面答复。

25. 对计划单列市税务局的具体行政行为不服的，向国家税务总局申请行政复议。

26. 选项ABD不属于征税行为，纳税人不服的，可以申请行政复议，也可以直接向人民法院提起行政诉讼。选项C属于征税行为，纳税人不服的，必须先申请行政复议，对行政复议决定不服的，可以再向人民法院提起行政诉讼。

27. 选项A，属于抗税行为。选项C，属于违反税务管理规定的行为。选项D，属于骗税行为。

二、多项选择题

1. ABCD	2. ACD	3. ACD	4. ABD	5. ABCD	6. ACD	7. ABCD	8. ABCD	9. BD	10. ABCD
11. AB	12. AC	13. BC	14. ACD	15. CD	16. BCD	17. ABC	18. BCD	19. ABC	20. AC

重难点解析：

3. 选项B，从事生产、经营的纳税人，都应当办理税务登记。具体包括企业，企业在外地设立的分支机构和从事生产、经营的场所，个体工商户和从事生产、经营的事业单位。选项AD，非从事生产经营但依照规定负有纳税义务的单位和个人，也应当办理税务登记，但国家机关、个人和无固定生产经营场所的流动性农村小商贩除外。

4. 五证合一登记制度中的五证包括：工商营业执照；组织机构代码证；税务登记证；社会保险登记证；统计登记证。

9. 定期定额征收是指对有一定经营地点、一定经营时期、一定经营范围内的税额，并且生产、经营规模较小，达不到建账标准，难以查账征收的商户实行的一种税款征收方式。

10. 选项ABC分别属于自行申报、数据电文申报和邮寄申报，均符合规定。选项D，属于其他方式申报，即实行定期定额缴纳税款的纳税人，可以实行简易申报、简并征期等方式申报纳税。

11. 选项C，纳税人申报的计税依据明显偏低，又无正当理由的，税务机关有权核定其应纳税额。选项D，纳税人发生纳税义务，未按照规定的期限办理纳税申报，经税务机关责令限期申报，逾期仍不申报的，税务机关有权核定其应纳税额。

12. 选项B，按照营业收入或者成本加合理的费用和利润的方法核定。

13. 选项A，税务机关有根据认为从事生产、经营的纳税人有逃避纳税义务行为时，可以责令纳税人在规定的纳税期之前限期缴纳应纳税款；只有在限期内，发现纳税人有明显的转移、隐匿其应纳税的商品、货物以及其他财产或者应纳税收入迹象的，税务机关才有权责令纳税人提供纳税担保。选项D，纳税人发生纳税义务，未按照规定的期限办理纳税申报，经税务机关责令限期申报,逾期仍不申报的,税务机关有权核定其应纳税额。

14. 纳税担保范围包括税款、滞纳金和实现税款、滞纳金的费用。

15. 选项 A,拍卖属于税收强制执行措施。选项 B,责令提供纳税担保和税收保全措施均属于税款征收措施,二者是并列关系。选项 CD,冻结和扣押、查封均为常见的税收保全措施。

16. 税款征收措施的种类有:责令缴纳、责令提供纳税担保、采取税收保全措施、采取强制执行措施、阻止出境。选项 A,属于行政处罚。

17. 选项 D,税务机关有权到车站、码头、机场、邮政企业及其分支机构检查纳税人托运、邮寄应纳税商品、货物或者其他财产的有关单据、凭证和有关资料,但不包括自带物品。

18. 由于不可抗力原因无需申请直接延期,税务机关事后查明、核准。

19. 选项 A,属于税务机关作出的行政处罚行为,纳税人不服时可以申请行政复议。选项 BC,属于税务机关作出的征税行为,纳税人不服时可以申请行政复议。选项 D 不属于具体的行政行为,不得申请行政复议。

20. 选项 B,属于抗税。选项 D,纳税人欠缴应纳税款,采取转移或者隐匿财产的手段,妨碍税务机关追缴欠缴的税款的行为,属于逃避追缴欠税。

三、判断题

1. ×	2. ×	3. ×	4. √	5. ×	6. ×	7. √	8. ×	9. ×	10. ×
11. √	12. ×	13. √	14. ×	15. √	16. √	17. √	18. ×	19. ×	20. √
21. √	22. √	23. √	24. √	25. ×	26. ×	27. √	28. √	29. √	30. √

重难点解析:

1. 凡依法由税务机关征收的各种税收的征收管理,均适用《税收征收管理法》。

2. 我国同外国缔结的有关税收的条约、协定同《中华人民共和国税收征收管理法》有不同规定的,依照征管法规定办理。

5. 税务机关需要将空白发票调出查验时,应当开具收据,经查无问题的,应当及时返还。

6. 销售商品、提供服务以及从事其他经营活动的单位和个人,对外发生经营业务收取款项,收款方应当向付款方开具发票。

8. 纳税人在纳税期内没有应纳税款,也应当按照规定办理纳税申报。

9. 纳税人享受减税、免税待遇的,在减税、免税期间应当按照规定办理纳税申报。

10. 纳税人享受减税、免税待遇的,在减免税期间应当按照规定办理纳税申报。

12. 查定征收,适用于生产经营规模较小、产品零星、税源分散、会计账册不健全,但能控制原材料或进销货的小型厂矿和作坊。

14. 个人及其所扶养家属维持生活必需的住房和用品,既不在税收保全措施的范围内,也不在强制执行措施的范围内。

18. 纳税人未按照规定的期限缴纳的税款，由税务机关责令限期缴纳，逾期仍未缴纳的，税务机关可以扣押、查封、拍卖或者变卖价值相当于应纳税款的商品、货物或者其他财产，以拍卖或者变卖所得抵缴税款。本题中税务机关扣押的商品价值超过纳税人应缴纳的税款，因此该做法错误。

19. 发生纳税义务，未按照规定的期限办理纳税申报，经税务机关责令限期申报，逾期仍不申报的，税务机关有权核定其应纳税额。

25. 对国家税务总局的具体行政行为不服的，向国务院申请行政复议；对行政复议决定不服，申请人可以向人民法院提起行政诉讼，也可以向国务院申请裁决；国务院的裁决为终局裁决。

26. 复议机关作出行政复议决定，应当制定行政复议决定书，并加盖印章。行政复议决定书一经送达，即发生法律效力。

初级会计职称考试资源领取流程

第一步，扫码关注“考呀呀”公众号。

第二步，在对话框输入关键词“初级 666”，点击注册后，领取最新初级视频课程＋智能题库。

提示：

(1) 按照对话框提示下载“考呀呀”APP，手机学习更方便。

(2) 视频课程和智能题库自领取之日起，可以使用两个月。

(3) 考试资源如有调整，以公众号为准，不再另行通知。